ケチケチ市長と呼ばれて

市民と進めた財政健全化

井上 哲夫 著
（前 四日市市長）

イマジン出版

目 次

- はじめに …………………………………………………………………… 1

- 第 1 章　作られた行政ニーズ ………………………………………… 2
  - 1　大逆転の市長選挙で市議会に動揺が ………………………… 2
  - 2　12月定例市議会の政治ドラマ ………………………………… 3
  - 3　二転、三転する議会審議 ……………………………………… 4
  - 4　議案の可決を求める大演説 …………………………………… 5
  - 5　新市長の苦悩 …………………………………………………… 5
  - 6　作られた行政ニーズ …………………………………………… 8
  - 7　真の行政ニーズはどこに ……………………………………… 10
  - 8　まぼろしの新駅（建設中止）と市の財政危機 ……………… 12

- 第 2 章　行財政改革と大きな障害 …………………………………… 14
  - 1　行財政改革は最大の公約なり ………………………………… 14
  - 2　行財政改革調査委員会　大荒れの中の船出 ………………… 15
  - 3　市議会特別委員会の行財政改革審議会もスタートする …… 17
  - 4　官官接待は許されないとの判決 ……………………………… 22
  - 5　ISO14001システムの導入 …………………………………… 23
  - 6　ケチ市長の1期目の成績は何点？ …………………………… 25
  - 7　想定外の豪雨に襲われる ……………………………………… 27
  - 8　末永・本郷土地区画整理事業の内容 ………………………… 30

- 第 3 章　情報公開要綱と外郭団体 …………………………………… 32
  - 1　市外郭団体と情報公開 ………………………………………… 32

	2	情報公開は役に立つのか（ツールとして） …………………	34
	3	土地公社の開発凍結宣言 …………………………………	35
	4	四日市市外郭団体情報公開要綱の制定と実施 ……………	37
	5	市民オンブズマン、独自調査機関設置の要求 ……………	40
	6	どうした地方自治法上の100条の委員会は ………………	42
	7	市長独自調査についに乗り出す …………………………	43
	8	第一次土地公社健全化策 …………………………………	45
	9	100条委員会と健全化 ……………………………………	46
	10	市議7人介入と情報公開 …………………………………	48

第 4 章　入札システム改革と談合との戦い …………………… 50

	1	四日市市の入札制度改革 …………………………………	50
	2	市入札調査委員会の立ち上げ ……………………………	50
	3	公共工事と談合 ……………………………………………	52
	4	四日市市の公共工事の調達と監査請求、住民訴訟 ………	54
	5	市役所内不祥事の発覚 ……………………………………	56
	6	再入札と住民訴訟 …………………………………………	58
	7	市立病院増築改修計画の頓挫 ……………………………	60
	8	地域補正の撤廃をめぐる攻防 ……………………………	61
	9	随意契約の落とし穴と刑事裁判 …………………………	63
	10	入札・契約制度と談合防止―公共工事「最低制限価格」上げ検討 ……………………………………………………	65

第 5 章　行財政改革　ようやく着手 …………………………… 67

	1	なかよし給食の実施 ………………………………………	67
	2	希望の家　遂に民営化 ……………………………………	69
	3	寿楽園（市立老人ホーム）も民営に移る …………………	71
	4	市立保育園5園の民営化 …………………………………	72
	5	予算編成と行財政改革―総額管理・枠配分方式へ ………	77
	6	総額管理枠配分予算 ………………………………………	79

7　第1次戦略プラン ……………………………………………… 81
　　　8　競輪事業の見直し ……………………………………………… 83
　　　9　市役所組織にメスが入る ……………………………………… 85
　　10　下水道事業と上下水道局統合 ………………………………… 86
　　11　ラスパイレスと職員給与 ……………………………………… 87
　　12　市立病院経営にも予算編成の波は押し寄せる ……………… 89
　　13　広域行政へも見直しのメスは ………………………………… 91
　　14　第三セクターの廃止や改組 …………………………………… 92

■ 第 6 章　事業の選択と集中 ……………………………………………… 95
　　　1　事業の選択と集中（その1：凍結）…………………………… 96
　　　2　事業の選択と集中（その2：大変更）………………………… 98
　　　3　ごみ減量大作戦 ………………………………………………… 100
　　　4　焼却改修工事とその事前計画の検証 ………………………… 101
　　　5　大規模プロジェクトとその徹底的検討 ……………………… 102
　　　6　民間事業者の開発事業と市の対応について ………………… 105
　　　7　都市計画マスタープランづくり ……………………………… 106
　　　8　四日市市都市公害対策マスタープランについて …………… 107
　　　9　四日市市土地計画審議会へ答申を求める …………………… 109
　　10　東芝四日市工場第5棟用地開発許可の件 …………………… 112
　　11　係争山林の市による身代わり購入 …………………………… 114
　　12　開発許可等に関する市条例や都市計画まちづくり条例
　　　　さらに景観条例での公正性と透明性は確保されたか …… 116

■ 第 7 章　コンビナートの再生 …………………………………………… 117
　　　1　2001年ショックにさらに追い討ち …………………………… 117
　　　2　燃える幹部職員たち …………………………………………… 118
　　　3　市長のトップセールス始まる ………………………………… 119
　　　4　産官のプロジェクトチーム …………………………………… 121
　　　5　技術集積活用型産業再生特区認められる …………………… 123

	6	地元大学教授のリーダーシップ	124
	7	民間研究所立地奨励金交付事業	126
	8	市内産業、事業所の構造改革	127
	9	三重県高度部材イノベーションセンターの設立	128
	10	児童・生徒の理科離れ対策に国保教授またも頑張る	131

第 8 章　躍動する市民パワー ……………………………… 134

	1	新興団地の住民による夜間パトロール	134
	2	道路運送車両法違反で自粛通告	136
	3	地域再生特区で晴れて青色回転灯パトロール車走る	137
	4	活き活き市民力の活動―まちに生活バス走る―	139
	5	河川の浄化も市民の手で―EM菌による清流づくり―	140
	6	耕作放棄地や荒れる里山対策に救い主が	141
	7	そもそも市民活動とは、まちの再生の主役になりうるか	142
	8	青色回転灯パトロール活動から市民緑地づくりまで	144
	9	自治体の地域再生計画は	146

第 9 章　負の遺産の清算 ……………………………… 148

	1	市土地開発公社の借入金の清算	148
	2	爆弾を抱える市土地公社	149
	3	市行財政改革推進会議からの緊急提言	151
	4	新保々工業団地の用地と基金創設	154
	5	市民への広報とパブリックコメント手続に付する	157
	6	市議会の質問（12月定例会）	158
	7	市議会3月定例会の開催	160
	8	6月定例市議会の開催	162
	9	上下水道の長期ローンの低金利への借り替え	163
	10	下水道使用料金の改定と大きな負債	165
	11	接続普及キャンペーンで無断接続が大量に判明	166
	12	6月定例市議会閉会のあいさつ	169

第 10 章　役所ガバナンスの確立と挑戦するまち 170
　　1　財政健全化法による市の財政状態 170
　　2　公会計と市議の質問 172
　　3　役所ガバナンスの確立 174
　　4　9月定例市議会で最後の市長給与減額条例の上程 176
　　5　次世代への使命と責任 178
　　6　知事と市長の間での確認書交わされる 178
　　7　中核市移行問題調査特別委員会 179
　　8　中核市から保健所政令市への移行 181
　　9　挑戦するまち 182

あとがき 185

著者紹介

はじめに

　変えなきゃ四日市！　変わらなきゃ四日市！　と市長選挙に立候補し、12年間"四日市丸"の舵取りをやらせていただいて、退陣間際に「時代が変わった」と痛切に感じたものである。

　地方自治体の運営（経営と言ってもよい）は、なにかと話題に富む大阪の例を出すまでもなく、分権・自治の大波を前に一様に苦しんでいる。この先、どんな方法で、どのような波の中をこぎゆくのかをみんなが知りたく思っている。

　四日市市では大不況の前に、第三セクターのストック資産にまで手を入れて財政の健全化の道筋をまがりなりにもつけることが出来ました。それは、情報公開に励んで、市民のみなさんの信頼も厚くなり、市民活動も活発になり、学校の耐震化や病院の積立基金が設置できたのも市民や職員の理解が深まったからこそと、次世代への責任を少し果たした気がしてます。

　本書は、これから荒波にもまれる自治体のみなさんに、四日市の市民と一緒に変えてきたその軌跡を記し、少しでも参考にしていただけたらという思いで発刊します。

　強いもの、賢いものではなく、環境変化に適応できたものだけが生き残れる。この道を究めるには、それぞれの現場で、細かく、うるさく、しつこくリードできる人こそリーダーシップの勲章が与えられることと思います。

　これからの"四日市丸"の航海の安全を祈り、市民の皆様と市政を支える全ての方にこの本を捧げたい。

井上　哲夫

第1章　作られた行政ニーズ

1　大逆転の市長選挙で市議会に動揺が

　20年ぶりに新しい市長の座をかけた選挙が、人口29万人の、そしてかつて公害で有名となった三重県四日市市で1996（平成8）年12月1日に執行された。5期20年、市長の座に座り続けた前市長が体力の限界を理由に引退することになったからだ。3人の候補者が激突する厳しい市長選挙と報じられたが、投票率は意外にも43.11％に終わった。

　都市型選挙といえるのだろうか。それとも元市助役の候補者が圧倒的優位とみられたことから、それが低調な投票率に終わらせたのかもしれない。その候補者は、保守系に加え一部革新系の政党の推薦をも、市内自治会や業界・業者団体のほとんどすべてといったところからの推薦を得て出馬だったからだ。いやこれに加え、現職市議会議員41名中、37人（後に32人まで減るのだが）の推薦もあっての立候補であり、もはや投票が始まる前から誰が当選するかは決まっているとさえ評されていたからであった。

　しかし、いざふたを開けてみると意外にも政党や各種団体の推薦もなく草の根選挙で戦った新人である私が当選した。政党（革新）と現職3名の市議会議員の応援を得た第三の候補者は惨敗した。選挙結果が出てからは投票前以上に報道機関の関心はいやがうえにも高まることとなった。まさに大番狂わせだったのである。

　投票所に行った選挙民は、明らかに投票行動意識を変えていた。

　市役所に勤める職員は意外にも冷静、クールに選挙結果を受け止めていた。一方、市議会議員には、明らかに動揺が起こったと報道された。

　そして、投票日のわずか2日後の12月3日、定例の市議会12月議会が開催されたのだ。議会傍聴席はほぼ満席、新聞記者たちの報道席はカメラの羅列で熱気さえ感じられた。しかし、前市長の任期が12月23日まであったことから、12月定例市議会の理事者席には当選した新市長として私の姿はなく前市長と市職員幹部の面々であった。議員の顔ぶれも当然ながらまったくそれまでと同じである。もっとも新市長を応援して走り回ったたった一人の無所属議員の顔のみ喜色満面であったことはいうまでもないが。

第1章　作られた行政ニーズ

2　12月定例市議会の政治ドラマ

　12月市議会定例会冒頭において前市長より提案された議案の中には、一つの工事請負契約の議決を求める議案が含まれていた。これが火種となって、この定例会はこれまでの定例会と違って意外な政治ドラマの展開となったのである。それは（仮称）北勢健康増進センター建設にかかる工事請負契約の議案であった。

　市内南部の有名なコンビナートと呼ばれる石油化学工業地帯にあった県立総合病院が約2年前に西部丘陵地帯へ、いわば大気汚染のない環境のよい田園地帯に移転し、建物も撤去され空地となっていた。そこに三重県と四日市市が経費負担して作られる施設建設計画が決定されていた。いわば身代わり施設である建物の建設工事契約についての案件であった。既に計上された予算案（総額44億円。その内訳は本体工事、電気工事そして外柵工事を含めた土木工事の三つの工事の合計額）は3月定例会で議決され、その後いずれも入札手続を済ませて落札業者との間で市議会での議決を条件として正式に成立する仮契約が締結されていた。（この建物は完成後になってヘルスプラザとの愛称が付けられていたことから、グラウンドゴルフ場等を含む施設全体をヘルスプラザと記述することとする。）

　議会での審議案件、とりわけ議決を要する議案は、冒頭の本会議で市側の提案手続が終わると直ちに所管の常任委員会にその審議が付託されるのが通例である。こうして、この工事請負契約三件の議案は委員（議員）10人で構成される教育民生委員会に付託され、審議が始まった。もちろん工事請負契約三件を一括しての審議である。他の議案も上程、付託されてはいたが、本件議案審議をめぐっては委員会審議はことのほか白熱を帯びたものであった。その理由は、健康増進のための事業展開を有料で行う施設であるところから、室内プールや健康器具を備え、専門の指導員のもと会員制で営業展開する市内の民間のフィットネスクラブ業者との競合による民業圧迫の事情があるのかないのか、あるとすればその住み分け等の協議はなされた上であるのかが焦点の一つであった。

　さらに、本議会までに市が抱えていた懸案事項はどの業者に工事を担当される

ヘルスプラザ

かの工事請負業者の選定作業である。入札手続で応札業者間にあらかじめ話し合いによる談合があり、これに従って入札がなされていたのではないかとのマスコミ報道がなされているという問題であった。したがって、民間事業者との協議と入札業者の入札疑惑の問題に関して、委員会審議は時間も議論内容も深夜に及んで、かつ厳しいやり取りがなされた。こうして、前市長はついに委員会審議の終盤に至って、これまでの議決（可否の採択）を求める提案を翻して一転、次の定例市議会で決着することで審議を先送りしてほしい旨の提案をするに至った。当初の方針を変更して、一転、採決を含んで再度の審議を新市長の下での次の議会の審議にゆだねる旨を表明したのだ。その結果、この三件の審議は「継続審議」とすることで委員会は終った。

3　二転、三転する議会審議

　こうして12月定例市議会最終日の本会議で教育民生常任委員会の委員長が本件工事請負契約の議案は継続審議とするべきであるとの報告がされるや、この議会での議決の可否（採決）をせよとの逆転案が一部議員から出され、これが多数を占め本会議で可決されることとなった。そして、同日あらためて委員会審議が再開された。こうなると前市長は、本件議案を採決して決着させてほしい旨の発言をせざるを得ない。本件施設建設は長年来の懸案事項であり、加えて地元住民の要望もきわめて強く、民間事業者との協議もこれからも誠意を持って臨み、合意への最善の努力をする決意だ。そして、また談合疑惑の解明にも意を払い厳正に対処していく覚悟であるとこれまでの不手際を全議員に陳謝することを加えて、再び採決を求めた。もっともこれからの覚悟も努力もすべて新市長の私の覚悟、努力となるのだ。ところが、これを受けて再開された委員会でまたもや継続審議とすべきとの意見が委員の多数を占め、採決は否決された。こうなると、これを受けて再開された同日の本会議はどんな展開になるか、固唾を呑んだ傍聴席を尻目に、またしても逆転可決の採決が多数を制した。継続審議を求める委員会の結論は、本会議で再び否決されたのであった。そのうえ、議会の会期を1日延長する議事日程の変更が可決され、こうして翌日の委員会の再々開催と本会議の再々開催が決められた。まさに、二転、三転するドラマが展開された。大荒れに荒れた最終日（当初定められた翌日）でもあった1996（平成8）年12月18日（延期後の委員会及び本会議）には、委員会も本会議も賛成多数で本件請負工事契約の議案はいずれも可決された。漸くゴール（結着）に達したのだ。しかし、フタをあけてみると圧倒的多数で可決されていて、接近した数の採決ではなかっ

第1章 作られた行政ニーズ

たにもかかわらず、なぜかその本会議では挙手での採決ではなく、記名投票でなされた。

4 議案の可決を求める大演説

　本件施設の工事は、1986（昭和61）年に始まった県立塩浜総合病院の移転計画に端を発し、そのときまでに既に10年を経過していた。四日市公害の発祥地にあった医療機関も大気汚染の真っ只中に位置することは耐えられずに、その移転はやむをえなかった。

　そして本施設建設計画については、当初の地元地区自治会を中心に各界各層の団体も加わっての検討委員会が立ち上げられた。2年間の検討期間を経て、本施設の建設要望書がまとめられて、三重県、四日市市及びそれぞれの議会に提出され、これを受けて本市議会も特別委員会を設置した。この特別委員会での審議をさらに足掛け3年間持った後に、漸く四日市市の建設事業計画案が議会に提出されるに至った。この3月開催の市議会定例会でその予算案が可決され、続いて入札手続が行われ、やっと落札業者との契約締結をみての本会議上程である。

　「もはやこれ以上は待てないしこれを延ばすことも許されない。健康を維持し成人病にかからぬための適切な運動をしたいと思う市民も、これを実行するには十分なお金がないとできない。このよう

な境遇におかれた人たちは決して少なくない。さらに、地域の活性化への願いも相当に込められているのが本件施設の建設であることを忘れてはならない。」という地元選出議員の大演説がなされた。これを迎え撃つ反対議員の「急ぐことはない。民間事業者との協議と談合疑惑の解明への努力こそが今は大切である」との主張は、あっけなく一蹴された。41名中35人の議員が賛成し、反対4人、棄権1人で終った。圧倒的多数の賛成の中で前市長最後の本会議が終った。

5 新市長の苦悩

　こうして市として本件工事請負契約を締結するのに、その障害はまったくないこととなった。12月24日クリスマスイブの日に晴れて四日市市の新市長に就任した私は果たして嬉しいプレゼントを貰ったのであろうか。いや、そうではなかった。それとまったく正反対の大きな

初登庁

5

ケチケチ市長と呼ばれて〜市民と進めた財政健全化〜

荷物を背中に背負わされての苦悩のスタートであった。

思い起こせば、市長選挙が始まった6月、梅雨の中で、私は集まった市民に対し訴えていた。「20年ぶりに行われる市長選挙にもかかわらず、現職市議会37人の作った神輿に乗って、勝つことが、当選することが、100％に近い形勢で元市助役が出馬することは、これから投票行動を考えようとする有権者市民の選択肢を奪うもので、断じて許せない」こう叫んで、拍手を受けた記憶も生々しかった。このような思いで市長選を戦った私にとって、これは嬉しいプレゼントどころではなかった。当時の市の状況は、この施設の建設を心待ちに待つような客観的財政状況でもなく、また談合疑惑情報もこの工事請負契約に限られるものではなく、その結果市役所への市民の不信感も決して少なくなかった。そのような状況の中であえて出馬に踏み切った私は、市役所の信頼回復のためにも全面的な情報公開の実施と財政危機から一刻も早い脱出を、さらに長引く経済不況の中での適切な景気対応策を含む行財政改革を強くアピールして、半年間の厳しい選挙活動を繰り返した。ハコモノといわれる施設建設に巨費を投じることこそ抑制しなければならない。そうしないと後年度財政負担のドロ沼からの脱出はできないのだと声を大にして叫んできたのであった。

しかしながら議会で圧倒的多数で議決され立派に成立した工事請負契約を私が実行しないときには、四日市市はどのような立場にさらに自分は対市議会で厳しい立場に追い込まれるのか、これを考えると市長就任したその日から、工事着工指令書を関係業者に渡すべきか否かで思い悩み眠れない日々を重ねていった。

全国の自治体の財政の硬直度は年々急カーブで上昇し決して楽観できないといっても地方自治体の倒産・財政破綻はこのところなかった。まして四日市市は商工業の栄えるまちで、豊かなまち（普通地方交付税不交付団体）であるとの冷たい視線も目に入る。ましていったん成立した工事請負契約3件を破棄、もしくはその期限を2年、3年先に延ばす、さらにはなかったことにする（合意解約の締結）には関係業者の数（4つの会社）と与えられた熟慮期間（6ヶ月間）も短く誠に厳しい情勢下にあった。延期、万が一、解約合意ができたとしてもそれに伴う最小限度の違約金すなわち損害賠償金の支出が生じて、この支出さえも議決案件であってみれば議決を得ることができる可能性は皆無に近いであろう。

こうして悶々と苦しむ中で、市政施行100周年を祝う、市内目抜き通りでの桜まつりを無事終え、さらに6か月間が経過した直後の1997（平成9）年7月1日、私は遂に建設着工のボタンを押すこととなった。住民からの見直しの声や着

第1章 作られた行政ニーズ

工を止めろとの運動もまったくなく、民間業者からの表立っての反対行動も決して大きいものとはいえず、このような状況の下で大混乱と孤立を選ぶより工事着工指令書に押印しまさに苦渋の選択を決断したのだ。

そして桜まつりに並行して、大型地下駐車場が漸く完成し、まるでこの苦悩などどこにもない風を装う私に追い討ちをかけるがごとくその開業披露式典が華々しく挙行された。市の中心市街地の近鉄四日市駅前商店街が待ちに待った施設であった。形の上では新しく設立された第三セクターとしての民間会社の営業となるこの大型地下駐車場も巨費を投じての公共事業そのものであった。政府の総合経済対策に乗った形の事業で1992（平成4）年バブル経済崩壊後の景気対策地方版である。この開業がきっかけで本当に買い物客は旧来の商店街に戻ってきてくれるか、車社会で駐車場さえ十分作ればとの願いであったが、結果はしばらくして痛々しいものとなって現れた。立派な地下駐車場に肝心の買い物客の自動車が集まってこない。駐車料金が1時間320円と高い、使い勝手が悪い、夜間の使用は女性運転手には怖いとの市民の不評ばかりが帰ってきたのだ。

さらに8月1日には市内臨海部第三コンビナート工場地帯の一角に全天候型球場というべき四日市ドームの竣工式典が県知事をはじめ多くの来賓を招いて挙行された。この二つの開業式典にはいずれも当然ながら新市長として私のにこやかな顔が大きく映る新聞見出しとなった。観客席も5000人を超え、フィールドは人工芝で一面緑色に映え、ハイビジョンと称する大型映像装置を備え、また一挙に多数の車両が集中する事態を予測して国道23号線を迂回するためのバイパス道（橋梁工事を含む）をも備えた。この大型ドームは市制施行100周年の記念事業での建設工事であり、その総費用は百億円を優に超すものであった。

近鉄四日市駅

四日市ドーム

7

就任して勢い込んで乗り込んだ私にとって矢継ぎ早に完成、オープンしたこの二つの大型建設事業（問題のヘルスプラザも翌年末にその威容を現し開業、オープンした）は、まさに市の財政運営で私をこの先長く苦しめるものとなったばかりか、その建設の必要性と費用対効果の両面でも大きな苦悩の影を長く落とすこととなった。

そんな中、こんな「まちの声」が新市長の私に届けられたのだ。『今度の市長さんはハコモノは作らないと叫んで、何も分からない市民をだまして票を稼ぎ、当選して市長になるやドンドンとハコモノを作り喜んでテープカットばかりやっている。これでは住民もたまらないよ。さすが弁護士出身だから人をだますことはプロだからね。』これには政治の恐ろしさを感じるのみであった。

6　作られた行政ニーズ

行政の行う事務事業について、今日ではその必要性と投下した費用に対するその見返り、つまり費用対効果の検証が論じられる。とりわけ大型事業になるとそれが新聞報道されるようになった。そこでこうした観点から四日市市の地下駐車場や四日市ドームそしてヘルスプラザについて検討してみよう。

まずこれらの事業が完成し竣工後ほぼ10年を経過した今日の状況をみてみよう。地下駐車場の利用客は予想に比して少なくその結果収益も上がらず、毎年の定められた元利償還金にも窮している有様だ。四日市ドームはその利用率は概観上低くなく予想程度には稼動しているが、その利用内容をみるに立派に立てられたドームの施設機能を十二分に発揮しての利用実態といえるかというと、お寒い限りである。したがって収益率はきわめて低く管理運営費がこれまでと違って建築後10年経過した今後の見直しとなると決して明るくない。予想される補修費は年々増嵩するが、目下のところ使用料収入は伸びない見込みだ。観客席5,000を有しながら観客席に満員もしくは多数の客が入った実績は皆無で、今後の見込みも期待薄である。

ヘルスプラザについては、当初からの利用制限が依然として民間業者との競合を回避する面から、少しも緩和できずその結果、利用率の飛躍的向上は今後も望めない。すなわち病者でもないが病気になることを心配してあらかじめ専門医の診断を得て、その結果である指導指針に従い適度の運動と生活指標を守る。そのためにこの施設を利用するという施設である。このようなことが民間事業者との住み分けのために了解となったことから、専門医師の診断を受けその指定生活指針を与えられた人のみ利用できるというこの一定の利用条件ははずすことができない。このような条件の下では、利用

者数の伸びも期待できずに使用料収入も今後とも期待できない。

これら三件とも、こうしてみると使用料収入は期待できないために多額の借入金の返済はそのほとんどすべて税金に頼るほかない。とすると市財政の圧迫はこれからも相当に厳しく、その財政圧迫は無視できそうもない。

ではなぜこのような事態を招いたのであろうか。ヘルスプラザのような事業は民間事業者に任せるべきものを官がわざわざ割り込んだものであり、まさに作られた行政ニーズの典型例であろう。地下駐車場もそもそも建設着工時に既にわが国の中心市街地の商店街に顧客が来なくなった原因の追究が的確になされていれば、着工は見送られたものではないか。その意味で判断のミスのそしりを受けても仕方がなかろう。買い物客の動静ではすでに生活レベルの向上その他の理由から従来の個店の集まりの旧型の商店街には足を向けない。一方、深夜まで一箇所で多数多品種の品物を並べ、食料品や医薬品、電気製品、家具類まで取り揃えているといった総合ショッピングセンタータイプの店に向かいつつあることは分かっていたといえよう。さらに中心市街地の空洞化が結果としてその地域に民間駐車場が増え続け過剰競争状態の時に漸く開業されたというタイミングの悪さもあったと思われる。

四日市ドームの建設についてもそもそも市制施行100周年という時期に間に合わせようとしたために十分な市民ニーズや施設設計の検討もなく、結果として利用範囲の限られた、スポーツの公式試合はアメリカンフットボール競技しかできない施設、しかしその維持には相当の費用が嵩む巨大な施設を作ってしまったといってよく、今後の活用もその見直しはきわめて難しいといわざるを得ない。

さらに費用対効果すなわち経済効果について識者はこんなことを言っている。少し長くなるが引用すると、景気が極端に冷え込むと自治体の財政状況は深刻の度を増す。財政が悪化すれば自治体の行う事業は当然大幅に絞り込まれる。そうすると事業の費用対効果を図るものさしに使われるのが、金額や成長率の押し上げ幅などで表される経済効果だ。しかしこの経済効果の試算をするよりは素人感覚のほうが正しいことがよくある。つまりは試算効果の前提の情報がしっかりしたものか否か、これが怪しげとなれば試算は論外となる。たとえば高速道路の経済効果について考えれば、建設事業から生じるもの、利用者の時間短縮から生じるものあるいは観光客や企業進出の増加から生じるものが、一応考えられるが、肝心の高速道路の通行量そのものの予測さえあてにならないことが多い。してみるとその先の予測がどうして明確にできようか。先ごろ話題の2兆円の定額給付金の経済効果となると、国や民間がそれ

ぞれに試算するが、実質国内成長率を0.1％ちょっと押し上げるという点ではまったく同じである。これは恣意性を加える余地がまったくない。したがって誰がやっても同じだからである。

プロ野球の優勝セールの経済効果はどうか。それは過去の優勝セールでの消費の増加率などのデータはあり、それなりに信頼できる試算は可能であるも、結果の金額に大きな意味はない。いわば季節の話題を提供するに過ぎない。（読売新聞2009年2月27日共立総合研究所主席研究員江口忍氏談）結局、必要性が大事で優先順位もこの必要性によって判断されるべきと談じられている

四日市市のこれらの施設建設についても地下駐車場が本当に当該地域にそのとき必要であったのか、四日市ドームについても今の施設の内容で利用の必要性はどんな必要がどこまであったのか、それぞれその利用の必要性はどの程度であったのかの厳密な検証こそが肝要であったといえよう。結論から言えばいずれもその建設には極めて疑問であるといわざるを得ない。

7　真の行政ニーズはどこに

いったい地方自治体の行う事業について本当に必要性の高い事務事業（施設建設も含めて）とは何であるか。それはどのような観点からの検証が必要であるのか。この難問に対して答を出さねばならない。住民の日々の生活に本当に必要なものを作る、あるいは生活に役立つ行政サービスを優先順位に基づいて実施していく。そのためにはその選択のプロセスで、喧々諤々の議論がなされ、情報収集もできる限り重ねることであろう。私は新市長として苦渋の選択をし、また既になされていた事業（建物や施設）の完成祝賀式典にテープカットをしてきたが、その後、私が3期の市長任期の間に新たに実施した事務事業を検証するとき、その比較からある程度この必要性は明らかになってくる。すなわち市で最も早く作られた旧納屋小学校の新しい学校への統合により、廃校となってその跡地に第二の文化ホールを建設する計画は私の市長就任直後から地元関係者と協議を重ね、結局中止したうえ、旧建物等で残されたものを修築した部分で市内NPO団体の活動拠点に利用させる選択に踏み切ったことがあげられる（平成9年11月末）。

旧納屋小学校

そして今日までその成果はあがっている。

さらに乏しい財政予算の中で、市内道路の交差点での渋滞箇所の拡幅改良事業（交差点四隅の道路幅を拡幅して、直進、右折、左折の各車両の通行路線を交差点エリア内に作るもの）で、渋滞度の高いものから順次4箇所、5箇所と進める事業などは最少の投下費用で最大の効果の渋滞解消が得られたといえよう。さらには、学校の校舎、体育館の耐震補強工事を財政上の理由から改築する費用の捻出ができずにやむを得ず、集中的に実施して、市内60校の小中学校の中でこれを達成したのも、必要性の高いニーズを考えるものであった。

次いで建設工事といえども厳しい必要性のハードルをくぐることこそ肝要で、次の事例も目を引こう。市内中心部を流れる準用河川の阿瀬知川の下流の河床にたまる経年性の汚泥（ヘドロ）除去工事も夏場悪臭に悩む付近住民の声の中から有機微生物群であるEM菌を活用しての浄化作業に少しの税金でボランティア活動によって清水の流れる河川浄化に成功した結果、ヘドロ除去工事を当分の間やめてしまう成功例もあった。必要性の判断は何も行政マンの専売特許ではなくて素人感覚のほうが正しいこともある好例であろう。

真の行政ニーズへの道は、作ってやろうとの視点での、まず建物や施設を作ることから思考するべきではなく、毎日生活している住民の立場に立って市民・生活者にとって何が必要か、何をもっとも優先して求められているのか。このような生活者の視点から考え判断していくのが必要であることが分かる。とかく経済不況になって景気対策が叫ばれるととたんに公共事業待望論が現れて、建てること、作ることこそ、すなわち政府や地方自治体の唐突な財政出動を求められることがこれまでの日本の常態でなかったのか。今日、世界同時不況あるいは100年に一度の大不況をいわれる中でまたぞろ緊急経済対策が叫ばれている。しかし、10年、20年先をにらんで何が本当に必要な施策であるか真摯な検討が、そして生活者の視点に立ってさらにはハード事業に限らずソフト事業まで拡大してその必要性を探求しなければならない。そのために、これらの過ちの原因となる行政組織への再点検、組織のあり方こそ手を付けられなければならない。それこそが究極的な行政の無駄を排除することにつながるからである。公共投資は縮こまった経済活動に活を入れる上で必要だが、それが公共事業とりわけ建設土木工事に限られるのはどうしてであろうか。

てっとり早いからだと意地悪な皮肉を言われることに反論はできないことでは寂しいことだ。

8 まぼろしの新駅（建設中止）と市の財政危機

　最後に公共工事の着工後に何らかの事情で中止されたケースにおいて、その後の地方公共団体の財政危機を招いている事態を検証してみる。

　滋賀県栗東市は競争競馬のトレーニングセンターがあり、また近年は人口急増し豊かで住みよいまちとして知られるようになってきた。このまちに東海道新幹線の新駅建設計画が浮上し、この建設事業計画が県、市でともに採択されるに至った。そして2002（平成14）年4月（仮称）南びわ湖駅建設決定に伴う基本協定が滋賀県、栗東市、周辺市町村等からなる推進連絡協議会そしてJR東海の四者間で締結された。そして2006（平成18）年5月には工事も着工されこれを祝う記念式典も華々しく挙行された。しかし、一方では京都駅に極めて近く（約10分）利用客の見込みが本当にあるのかが疑問だとする反対派は栗東市が新駅関連の仮道路線工事費用として借入れ（起債という）を行おうとしたところ、この借入れは地方財政法等に照らして違法との裁判を提起した。こうした中で滋賀県知事選挙が2006（平成18）年7月に施行され、「もったいない」と訴えた嘉田由起子知事が当選した。そしてさらに同年9月には第一審の裁判所が借入れの違法を認め、この結果反対派が勝利し

た。にわかにマスコミの耳目を集めることとなった。その後は約1年経過して正式に建設工事中止に至り南びわ湖駅は幻の駅となった。

　ところがこの中止だけでドラマは終らなかった。112億円を投じて先行取得した約5ヘクタールの土地は建設計画中止により宙に浮くばかりか、雑草の生い茂る空き地となって土地の価格も取得額の四分の一以下に評価されるに至った。さらにこれに追い討ちをかけるように、世界同時不況が襲ってきたのだ。とたんに豊かなまちのはずの市の財政も危機を迎えることとなった。地方自治体財政健全化法が新しく制定され2008（平成20）年には民間企業の決算と同じく地方自治体も連結決算となって将来負担する借入金の比率も一定の水準を超えれば国の指導を受けなければならなくなった。これは北海道夕張市の2006（平成18）年6月の破綻から国の地方自治体の財政運営にいっそう厳しい目をむけるべく法律の整備を行ったからである。幻の駅（建設中止）となってわずか1年、健全化法制定と100年に一度の大不況下で栗東市は2009（平成21）年以降の予算編成が窮地に陥ったのである。（県よりの借入れだけでしのぐことができるのか、これができずに行政サービスの低下をも招くとなれば住民も被害を受けよう）この事態を前にするとき、決して他人事とは思われない。豊かなまちも急転、いつ財政運

営に支障をきたすやもしれず、真の行政ニーズを的確に探し出し、しかも事業の集中と選択の中で、持続可能なまちづくりに励みかつ健全な財政運営を堅持していくことこそ、これからの首長はこころしなければならない。首長ばかりでなく自治体議会での議論も監視機能の堅持も含め、今日では重要な使命を持たされていることを肝に銘じなければならない。市の政策に感情的な対抗心だけでは、その存在の必要性も市民から見放されることも考えねばならない。最も自治体議会の改革論は日毎に盛り上がっているようであるが。

第2章　行財政改革と大きな障害

1　行財政改革は最大の公約なり

　1997（平成9）年4月30日漸く四日市市行財政改革調査会（以下「行革調査会」という。）は12人の民間委員の委嘱と市の総務部行財政改革推進室の事務局体制でスタートをした。「ようやく始まった」との思いであった。この思いは、市長就任後幹部職員への私の決意の表明が取り巻くマスメディアの取材攻勢でにぎやかに取り上げられて以降、実に4か月も経過して調査会がスタートしたからであった。市長選挙で私が市民との膝を交えての集会で熱っぽく訴えてきたときから考えると、10か月もの期間を経過していたのである。

　バブル崩壊後の景気対策として緊急総合経済対策で、時の政府は地方自治体の財政出動を叱咤激励する中、いつの間にか気がつけば、肥大化する自治体の役割とその財政規律への緩みが現れてきて、その財政健全化への道が叫ばれるようになってしまっていた。四日市市もその例外ではなかった。市長就任後初めての幹部職員への私の年頭挨拶（1997（平成9）年1月6日）で「景気は一向に回復しない。これまでの公共事業への投資と特別減税という常套手段では効果がない。マスコミも漸くにして行政組織とそのコストの見直しや財政状況の改善こそが日本の経済を立て直す鍵となってきたと報道している（橋本内閣の行革指針をとらえて）このことは何も中央政府に限ったことでなく、わが四日市市役所にもあてはまることである。私は危機感を持って行財政改革を進める覚悟であることを強調した。そして、体温に程よい「ぬるま湯」につかった蛙は下から次第に加熱されていっても飛び出したり逃げたりせず、遂には熱湯の中でゆでられて死んでしまう。この蛙にならないように」とたとえ話で挨拶を締めくくっていた。

　続いて開かれた定例記者会見の場でも、行財政改革の取組としてその叩き台を作ってもらうべく学者など有識者に民間の市民を加えた行財政改革調査会を速やかに立ち上げて、その答申を得て改革案を作りこれを任期中に達成すると表明した。ここでもまた市議会との折り合いをどのようにつけていくのかとの記者の質問に対し市民の利益をまず第一に考え行動することで、議員も市長の私も同じであり、折り合いを心配していないと答

えて格別の議員との話し合いの場を今設定する考えはないと素っ気なく答えていた。さらに建設工事が続いている四日市ドームについてその工事中止と見直しをするのかとの問いには次のように答えた。「見直しできればやりたいがそのためには設計変更とそれに伴う工事期間の延長が避けられず結論としては困難である。工事の進捗率は全体の約3分の2に達しており、今後の見直しは大幅な追加経費と期間延長でその完成時期が市制施行100周年記念日であるその年の8月1日を大きく越えることとなることを付け加えた。したがって完成後の管理運営費が年間2億円と伝えられるが、これをいかに圧縮できるかを検討していくしかない。そしてさらにいえば四日市ドーム建設をめぐる計画から工事着工に至る経過について納税者たる市民への十分な説明がこれまでなされているとは思われず、速やかに説明責任の履行すなわち情報開示を行いたい」と言明した。

そして、いよいよ私へその所信を問う1月市議会臨時会が開かれ、ようやく私の出番がやってきた。私は既に前市長の指揮の下、その大筋は固められていたともいえる1997（平成9）年度、一般会計予算の編成に関しその経常経費の削減について具体的な数値を挙げてその決意を話した。すなわち旅費項目前年度比10％、事務用品等消耗品費20％、食糧費30％をそれぞれ削減し、さらに市単独負担の公共事業費（道路、下水道その他）も前年度比10％の削減が目標値だとした。かくして就任早々、私は行財政改革の実行を力説した。しかし、結果は減量予算とは違い従来型の9年度の一般会計予算と特別会計予算になってしまった。残念であったがこれは福祉関係の市民サービス部門の増加を抑えることが困難だったことからやむを得なかったかもしれない。

2　行財政改革調査委員会 大荒れの中の船出

行革調査会は華々しくスタートした。民間人12人の内容も大学教授、企業経営者、元銀行員、弁護士、税理士、元労組役員、地域活動家から主婦までだったが、その第1回の会合はまさに大荒れの中で終わった。会議（委員会）の進め方で、大きな問題の議論から始まったからだ。

1人の委員から、この種の委員会（市役所から指名を受け提言を諮問される、いわばあつらえられた委員会という意味）はとかく市役所のダミー即ちその思惑どおりの答申内容となるのが大半で、今回新しい市長のもとでのこの会合は決しておあつらえの会になってはならない。そのためには会議の全面公開即ち市民や報道機関への公開と進行や審議すべての面で市職員の介入介在を排除しなけ

ればならないとの激しい意見が出されたからだ。つまり、新市長のこの調査会への期待は抜本的行財政改革の提言であり、従来の市職員感覚での提案や圧力、思惑の影響があってはならないし、また市民監視の中でこれらを排除してこそ抜本的な答申も生まれるものであるとの主張であった。この会議全面公開と事務局の進行支配、その誘導排除論は並み居る他の民間委員の間に大きなさざ波を起こした。どういうことなのかこの主張への理解と、そして誤誘導の排除ということに、市長から委嘱され、市の業務への改善策の検討にどんな排除が前提条件なのか、まさに大きな議論の始まりであった。第2回目の同年5月12日開催の委員会も冒頭から喧々諤々の議論の続行であった。前進はなくかえってこれから先の展開への不安の始まりであった。しかもこの訴えの委員が市内で法律事務所を経営する弁護士であったから、彼の訴えの論旨は首尾一貫して説得力あるだけでなく論旨明確であった。そのため、彼の主張に対する反論もなかなか難しく、だからといって容認しがたいとの意見の委員も出て、まさに船頭多くして船山に登る気配もあった。もちろん私は第1回目も最初の委員委嘱状交付と短い挨拶で退席してこの間の委員会に顔を出していない。担当職員からの報告を聞くのみであったが、その委細は以下のようなものであった。新市長は風通しのよい役所に

変えなければならないと口に出して訴えていることは、誰も否定しない。しかし、会議全面公開で委員会審議を進めていくことは傍聴の市民オンブズマン、市議そして報道関係者の注目の中で提出された資料を基に議論の展開とやり取りを果たして民間人同士で適切にやっていけるのか、学者や弁護士ばかりではない人たちに不安はある。さらにお互いに初めて顔を合わせる委員ばかりの中で緊張・重圧も予想される。多くの傍聴者の注視の中で市役所職員への事情説明や状況聞き取りを十分に可能なのか不安もなくはない。このような雰囲気との報告であった。そこで私は当該委員の弁護士と直接会ってその真意を尋ね、とりわけ審議の進行への意向も尋ねることにした。私の気がかりは、夏に中間答申、年度末までに最終答申を受けて任期4年中に提言の実行こそ市長の政治生命の中核と考えていたからだ。従ってその進行もまた委員会の答申とともに重大な関心事からであった。加えて、委員長に選任された民間会社経営者が第2回目の会合を終えて、早くも辞任を口走っていたとの報告もあったことから、このまま見守ることへの不安が私を襲ってきた。ドラマの展開は早かった。第3回目の会合は6月9日と決まっていたが、5月18日に事務局へ当該委員からの辞任届が提出されたのだ。地元新聞は久しぶりに大きなニュースソースを得たとばかりに大見出

しの報道であった。早くも空中分解か、これを受けての弁護士出身の市長は窮地に陥るとの類である。当時市には委員会など、市の諮問を受けて開かれる各種委員会の会議の進行にとりわけ公開規則は何も定められていなかった。その委員会でどのように公開するか、あるいは非公開はどんなときに使われるのかは独自に決めるルールであった。したがって全面公開となれば報道機関のみならずあらゆる市民活動家の傍聴もあることを想定しなければならなかった。また、役所側の誘導や介入等の排除といってもそれが具体的に何をさすのかも担当職員にとってもこの突然降りかかってきた行革調査会の冒頭の激しい委員の間のやり取りは実に難問であった。付言すると1999（平成11）年、市の委員会・審議会は原則会議公開との指針を市要綱として制定し、以降このような混乱は回避されたが、この会議公開原則は当時では学者の議論の段階（情報公開推進の流れの中で）にあり、わずかに神奈川県川崎市では実施しその条例制定への動きがあったように私は聞いていた。もっとも県では始まっていたようではあるが、ともあれこうして弁護士出身委員は自分がこだわる会議公開の主張は個々のケースではその制限を臨機応変になせば個人情報保護の面でも支障なくまた報道関係者と事前に報道協定を締結すれば弊害は心配ない。かえって仲間の弁護士であった市長

から進行を強く求められたのは遺憾であったとメディア報道で語って、結局第3回目からは民間人11人の構成で、夏休みも返上して審議が進められ予定どおり中間答申そして最終答申が年度末に出された。

3　市議会特別委員会の行財政改革審議会もスタートする

市議会6月定例会では、このような行革調査会の経緯を目の前で見たためか、議会閉会中の審議すべき特別委員会として、その名も同じ行財政改革調査特別委員会が立ち上げられることとなった。四日市市では、1976（昭和51）年に既に四日市市行財政改革調査会が学識経験者、市議会議員及び市幹部職員で構成されるメンバーで発足し、その1年後に答申を出していた。そして、この答申に基づき行政体制や財政の仕組みについて、たとえば組織機構の編成替えから財政構造の点検と見直しを行ってきた。そして1981（昭和56）年には全職員一丸となっての業務見直し点検運動を起こし、4年後の1985（昭和60）年になると国より地方行革大綱が示されたことから、毎年改善目標を定めこれを達成するべく努力をしてきた経緯があった。したがって職員や議会の中にはこれまでの実績とこのような経緯を頭から無視しての今回の私が立ち上げた委員会は、けしからんとの

反発から議会の特別委員会設立だったかもしれない。それより、行財政改革待ったなしとの認識（これを危機感といってよいか）は、この当時私と市職員そして市職員労働組合さらに市議会の大半の議員の認識に相当の乖離があったのではないか。その証拠に、私のこのような危機感への反発、批判は1997（平成9）年以降、数年間、匿名の私への手紙や組合活動さらに市議会での質疑にも見られるところとなった。私にしてみれば、前述の"ぬるま湯"につかった蛙のたとえ話に尽きようが、行革調査会の答申（中間答申も含めて）に沿った私の方針への反発は、とりもなおさず役所業務の効率化への抵抗の始まりであった。私は市長就任直後の人事異動の際に、前市長の下で助役、収入役にあった人や定年で退職する幹部職員への世に言う天下り人事を、いずれも離職ないし排除の政策をとった。もちろん任期を残している人の場合は、その辞職申し出がないとき、これを解任することはなかったが。こうした人事政策は人心一新という理由付けはできるが、職員定数の削減は、すなわち50人は最小限削減する方針は相当にきつい一面をもっていた。なぜ削減するか、行政サービスの低下を憂慮すれば一大事であるとか、残業を極力抑制するとの方針までは理解できるが、人件費の縮減でのこの方針は何を意図するのか、財政はいまだ四日市市では健全なりと強く反発の声が出された。これが市職員からの匿名の手紙が自宅に次々と舞い込むとなると、私の神経も相当傷ついての出勤の日々となった。それでも私は平成9年夏の盛りから秋に入ると次年度の職員新規採用に関してその方針決定（最終）を迫られた。通常この時期になると各部課よりの予算のみならず人員の要求が集計されてくるからである。総務部長や担当助役との協議の場で私は生首は切れない。しかし、新規の職員採用は定年退職者や任意退職者から少なくとも50人削減しての新規採用者数にしたい旨指示をだした。しかも、これは私の任期中（市長在任4年間）の方針であると。その理由は人件費の総額抑制策であり、同時に事務事業の見直しに通じることであると説明していた。単にハコモノを造りまくるという政策からの転換にとどまらず、減量経営の方針であったのだ。こうした私の方針は、当然ながら財政への危機認識からであり、その健全化への回帰の認識で、市職員や市議会のそれとは少なからず乖離があったのだろう。市職員労働組合からは早くも市立小学校の給食事務の見直しや市営乳幼児・学童養護施設（希望の家という）の民間への移管（民営化）等の検討についてさえ強い抵抗姿勢が鮮明に打ち出され、登庁する市役所職員へ配布される組合チラシ（ビラ）も派手な文面が飛び交ってきた。マスメディアもこの間の情報を華々しく伝え、市議会も定例議会

で質疑がたびたびなされるといった事態になっていった。毎年50人の職員定数削減方針は当時3,343人の正規職員を抱える市役所にとってとりわけ議論を呼ぶ政策である。2007年問題（団塊世代の大量退職）を前にその支払い退職金の財源への影響と事務事業の継続性への不安とは異なり、1997（平成9）年の段階で到底理解できないとの認識は、それは小さな政府論への嫌悪感を示すものであった。当時、財政破綻に程遠い状態の四日市（普通交付税の不交付団体で豊かな自治体と見られていた）にあっては私のみが浮き上がっているように映っていたかもしれない。

とりわけ市幹部と私との間で論争があったのは技能労務職員の給与問題からであった。市の職員の給与体系は、唯一の表（ランク）によるもので、この表に従って定められていた。これを一表制と呼んでいたが、高卒、大卒、短大卒、各種学校卒そして大学院卒などでそれぞれスタート地点は異なるも、以降は定期昇給を続け健康を害して休職等の特段の事情がなければ定年齢に達した翌年3月まで昇給していく仕組みであった。満59歳でも定期昇給が適用されていた。そしてこの一般行政職に対比して特別技術職員の昇給表は一表制に一部修正してのフォームであった。（市立病院の医師をはじめ職員にはこうした人たちが多い）この他に一般労務職員（技能職）と嘱託職員、臨時職員の処遇表があった。この中で具体的にいえば電話交換手、自動車運転手、給食調理員、小学校や保育園、市立病院その他市の施設での用務員等正規職員の給与も実はこの一表からなる給与表に従っての昇給、昇任であった。

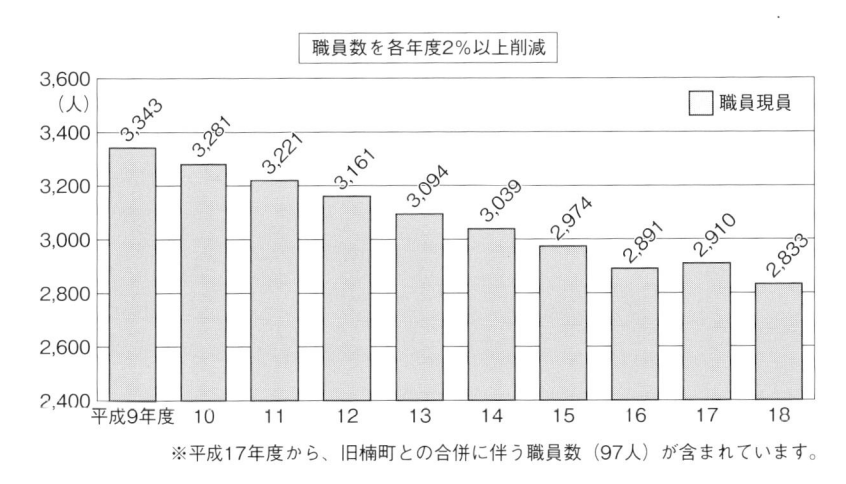

職員数を各年度2％以上削減

年度	職員現員
平成9年度	3,343
10	3,281
11	3,221
12	3,161
13	3,094
14	3,039
15	2,974
16	2,891
17	2,910
18	2,833

※平成17年度から、旧楠町との合併に伴う職員数（97人）が含まれています。

職員実数の推移

従ってこれら技能職の労務職員については、退職金が一般民間企業のそれと大きな違いがでていることがはっきりしていた。

ラスパイレスという国家公務員の給与と地方自治体の公務員の給与の比較指数の面でも、四日市市は当時指数105（つまり100を上回る）前後で高級給与体系であった。そして民間との大きな格差が世間から強い批判を浴びてきていた。これをどのように改善するかが市長の私に課せられた当面の大きな課題であったのだ。市の労働団体である市職員労働組合（以下「市職労」という）との交渉そして円満解決しか途は残されていないことは誰の目にも明らかであった。こうして市職労との交渉が始まり続けられた。いや前市長の時代から始まっていたのではなかろうか。しかし、この交渉は一歩も前へ進まなかった。一歩どころか半歩も前進は見込めなかった。この件での協議は一切応じられないの一点張りでその壁も破ることができなかったのだ。こうして私は定年を迎えて離職するこれら一般技能職職員の新規補充採用を原則として認めない方針を打ち出さざるを得なかった。嘱託もしくは臨時職員の補充でまかなうことにしたわけである。さらに言えばこの分野の職種の業務を民間委託や民営化でまかなう道も模索することとなった。こうして行政改革の調査会の答申を待ってスピードを上げての人事給与の改善も進めていくことになった。

ここに正面から即ち希望の家という養護施設の社会福祉法人への民営化移譲問題で立ちはだかって強硬に批判を開始したのは、市職労の人たちであり（組合専従職員のみならず）、そして多数の市民の賛同者（署名に応じた市民の代表者等）を交えて市議の応援者も巻き込んでの反対運動であった。その理由はやはり福祉切捨て論であった。集会で気勢を上げることから署名集め、市議会への請願等要請行動そして毎朝市役所前にてのビラ配布、さらに私の自宅へ舞い込む反対はがきの郵送であった。

彼らの反対の根拠は相変わらず前市長の政策を引き継ぎ、私が公共工事優先の市政を変えず、その中で福祉切捨てを断行するというものである。一方約40校ある小学校の給食業務は四日市市では、自校調理方式をずっと採用していて、いくら近距離内で小規模校が隣接していても、共同調理方式は認められないと、市の"なかよし給食"と銘打っての共同調理給食システムへの転換（モデル校2校から試行として始める方針）を一切容認しなかった。さらに希望の家の民営化方針は断固として壊滅させるとの宣言から始まる反対運動はメディアの格好の報道素材となって遂には市議会を巻き込んで政策論争化していった。

希望の家とはさまざまな事情から家庭で暮らせない零歳から18歳までの子供

が共同して生活する福祉施設をいう。これが四日市市では市営でつまり市の予算（その約半分は国より助成金が出ている）と市職員が市有の敷地と建物で経営してきた。親と生活できない18歳未満の子供は全国に約4万人いるといわれているが、その9割がこのような児童施設などに委託され、いわゆる里親のところで生活する子供はその1割未満に過ぎない。

今日ではこの現場スタッフに求められる子供の「世話」の中身も時代とともに変わってきていた。その対応も難しい。自治体経営の施設はかつては多かったが現在では大都市に残る、さらにこの中には一時保護もある。若い保育士の資格を持った職員の多い施設では問題を抱えた思春期の子供への対応が難しいともいわれる。さて、市の直営の希望の家につき、行革調査会では民間の社会福祉法人への移管を検討すべきとの意見があると情報が流れるや、いち早く市職労は市民の応援を得てこれを阻止すべく行動を開始した。これがメディア報道となったときには、署名3万5千人分を集め気勢を上げたと報じられたりしたのだ。答申が出されて、民営化提言が公表された頃には市職労は市民への署名の拡大運動は当然さらに市議への働きかけ、そして民営化阻止のためかつて希望の家で育ち社会人となって立派に成人となった、いわば卒園生の団体（単なる親睦会）をもその反対運動に取り込んで、あらゆる行動に入っ

た。もちろん私の自宅へも反対を訴える手紙（はがき）も舞い込む。そしてメディアもこの運動を追跡、報道をしていった。一方、定例市議会では福祉切捨政策はどこへもいけない子供たちまで民営化という無慈悲な政策で追い詰めるのかと私を激しくなじり、詰め寄る質問が出る。保育士、看護師、栄養士、給食調理員のほかに洗濯、裁縫の嘱託職員まで33人の職員で年間3億1000万円を使って、子供44人を預かり、計算すれば子供一人当たり700万円もかけていることとなり、この時代にまだ直営を続けることはいかがと民営化への軟弱な姿勢をなじる市議さえ現れる。こうして私は1期目の実現を断念せざるを得なくなった。しかし、民営化阻止の請願はさすがに市議会で採択されず、私は次期の最重要課題と深く心に留めるばかりであった。

ところでドームが完成してその運営経費について私なりに工夫を凝らしたのは教育委員会所管のスポーツ課職員のみをドーム内事務室にその執務場所をそっくり移したことであった。ドーム運営の直接職員のみを移したのではなく18名ないし19名の課長（次長待遇の課長を含む）以下の職員全員を土曜、日曜、祝日を平常出勤（休日は他の曜日）にしての苦肉の策であった。こうしたやり方は市の他の運動施設での運営もスポーツ課職員の下であるから、一様になるものでスタートのときには職員からの抵抗もあっ

たが、押し切って実行していった。（これは管理運営費の軽減につながったことは言うまでもなかった。）

結局、私の市長1期目に行革調査会答申の中で実現できなかった主なものとして、"なかよし給食""希望の家民営化"そして老人施設寿楽園や市立保育園の民営化、さらには市内23箇所に分散する地区市民センターの集約、統合や市内橋北地区東、西小学校の統合、市立病院での医薬分業等であった。1998（平成10）年度を終えて、マラソンで言えば折り返し地点での達成率は実に38％でやり方のまずさ即ち強引と唐突とマスメディアで酷評されて、残り2年で挽回するも先送りだけが目につくばかりであった。しかし、折り返しに差し掛かるときに市と市議会に大きな衝撃を与えることとなった地方裁判所の判決言い渡しが現れたのだ。

4 官官接待は許されないとの判決

1998（平成10）年9月10日津地方裁判所で市民オンブズマンが提起した前市長、市幹部職員そして24人の現職の市議会議員が被告となった住民訴訟の判決があった。この内容はオンブズマン側の全面勝訴の判決であった。

事案は1995（平成7）年5月2日、前市長、市役所幹部職員そして市議会議員らは1泊2日の行程で伊勢神宮に参拝した。目的は市長と市議との懇親であり、毎4年ごとに実施される統一地方選挙による市議入れ替え直後の恒例の行事が訴えの内容となった。参拝を終えてそのまま帰った市議を除く人たちは鳥羽市内の旅館に勢ぞろいし夕刻よりの懇親会に臨んだ。和やかな宴会での親交を終え翌朝それぞれ帰路についた。もちろんその費用は公費であった。市民オンブズマンの原告らはこの行事は公式行事（公務）といえず、市が出捐した費用はそれぞれが分担して市へ返還せよと裁判所に訴えたのだ。もちろん住民監査請求をなすも市監査委員により棄却されての住民訴訟であり、争ってきたすえの第1審判決の言渡しで市及び市議側は全面敗訴した（旅費及び宿泊飲食費）。予想外の判決と受け取られ全員が名古屋高裁に控訴した。形の上では市議については控訴審は議長格の人のみであったが。第二審も覆ることなく、全面敗訴となって上告（最高裁）を断念し確定判決となった。一言で言えば、市と市議会の折り合いをこんな形でつけてはいけないとの判決だった。

もちろん私はこの判決にとやかく口を挟むことはない。しかし、市長就任後行政の無駄を厳しく排除せんがためにあらゆる方策を抵抗を排除しながらとってきた私にとっては判旨にうなずくのみであった。

些細なこととはいえ俗に言われるミニ

第2章　行財政改革と大きな障害

コミ新聞の定期購読代金の執拗な請求や功績のあった市民への慶弔行事への私の参加出席に際しての公金支出等は一切やらず、さらに1998（平成10）年1月以降市長専用公用車を手放し、私自身が市内タクシー業者の配送タクシーによる通退勤時及び土・日・祝日の移動を敢行して、その出費の大幅な削減を実現していた。ちなみに私は自動車運転免許が昔よりなく、自動車も持っていなかった。したがって私の時代にはこの種の事件は起こり得ないと自負するのみであった。さらに後述するが市の調達契約業務なかんずく公共工事の入札システムに関して、1997（平成9）年4月には入札での談合監視の調査会を民間人3人を起用して立ち上げたばかりか、設計価格（予定価格）の事前公表や指名競争入札制度から一般競争入札制度への大胆な改革を実行し、談合の排除、競争の促進を図り、また大学教授や会社経営者からなる財政経営審議会への答申を求めての諮問や、公認会計士へ委嘱しての外部監査の導入を図り、市の外郭団体である土地開発公社のいわゆる塩漬け土地保有に関する意見を求める試みにも果敢に挑戦してきた。これらは市の財政健全化への道筋をつけたいと思っていた私にとっては当然の行動であった。そうしたこともあって、派手な振る舞いばかりで改革は遠く行財政改革の進行が思うに任せずの私に対してメディア等より低迷の非難を受けていた。

しかし、できるものからやっていくしかない。どんな些細なことでもやる。そして今は我慢しか手だてはないといわば腹をくくっていたのであった。こうした流れの中でISO14001システムの導入という大きな職員の意識改革をもたらす事態を迎えることになった。

5　ISO14001システムの導入

1998（平成10）年、私は担当職員と新潟県上越市役所に視察に赴いた。国際標準化機構の略称であるISO（International Organization Standard）の環境マネージメント規格NO14001（以下「環境マネージメント」と略称する。）への取り組みを考えてのものだった。これは資源を大切にしよう、地球環境の危機に際して省資源化、省エネルギー化への努力が待ったなし時代の到来といわれ、民間企業や自治体の取り組みが始まっていた。こうした中で四日市市の歴史を考えるとかつては大気汚染で公害の街と騒がれ、四大公害裁判の一つを抱えた石油コンビナートの街であり、そしてまた快適環境都市宣言を平成7（1997）年に行い、さらには同年、国連開発計画から環境改善への顕著な努力をして実績を挙げたとしてグローバル500賞を受賞した街であってみれば、この環境マネージメントシステムこそ、わが四日市市にとっては導入

しなければならないとの考えからであった。私は上越市の宮越市長に会って、その体験談を聞くと、ますますこのシステム導入に熱が入ることとなった。それは職員への意識改革へ大きな力となり改革へのはずみがつくとの話であったからだ。要するに1年間（365日）消費する市役所の電力、ガス、重油からガソリン灯油まで、そしてコピー用紙からあらゆる紙代、さらに分別された再生の資源ごみや焼却、埋立てごみまでがすべて職員の毎日の心がけとさらに市役所全部門に所用で訪れた市民や民間業者の対応まで、大きな省エネへの削減効果をもたらすのみならず、これが効率行政への意識改革をももたらすということにあった。しかし、このシステムはそれが法令のように決定的に実行への義務付けがなく、任意の目標を達成してその実現への道のりを着実に歩くことから、最初はその効果を信じることはできなかった。これがうまくいくためには相当の準備期間と十分な努力の積み上げこそ肝要と心に銘記しながら視察を終えた。

　私はまず、目標を平成9年（1997年）実績の20％減とおいて、なぜこのシステムを導入するのかその使命を十分職員が認識することの必要性を重視した。私が改革屋として突如市役所に現れて諸費用の削減を、また人減らしを唯一声高に叫ぶケチな市長では決してないのだ。迫る地球温暖化への危機意識から循環型社会の構築に向けて先導者的役割を期待されてのことである。さらに言えば四日市市のこれまでのイメージチェンジにもこのシステム導入で高い成功を収めることこそわが街の再生の第一歩であることを強調した「方針」を掲げ、本格的な準備に入った。この1998（平成10）年は、まさにこの環境マネージメントシステム導入準備の年となった。まず職員の間で具体的数値に基づく省資源を果たそうと数値目標を掲げるべく「約束」をしようではないか、そしてこの約束を全員の努力で果たすための細かな「計画」を作り、毎月レビューしてその実績記録を確認しながら「実施」をしてそして部内の評価委員会に客観的測定に基づく評価と批判を受けよう。さらに次の改善策を構築していく。とどめは外部認定機関にこのプロセスの厳しい査定を定期的に受ける手順を作り上げた。もちろん市の環境部の中にこのシステム推進室を特別に設けて、そのプロジェクトチームを全庁的に立ち上げ本格的実施への助走を開始した。この試みは後に考えると極めて順調に実行され、また大きな成果を挙げることができた。そして、外部評価機関より成績上々の評価をうけることとなり、2000（平成12）年2月には三重県庁より一歩早く、市役所本庁部門は初期の目標どおり認証を得て、機関登録も済ませることができた。そしてその後はさらに続いて市の出張所や出先機関、この中

> **環境方針**
>
> 　四日市市は、2000年2月に環境マネジメントシステムを導入し、四日市公害の貴重な教訓を礎として快適な環境を将来の世代へ引き継いでいくという方針のもと、環境に配慮した事務・事業を推進してきました。しかし、地球温暖化をはじめとする環境問題は、ますます深刻化、多様化している面があり、これに対処するためには市民、事業者の方々との協働をさらに進める必要があります。
>
> 　このため、本市はこれまでの環境マネジメントシステムを見直し、より効率的で広がりや発展性のあるシステムを構築し、次の重点テーマのもと、一層の環境政策を展開して、快適で持続可能なまちづくりに努めていきます。
>
> 1　市役所庁舎等の省エネルギー、省資源に努めるとともに、温室効果ガスの削減対策を推進します。
> 2　環境の保全及び創造に関する施策の推進に努めます。
> 3　市民・事業者との協働による環境保全対策を推進します。
> 4　環境関連法令、条例、協定、その他の合意事項を順守します。
>
> 2008年4月1日　四日市市長　井 上 哲 夫

職員名札の裏にこのカード

には上下水道局や外郭団体、さらには教育委員会所管の小中学校や幼稚園そして福祉部の保育園そして市立病院まで適用範囲を拡大していずれも大きな成果を挙げることとなった。その最大の功績は職員の意識改革への第一歩が確実に記されたことであった。この意識改革は私の方針への抵抗や冷視が次第に消えかつこれがその後の行財政改革への推進力となったことであった。毎月の電気消費量のチェックからさまざまな消費への目配りチェック体制はパソコンや電算機導入で一層の電力消費増大の役所での抑制努力を支え、また6基ある本庁舎のエレベーターの昼休み時間帯の2基休止や廊下、部屋の休憩時間の一部消灯から文具や用紙代の節約そしてガソリン、灯油のチェックなど市議会からケチ呼ばわりされるその質疑が出てきても職員は冷静に対応してこれを順守してきた。

6　ケチ市長の1期目の成績は何点？

　行革の推進とその効果の面では行革調査会の答申に沿う132項目162事業のうち概ね7割から8割近く実現若しくは着手総額55億1千万円の金額の削減が見られた。その内容は、人員の削減も正規職員の定数・実数による数値は150人（3か年）を実現し時間外勤務縮減や補助金の見直しによる減額から物件費の削減さらには外郭団体である北勢インフォメーションサービスと三重北勢ソフトウエアセンターの統合も1期目の滑り込みの実現となった。しかし、行財政改革つまり財政の健全化は1999（平成11）年度より普通地方交付税の不交付団体（つまり豊かな自治体）からその交付団体に変わり、急速に財政力は衰退する中でわ

ケチケチ市長と呼ばれて～市民と進めた財政健全化～

ずかな財政調整基金をも食い潰しての予算編成に苦しんでいた。高利率の過去の借入金の低利への借換えどころではなかったのだ。公債費（借金）負担率も14.9％と増し、これが5年先には危険ライン20％に近づく18.5％の見込みで、高齢化社会の進展と頼みの市内産業（石油化学コンビナート）の斜陽化の中で、いわば瀬戸際に追い詰められるところにあるといえた。

ハコモノ建設のツケが借金増となり、一方では税収は落ち込み、法人市民税に至っては最盛期1992（平成4）年度104億円に対し46億円（1999（平成11）年度）となってかつての商工業都市の面目はまるでなかった。一方、市の中心市街地は停滞の一途をたどり、まちのにぎわいは消えて、市内道路渋滞への市民の苦情は消えず、まちの噂では三菱化学四日市事業所のエチレンプラントも早晩なくなり、駅前百貨店等もいつまで頑張れるかとささやかれていた。一方では市の土地開発公社の情報公開への断行により、過去の不明朗な土地取引と過剰接待が次々と明るみに出て、いわゆる塩漬け土地の価格暴落に伴う評価差損は実に100億円を超えるのではとの市民オンブズマンからの情報を報じるメディアも出てきた。市の年間税収額500億円の中で、市外郭団体の公社が400億円に近い簿価債務を背負う現実の重みと100億円の差損の報道は衝撃的であった。こうして、市民の市役所への不信感の払拭は依然としてままならず、市長の私にとって、まさに散々の第1期目の決算内容といえた。タクシー通勤や本庁舎エレベーターの一部休止をとらえて「ケチ市長」、いくら頑張っても何の打開策もないのではと揶揄されても言い返すこともできない有様であった。

市議会では、かつて江戸時代の改革の模範とされた東北米沢藩の藩主上杉鷹山による改革を引き合いに、財政改革を私に迫る質問も出てきたほどであった。ケチだけでは何の策もないではないかと30万石、さらに15万石に減らされ領土返上を幕府に願い出るほどの窮状から倹約策も大胆ながら、それ以上に産業奨励策に檄を飛ばし財政の再建を見事に果たした先例にどうして倣おうとしないかと詰め寄られる始末であった。私にしてみれば藩主自ら木綿の衣服に一汁一菜、奥女中は50人から一挙に9人に率先倹約を実行しながら改革を示した直後軟禁されてその間に反旗が翻り、この鎮静に藩士に切腹者や隠居、家の取り潰しまで出て、その後ようやく56年を要しての鷹山改革の顛末を述べる気力も失せていたのかもしれなかった。いや、私に言わせれば、危機の認識の温度差こそこれを早急に埋めていかなければならないと、基礎的財政収支（いわゆるプライマリーバランス）の黒字を1999（平成11）年度より堅持しての減量経営にひたすら邁進

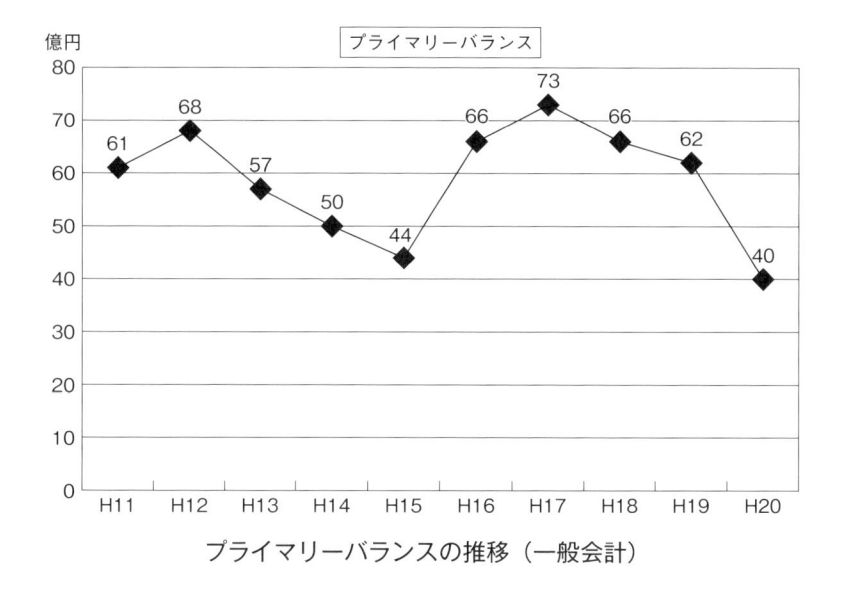

プライマリーバランスの推移（一般会計）

年度	金額（億円）
H11	61
H12	68
H13	57
H14	50
H15	44
H16	66
H17	73
H18	66
H19	62
H20	40

するのみであった。こうした中で2000（平成12）年9月10日から12日にかけて東海豪雨が四日市市を襲った。

7　想定外の豪雨に襲われる

　名古屋市や岐阜県そして三重県北勢地域を襲った集中豪雨は四日市市内でも総雨量実に566ミリ（10日の午後8時まででも244.5ミリ最大時間雨量120.5ミリ）の集中豪雨は台風14号の接近と秋雨前線がもたらしたものであった。市内5つの河川が氾濫し、とりわけ市内中心部浜田町付近の阿瀬知川と市内北部東富田付近の十四川の氾濫は床上、床下浸水の被害をもたらし（市合計1858戸）富田地区では避難勧告も出されたほどであった。そして深夜、名古屋より帰途についた市内の60歳の男性サラリーマンがバス停で降車したところ、用水路に呑まれて行方不明、後に死亡が確認されるという被害も出た。がけ崩れも起き、交通（鉄道、道路）も大混乱になった。まさに災害は忘れたころにやってくるという言葉を思い起こされた（因みに伊勢湾台風は1959年9月26日であった。）復旧そして行政上の被害救済に大わらわで対応し、またその後の安全安心対策は私にとって大きな課題となった。

　この集中豪雨被害について、今日ではゲリラ豪雨とも言われるが、当時9月定例の市議会開会中であり、一般質問予定のところ急遽集中審議日程に変えて9月12日本会議審議も開かれた。集中豪雨

ケチケチ市長と呼ばれて～市民と進めた財政健全化～

の中での情報伝達が十分といえず、市の体制はどうか、今後の反省材料は何かについて厳しい質疑がなされ、さらに市内排水ポンプ故障（浸水被害）への対応がすこぶる悪く、被害を拡大させたのではないかと問責されもした。もちろん、排水ポンプの故障は水害にあってはならないことであったが、予想外の集中豪雨による流下水量に河川の氾濫も阻止できず、残念ながら自然の猛威に抗することができなかったと陳謝するのみであった。しかし、この排水ポンプ故障による被害（床上、床下浸水）については地元市議より後日住民訴訟が提起され、ポンプ管理上に過失あるも全体を見れば浸水そして故障も避けえず、天災といえるものでその住民被害については法的責任を問うことはできないと裁判所判決が出され、確定判決となった。にもかかわらず市議会で長く訴訟の原告となった市議から私が法的責任を逃げまくっている市長として追及を受けることとなった。（市長2期～3期までの間）これは私の市政運営への非難、批判に尽きるものであろう。何故なら、私の市長1期目での市政運営方針は、前市長20年間のそれから一転、バブル崩壊による失われた10年間の緊急総合経済対策時代での財政出動を基本に据えた自治体運営からの転換であったからである。それはハコモノ建設からの撤退（公共工事偏重からの転換であり、生活者政治へのかじ取りであり、

また構造改革（行財政改革）と安心、安全社会への静かなる進展と大規模公共事業の決別であったからだ。そして財政の健全化が四日市市にとって緊急課題との認識から徹底した減量経営と小さな役所づくりへの路線敷設であった。したがって従来の市政の再構築を考えこれを是としていた人たちにとっては突然現れかじ取り役となった私はまさに天敵と映ったのであろう。まして、市長選挙での大逆転はまったくの想定外であったからであった。そして行財政改革への私のスタンスは強烈なもので、市職員にとっても追従しえない者も多く、それらは市議会側に近く私との距離感がむしろ大きく存在していたといえよう。ただ、気がかりなのは市の外郭団体、なかでも大きな塩漬け土地を抱えての負債があり、これにまつわる土地の不明朗取引や過剰な接待を含む放漫経営についてメディアからの追及や市民の不信感が消えない市土地開発公社であり、これを弁護士出身の市長の私がどのように処理するかが不安材料であった。今日の国の政権交代によるあらゆる施策の零からの見直しを報ずるマスコミが言う「行政の混乱」と酷似しているかもしれないが。

ところが2000（平成12）年11月26日予定されていた市長選挙について私は既に同年6月2期目出馬宣言をしていたが、他の候補者の出馬は噂のみで名乗りを上げる人が現れてこなかった。こうし

た中で集中豪雨による水害被害が私を襲ったといえよう。私にとっては行革でくじけ、そこにこの大水害で踏んだり蹴ったりの状態である。しかし、一方では市の土地開発公社の件では外郭団体への情報公開要綱により、満身火の粉を浴びながら、情報開示を続け、市議会、市民オンブズマンと丁々発止の最中であったのだ。

　ドームやヘルスプラザの建設ではハコモノ抑制はできず、わずかに閉校した小学校の跡地に文化ホール建設を中止したのみで、交通渋滞を訴える多くの市民への願いも、道路拡幅や道路整備（国、県直轄道路の整備も含め）もままならず、わずかに交差点改良工事を細々と続け渋滞改善に努め、市立小中学校校舎の改築事業もはかどらず、これも耐震補強工事を続けるのみであった。ケチ市長と呼ばれても返答もなかった。こうした中にあって迫るくる市長選挙には国会、県会そして市会から噂にのぼる市長候補者も出馬の名乗りはなく、いたずらに月日を重ねるばかりであった。こうした中で次章で記述するが、私は土地開発公社の塩漬け土地にからみ国から財政支援を受けて市への買い戻し（第1次健全化という）を2000（平成12）年10月2日提案した。この日開かれた市議会外郭団体審議会で公社保有地の買い戻しにつき国は借入金（起債）での買い戻しを認めかつその金利の2分の1を国が負担する新しい制度へ市は受諾の申出をなす旨提言したのだ。これは5年以上保有し続けている土地の簿価分を標準的な市の税収の25％以上減らす便法を国が用意してくれたので、これに便乗したいとの市の思惑からであった。実に375億円の簿価の土地を土地開発公社は抱えこれへの銀行借入につき市は全額連帯保証している限り、市の財政はこの面からも健全とはいえずその打開を図ってのものだった。向こう5年間、合計150億円もの巨額起債を敢行しての提言は職員にとっても重い負担であるばかりか市議会においても即答できるものではなかったのだ。

　ケチケチ市長と言われ冷笑さえされている私にとっては2期目の市長選出馬は当然のことで、誰が出てきても真っ向から勝負と心に誓ってきていたが、集中豪雨による自然災害には、天災といえ大きな痛手を心に受けていた。しかし、選挙民である市民からは私の4年間の必死の市政運営にはその信頼を寄せる人々が減少するより大きく増加していたのか、対抗馬は遂に現れなかったのだ。こうして告示日も10日後に迫る最後となって革新系の前回の市長選挙でも争った人が再び出馬する旨名乗りを上げてきた。このときはすでに私も2期目の市長選挙に準備も完了していて、今回は私への信任投票になることを知った。行財政改革は道半ば、しかし必ずやり遂げる旨、私は声を大に叫び信任ならば投票率が命だと懸

命に訴えたのだった。相手候補は土地開発公社の不良資産処理すなわち自治省通達による市の買い戻しに税金投入は断じて許されないと私をなじっていた。

8 末永・本郷土地区画整理事業の内容

付言すると私は前市長が着手してその大半をやり残していた末永本郷土地区画整理事業について困難な予算やりくりの中で地道にコツコツと前進（家屋の移住と道路の再整備）させるべく汗をかいてきた。

市内の末永・本郷地区は中心市街地と郊外とを連絡する道路交通の要衝であり中心市街地に近接した位置にあるにもかかわらず、都市基盤整備の立ち遅れから周辺地区との連続性に欠け、孤立した地区環境をこれまで形成してきた。そこで市は土地区画整理事業により、都市計画道路をはじめとする公共施設整備を行うとともに、宅地の利用増進を図り区域内の都市改造を行おうと決断した。これが1983（昭和58）年2月である。区域面積24.8ha、土地所有者388人借地権者22人建物戸数425戸地区人口1500人、総事業費153億9000万円の事業概要であった。そしてこの事業計画は2007（平成19）年2月19日近鉄川原町駅付近連続立体交差事業が加わり、平成25（2013）年度まで続くこととなった。区画整理に関連する事業は公共下水道事業、国道365号改良事業、近畿日本鉄道高架事業、街区公園整備事業は1990（平成2）年に認可を受けて、1992（平成4）年に工事着手して16年間を要した。その後連続立体交差事業として今日まで続いているが。この区域内の都市改造を決断した理由はこの地区が四日市市では伝統産業の焼き物すなわち万古焼の生産中心地でありながら、当初は三重郡末永村の行政区画であり、その工場（中小）と住宅が混在する中で市街地が形成されてきた。したがって都市施設整備の立ち遅れから周辺地区との連続性に欠け郊外との交通の障害にもなり、さらに工場の老朽化と住宅の老朽密集化が進み万古焼の工場の中には廃業、転業が相次ぎ、環境衛生の悪化など生産、生活環境の低下が著しく、また火災発生すれば延焼の危険性も高く緊急車両の通行等での防災上の課題も抱えていた。もちろん、三方を二級河川の海蔵川と三滝川そして近鉄名古屋線に囲まれていたことにも起因するが。こうして私が前市長より引き継いだ1996（平成8）年12月24日の時点では実に13年を経過していながらその進捗はわずかに29％ほどであり、とりわけ国の総合経済対策から勧められた借家人対策の住宅入居の終了と万古焼工場等事業所移転事業の着手完了直前までであった。そしてこの特別対策事業費の国よりの補助金はその半分を消化し、まさに市

単独事業費にその大半が寄りかかってきたところであった。都市計画決定がなされその整備が待たれる赤堀山城線という市道の整備と持家の建物の移築に伴う公共下水道整備さらに街区公園整備事業が軒並み連なる工事はまさに中止したくてもできない公共工事であったのだ。しかし、これが整備を終える頃とりわけ市道の供用開始（2004（平成16）年3月）は交通渋滞を一挙に解消し後背地の東芝四日市工場の半導体製造への貢献は著しく快適な都市空間つくりでその効果も大きなものとなっている。私の3期目最終の2008（平成20）年12月に最後の持家権利者との移転合意も得ることができたが、建物収去、土地明渡請求訴訟1件は今なお係争中である。

また、1997（平成9）年7月より増え続けるオンブズマン等からの住民訴訟（情報公開の進展によりやむを得ないが）を前に市職員に動揺が広がり不安を抱えて仕事に当たることを回避すべく、市幹部職員で組織されていた幹部会（親睦会）に弁護士費用の一部援助（1人応訴1件上限50万円、無利子期限解決時）システムを立ち上げて、退職後も裁判で被告となることもあることから退会後8年間資格を認めることとした。この基金設立は市職員が住民訴訟を意識して税金の無駄遣いに注意するようになるのでよいことと市民オンブズマン代表者が語ったと聞き、私は苦笑せざるを得なかったが。もっともこの基金設立の意義はその後2004（平成16）年に地方自治法改正により実質的になくなった。

末永本郷区画整理の道路

第3章　情報公開要綱と外郭団体

1　市外郭団体と情報公開

　市長に就任した私を待ち受けていたのは、市役所の肥大化と財政運営の危機だけではなかった。それは、四日市市土地開発公社（以下「土地公社」と略称する）という、市が100％出資の外郭団体であった。これは公有地の拡大の推進に関する法律（昭和47年法律第22号）に基づいて四日市市においても昭和48年に設立された特別法に根拠を持つ、世にいう外郭団体のことである。この土地公社はこれまで市の道路、住宅団地、工業団地等の都市基盤整備事業につき市の先遣部隊の役割を担って土地の先行取得から土地造成そしてその後の整備事業をなして、市の直轄施行や企業進出事業に接続させる役割を担い、四日市市の土地形成の大きな屋台骨を形成してきたものであった。しかし私が市長に就任した1996（平成8）年12月には、この土地公社の実態は、市民から見て行政不信の巣窟で、まさに地元マスコミから伏魔殿とさえ評される存在になっていた。1992（平成4）年のバブル崩壊前の土地価格の急騰、そして崩壊による急落の前後の頃に、市は従来の臨海工業地帯での石油化学産業の勃興と盛業からもたらされる大気汚染・水質汚濁を中心にした負の遺産となった公害の街からの脱皮、また反省から郊外に住宅団地のみならず、公害を出さない新産業が集結する工業団地形成をも視野に入れた政策転換をした。それに勢いをえて土地公社の事業はいやがうえにも拡大の一途をたどった。こうしてその急発進による事業拡大は一方で土地漁りと評される状況の中で民間不動産開発業者に負けておれないとばかりにその担当職員（当然地方公務員）なかんずく中心、中核職員は市より派遣された職員であり、衆人監視の中での業務活動はいろいろ話題を呼ぶこととなった。土地取得交渉に絡む飲食・ゴルフなど交際の派手なことに加えて情報収集から市内土木建設業者との接触でのスキャンダルなうわさまで地元メディアの格好の取材提供者になってしまった。こうして1996（平成8）年3月市議会定例会において第三セクターなど事業活動特別委員会が設けられ、議会閉会中も審議は重ねられ、さまざまな論議（追及）があってついに保有土地状況の現況報告書を委員会に提出することになった。これは多くの保有土地を抱え処分可能な土地は早く処

分しなければ借入金の著しい増大を前に危機感をつのらせての当然の帰結でもあった。しかし土地バブルははじけ日本経済も全体がバブル崩壊を見た後のことであれば、取得した土地の処分は思うにまかせず停滞していた。まさに保有し続けるほかに方策もない塩漬け状態にあった。1997（平成9）年3月定例議会は私にとって初の予算審議議会であったがその一方でこの土地公社をめぐる特別委員会の審議議会でもあった。もちろん、土地公社トップの理事長そして常務理事に市助役及び部長職員を配置し、事務局長には市幹部職員が当たっていて、そのほか理事には市部長職と市議会議員が当てられていたことから、緊急応答に私が直接当たることはなかった。しかしながら連日の審議の内容は地元新聞の報道となって次第にその狂態ぶりが白日のもとにさらされることになった。民間の不動産業者に負けず劣らずの供応接待がなされ「市議もこれに加わることもある」『土地取得で著しく高額な買収にでた」さらには「まったく使い道がない土地を買い込んでいる」といった憶測話まで出てくる状況にいよいよ市民の噂話は広がる一方であった。「六割以上が処分困難」との大見出しで、役に立たない土地を抱え込んだ土地公社はこのような不良地を抱え込む原因となった市依頼の代替地について今後は取得者が確定している場合を除いて認めない方針を決めたことまで報じられた。この記事は微に入り細にわたる内容であり、土地公社が市の依頼に基づき取得した代替地が18万8000m^2 そのうち約13万2000m^2（70％）が処分困難な土地、さらに土地公社が独自の事業のために取得した代替地13万7000m^2 の中にもかなり処分困難な土地があるとの報道であった。不良地の中には土地区画整理事業など事業の凍結で不要となったもののほかに、山の斜面など当初から代替地と見込んで取得したとは思えないような土地も含まれている。これらは市民の監視の目の届かない外郭団体であることをいいことに杜撰な管理をしてきたツケが回ってきたと見られるとして、その販売価格を従来より2割値下げを踏みきる見込みであるとの報道がこれも大見出しで翌日続くといった有様であった。3つの工業団地全体で値下げ幅は約26億円になりこれを土地公社と市でどのように負担するかも検討課題となっている。これについて市負担も将来企業進出で税金が見込める、つまり見返りが期待できるのであるからよいのではとの意見に、とんでもないと反発する議員もあった。さらに土地公社の債務総額は平成8年度末見込みで約490億円（うち利息分約63億円）とあらかじめ金融機関に与えた際の債務保証限度額500億円に迫る勢いのふくらみとなったことまで報道された。このような報道にすばやく対応した市民団体があった。三重市民オンブズ

マン（代表松葉謙三弁護士）は3月21日市長の私と土地公社理事長の市担当助役宛に要請書を提出してきた。すなわち土地公社が多くの処分困難な代替地を抱えていることから、市情報公開条例を速やかに改正し、情報公開の義務を担う実施機関の中にこの土地公社を含めよと。そして代替地など不良土地を高く買った経緯と責任を明らかにするため、第三者を含めた調査機関の設置と調査の結果の公表、判明した責任者に損害を負担させる。そして市が土地公社の赤字を負担すべきか否か、市民の意見を聞く機会を設けよと続けられていた。私は市長に就任する以前から開かれた市政の展開を最大の公約に掲げ、その柱にいっそうの情報公開を実現させるとしていたこと、そして就任直後からあらゆる機会に外郭団体であるからといってその情報を公開する義務はないということではなく、一定の義務は当然に負うものと考えていることを表明していたので、この市民団体の要請書を前に別段驚くものではなかった。しかしながら第三セクター等事業活動特別委員会の審議内容が地元メディアによりここまで取り上げられてかつ情報公開が焦点となってきたからには、これ以上の放置はできないと思った。そこで担当助役や部長に任せておくわけにはいかないと3月定例会を終えると直ちに土地公社の現状について猛烈にヒアリングを行い自分自身がこの問題に対処することを決断した。まさに市長に就任して真っ先に汗をかく仕事がこの土地公社問題となったのだ。

2　情報公開は役に立つのか（ツールとして）

5月9日、ゴールデンウィーク明けに私は、四日市市の持っている外郭団体についてその情報公開に関し公開義務となる実施機関に加える方策について、市の情報公開審査会（会長前名古屋大学法学部教授その時点で名古屋経済大学教授）に、答申を求めることにした。この委嘱（諮問を求める）は、もともと私自身考えていたことである。市が関与している外郭団体に関して外観からもその実態からも市の業務と何ら変わりがない事業については、市自体の事業でなくても、そして他の根拠法令（特別法や民法、商法等）で設立された外郭団体であっても、その情報公開義務は市と同様もしくは一定の範囲で負うべきであるとの認識からであった。まして今回の土地公社の件では間接的な市議会特別委員会審議でおぼろげながら、業務内容についてその実態が明るみにされた程度では納税者である市民の納得は到底得られるものではなかった。その結果は市政への行政不信となって跳ね返ってくるものと思われた。

委嘱して数ヵ月後に答申を得てそれから外郭団体への情報公開の制度化を考え

ている私もこの委嘱そのものが大きな衝撃を与えたことにはいささか驚きであった。メディアはそろって四日市市の今回の審査会への委嘱を大きく報道した。この背景は日本の現状では地方自治体において先行した行政機関の持つ情報公開制度について国民、住民の知る権利からの当然の帰結といわれながら情報公開についていまだに成熟途中であり、肝心の国の情報公開法そのものが生まれてない段階にあったからである。したがって政府や地方自治体のような行政機関のみが唯一議論の対象であった中で市の外郭団体で外観上も特別法による公社や公団さらに民法、商法によって設立されている財団法人、社団法人、株式会社等にあっては専門学者の論文では論じられても、一般にはその対象の視野の外にあったといえるからである。こうしたことから市職員や市議会の中にはこの私の方針に対し異議あるいは暴走リーダーとの不信感も出てきていた。

地元メディアはトップ記事にして、審議会会長の大学教授（実は私にとっては大学の恩師であった）は、委嘱状交付式終了後、私との懇談の場（学者・弁護士等5人の委員）で、情報公開するか否かでなく如何なる方策が考えられるか。つまり情報公開の法整備の手法についてまで答申を求められたことを明らかにした。これは大胆不敵といえる検討で外郭団体という別個の法人格を義務付けるには条例という法規で一気にできるか、論文漁りまで、これから必要と会長自身が記者に話す始末であった。私にしてみれば市長就任初めての臨時市議会（1月16日）においても定例の記者会見（2月）においても、市の関与する外郭団体においてはその情報開示義務は一定の範囲で負っていると理解していることを明言してきたことから、委嘱そのものがこれほどニュース価値が高いとは正直驚いたものである。市は、既に昭和63（1988）年に四日市市情報公開条例を制定、施行してきていることは言うまでもなく、審査会もそれ以来設置してきている。

3 土地公社の開発凍結宣言

一方で土地公社の事業について大きな決断に迫られることが降りかかってきた。市の西北部奥地で従来から産業廃棄物処理業者の工場と隣接地で養豚業を営む業者の土地に関して周辺住民からの排水と悪臭の被害の苦情に悩まされてきた市はこれら敷地を工業団地として転用の計画を起こして土地公社はこの民間事業者との移転交渉に着手していた。それには移転への代替地の提供がまず冒頭の課題であった。当時、国は農村活性化土地利用構想を打ち出し、地方でこの構想に合致する事業を計画するとき、さまざまな補助メニューを伴ったプランを提示しており、四日市市も早速にこの構想に

沿って工業団地造成計画を打ち立てた結果がこの土地公社の事業になった。これが新保々工業団地であり、土地公社職員より団地造成事業の工事着手指示を私は迫られてしまった。聞けば、1992（平成4）年に認定を受けて今日に至ったもので、開発面積38ha道路2.8haの計画である。そしてすでに約77億円の資金を投入し、今後土地造成整備に約50億円を要するが、政府認定を受けているから5年以内に事業用地の造成着工義務が謳われていることから、早急に造成計画を完成し、その着手に入る必要があるのだという。しかし私がヒアリングを重ねていくと、工場敷地に連なる買収土地の一部がその隣地所有者と境界の確認合意がいまだに得られておらず、かつその境界をめぐっては長年来争いとなっていることも知らされた。つまり境界争いの土地をあわてて購入したということだ。この事態を前にして私は新保々工業団地の事業の進行を止めるしかないと考え、その凍結を表明した。（9月定例議会）市議会では当然ながら賛否両論からの激しいやりとりが交わされたが、私にしてみれば、境界画定への目処が早急に立たない以上、事業を進める訳にはいかぬと突っぱねるのみであった。そしてさらにこれに追い討ちをかける事態が現れた。内陸部に工業団地を作り新しい企業誘致を図ろうとの政策は前述の新保々工業団地構想より以前に市西北部のハイテク工業団地の造成事業であった。これは東芝四日市工場誘致のために土地公社が1989（平成元）年に用地買収に着手し1994（平成6）年に東芝四日市工場の建設、稼動に至った、いわば成功した土地造成事業であった。（もっとも一部用地は売れ残り全部の工場用地が売却済みとなったのは2004（平成16）年になったが）この用地取得をめぐって地権者との紛争が大詰めの段階に入ってきた。工場団地造成に入る前の敷地取得交渉で主だった地権者が40名を超える地権者の中に最後まで円満妥結ができなかった2軒の地権者がいた。その土地所有名義では3名となるが、実質2世帯であり、2名と称して、この人たちとの取得交渉で日時の迫られる中でやむなく土地公社職員は、とりあえず公定買い上げ価格で敷地を譲ってもらう、その代わり代替地の提供が希望に沿わずできなかった場合の違約金として約定金を前払いすることで、やっと土地確保を終了、団地造成工事に入ることができた。ところがその後、2名との代替地提供の交渉が一向にはかどらず、遂に対立、先方に弁護士についての連日の激しいやりとりとなっている。このような展開の報告を受けた私は違約金の巨額にいささか驚いたが連日土地公社担当助役や担当部長をまじえて、どう対処すべきかで議論を重ねて遂に土地公社が委嘱していた弁護士まで交えて協議する始末となった。そして1997（平成

9）年10月遂に2名の元地権者市民に対し訴えをこちらからつまり土地公社から提起することになった。総額1億7千600万円の返還と引き換えに約定代替地の所有権移転登記に応ずるとの請求内容であった。この異例の提訴に市議会も唖然とするばかりであった。もちろん元地権者の言い分は当方の主張とはまったく正反対で、ぎりぎりのところで土地公社職員の方が折れてひとまず公定価額の敷地売買契約を結ぶに際し主張価格との差額分を「違約金名義」にて受領したにすぎず土地公社の代替地提供義務はそのまま別個の問題として残されて今日に至っているのだという。言い分はまったく逆であった。土地公社職員の方から違約金の名目での代金補填にしてほしいといわれてそのようにしたまでであると。

しかし、40名を超える特定の限られた地域での地権者との売買交渉で、売買代金以外に代替地まで無償で提供したケースは皆無であり、この主張と土地公社の請求は真っ向から対立し裁判所の判断を待つほかないと私も決断に加わった。しかも提訴が遅れて議会での糾明やメディアの報道で混乱しこそすれ解決しない状況を最悪と考えての決断だったのだ。こうして弁護士の私が市長に当選し、行財政改革調査委員会の冒頭の会議の全面公開は是か非かでの議論をリードしたのも弁護士、さらには市民オンブズマン代表と称して市政内容にまで差し出がましく注文をつけるのも弁護士と市役所はまるで裁判所と早変わりしたのかと市議会の一部の議員からは弁護士という職業への嫌悪感からただならぬ雰囲気となってきた。これは後年2000（平成12）年9月11日市内が東海集中豪雨で浸水被害（床上、床下浸水が発生）にあった際に、この原因とりわけそのときの被害は天災か人災かが市議会でも議論になりそうな雰囲気がありこのため市の委嘱に基づいて今回の水害の原因は天災によるもので人災とは言えないとの意見書を提出したのも津在住の弁護士であったことから、市議は私に対しその委嘱料15万円が違法支出だとしてこれを市へ返還すべきとする住民訴訟を提起してきたことからも十分伺える雰囲気であった。（もっともその住民訴訟は敗訴となっているが）こうしてまたも私の市議会との折り合いはよくなるどころかますます悪化していくことになった。

4　四日市市外郭団体情報公開要綱の制定と実施

1998（平成10）年1月9日、私が待っていた情報公開審査会の答申がやっと出た。その答申では条例制定若しくは既存の条例の実施機関に外郭団体を加える手法は理論よりも実務上も大きな障害があって独自の要綱を制定すべしとのことである。その要綱の中で実施機関に外郭

団体を100％出資のものに限って指定し、開示請求者への異議申立てへの受け皿を設け、不服申立ての道を開けておく。そして、異議申立ての審理に市長の指導監督を挟み込む仕組みづくりが最良との答申であった。この答申を受けて、早急に私は要綱づくりの実施を決断した。ところで、もう一つの問題は開示する場合に、どこまで過去に遡って開示対象の文書にするのかという問題があった。要綱施行後の文書に限ってしまえば、ことは容易であるも、それでは納税者の市民ははたしてこれまでの土地公社の状況を踏まえて納得するはずがあろうか。市民オンブズマンの人たちは平成元年に始まったハイテク工業団地づくりの事業にも相当に不透明な事業の展開があったとして、過去にさかのぼるのは平成元年まで10年間遡及すべしとの意見が出されていた。一方では市議会の外郭団体審議会で3月9日初めて開催された際には過去6年遡っての情報開示に強く反発していた。調べてみると従来の市情報公開条例が制定、施行されたときには過去6年遡って実施された前例があり、私もすでにこの前例に従ってはどうかとの意向を以前に表明したこともあった。しかし、これに対して6年遡る理由はどこにあるのか分からない、土地公社職員のやる気を頭からそぐもので話にならない、土地公社の過去の事業についていまだ議会への十分な説明もないまま突然市民へ表明の意図は何かなどこれら理由から私の6年遡及に対しての強い反発であった。なお、この外郭団体をめぐる特別委員会は市議会が先の第三セクター等事業活動特別委員会が任務を終えたとして、この3月に新設された特別委員会であり、その初会合での議員の反発でもあった。しかし、私は従前の例にならって1992（平成4）年に遡及しての開示を押し通し、いよいよ4月1日実施した。ついにパンドラの匣は開かれたのだ。出るわ、出るわ、請求が市民オンブズマンからのみならずマスメディアから一斉に開示請求が要綱に則って提出され担当課ではまさにテンヤワンヤの大忙しとなった。ところで、その実施の前にまたも地元メディアによって過去の不明朗な土地の取引暴露記事が大見出しで報道された。土地公社理事や市の職員の所有土地を代替地として買収していた事実で、それこそ自己取引だと非難の記事であった。理事とは故人となった元市議であり、職員とは当時の土地公社常務理事のポストにいた人であったことから「自己取引」といわれるとたまたま偶然にそのようになったと弁解するのみであった。やはりハイテク工業団地にからむ事業での取引内容と報じられた。このような背景もあってか、開示対象を施行の日から遡及期間6年するということに対する市議会の反発も、その勢いが一気に弱まったものといえよう。

第3章　情報公開要綱と外郭団体

　そうした中、三重市民オンブズマンからの警察への告訴の申立てがなされた。1995（平成7）年6月7日土地公社が新保々工業団体の代替用地として購入した河川敷の土地は、役に立たない処分困難な土地の典型であり、これを鑑定もせず、かつ相当額以上の高額で購入した行為は市への背任行為に当たるものとして、当時の土地公社理事長で、すでに引退していた元助役と当時の常務理事で他の部局へ移っていた部長級職員の2名を被疑者とするものであった。なお、この部長級職員は、定年退職の5日前であった。これが1998（平成10）年3月27日のことであった。こうして住民訴訟と刑事事件への展開もありうる、まさに風雲急を告げる状態の中に私は置かれることになった。

　当時は地方自治体も入札談合を巡って住民による監査請求とこれに続く住民訴訟、そして首長の刑事事件による引責事件の報道も珍しくない状態であって、四日市市における外郭団体の情報公開は、何が起こるかと衆人注目の中で始まったが、その幕開けが刑事告訴事件であった。全国に先駆けての大胆不敵な試みとまで言われたが、この開示によって蛇や蛙が飛び出してきて、そのスキャンダラスな行為の数々で市民はあきれ嘆き悲しみそして行政への極度の不信に陥るかもしれない。そうなれば私も真っ先に叩かれよう。しかし、人間の体でいえば頑強な癌細胞が潜んでいたならば、それをいち早く発見、切除して健康な体に再生するほかないと腹をくくり、いやむしろこの機会に徹底的に膿を出し切ると同時に情報開示により市民と情報の共有状態にする。市長の私にしてみればそのような退路を断つ決断であった。そして市民とともに土地公社の再建なり清算なりを果たすほかないと覚悟を決めるに至った。

　予期されたこととはいえ、土地公社による事業推進への大盤振る舞いとその飲食、交際費の開示結果がメディアによる派手な報道となって目にしたときは私自身も本当に悲しいものだった。これでまた市民は怒り、驚き、あきれるだろうと思うといても立ってもいられない気持ちであった。そしてそれはまた市議会特別委員会で担当職員が市議からさんざんに追及されることとなる。造成した工業団地の地元自治会や土地公社理事の市議ら有力者に毎年デパートの高価な靴引換券や商品券、ビール券を贈るなど、食糧費、交際費で事業推進に大盤振る舞いをしたことをどう思うか、公務員のやることかと追及されることは容易に想像されよう。1992（平成4）年から1997（平成9）年までの食糧費、交際費の合計がなんと金4487万4000円であった。しかも1992（平成4）年度はハイテク工業団地の企業誘致がヤマを越し、新たに始まった新保々工業団地の土地買収に向かっていた時で、その食糧費、交際費は年間約

1258万5000円と、とりわけ多いことも報道で指摘されていた。1人3万円の高価な紳士、婦人靴や最高1万5000円の高級茶等と内容もきわめて刺激的であった。さらに土地公社の理事長や幹部職員が1992（平成4）年から1995（平成7）年の間に7回も公費でゴルフに興じ、しかもいずれも土地公社の業務と関係のないメンバーでゴルフに興じた等の報道もあった。こうした報道の内容にいちいち市議会で質問を受け、答弁をしていくという苦痛は、すでに当事者は他の部課に異動して同僚ともいえる職員が答弁に当たるにしても本当に針の山に登る心境であろうと思うと、私もこの同じ痛みを感じなければならないと思った。しかし、それよりもこのような度重なるメディア報道もエスカレートしていくと、告訴を受理していた警察署も被疑事実について、ついに捜査も開始した。そして、中心的役割を果たしていたと目された当時の常務理事であった元市幹部職員が任意捜査で取り調べを受けている報告を私は受けることになった。しかし、その取り調べ中に当たる1998（平成10）年9月11日、彼は自ら命を絶った。まさに情報公開要綱施行後、半年後の出来事であった。満60歳でようやく長かった市役所勤務を終え、これから第二の人生のスタートというときに、私が最もおそれていた元職員の自裁という最悪の事態を迎えてしまった。

市議会6月定例会での議員の追及の中には市民の告訴でいかにも対岸の出来事のように市長は構えているが、市長や土地公社自体も告訴、告発すべきだと迫られたこともあった。さらに、食糧費、交際費の情報開示について非開示の部分についてオンブズマン等は異議申立手続で争っていたのであるが、審査会の判断で開示命令を受けるぐらいならば自発的に土地公社は開示したらどうかとも攻め立てられ、苦しい答弁を強いられている担当助役や幹部職員の顔が私の眼にちらつくばかりであった。肝心の人を失ったことからだ。一方、多くの市議はこうした問題にことさらにふれず、事態の展開の行方を見定められない苦しい雰囲気の中で沈黙を守るのみであった。

5　市民オンブズマン、独自調査機関設置の要求

こうして土地公社の食糧費、交際費のみならず土地取引をめぐっての問題はさらに次の段階へ進展することとなった。責任追及はどう捕えているのかと市民オンブズマンからの公開質問状による追及であった。第三者を含んだ独自の調査機関を立ち上げるべし（真相解明と責任追及のために）、また差損をはじめ損害の補てんをよもや市税でやることはないだろうが、差損の税による埋め合わせを断じてするなということである。塩漬け土

地の状況はといえばやむを得ずこの事態になっていることは誰の目にも明らかである。20％売値を落としてみても工場用地の購入すなわち企業進出の芽は出てくる経済状況にはなかったのだ。私にしてみればこの段階で市税の穴埋めで不良資産かもしれない土地公社保有土地をバーゲンセールで売却処分できるわけでもなく、それより市の依頼に基づき土地公社に先行取得させた土地をそのまま買戻しを実行せずに放置してきたものを一刻も早く買い戻すその財源を作り出すことに頭の中はいっぱいであって市民オンブズマンのこうした要求に名を借りた意見には正直のところ耳を貸す余裕などなかったといえよう。しかし、市議会のほうでは真相究明への選択肢として地方自治法第100条に基づく特別調査委員会の立ち上げは予測しないわけにはいかなかった。

それは三重県久居市での駅前再開発事業組合の経営実態が、やはりバブル崩壊によって経営の行き詰まりを見せてかつスキャンダラスな話題もあり、地方自治法上の100条委員会が議決され立ち上げられていたからであった（1998年9月10日報道）。それは奇しくも1992（平成4）年に駅前ビルの駐車・駐輪場の管理運営をする第三セクターとして久居駅前再開発組合が設立されたことに始まっていた。そして挫折し解散の議論がにぎやかに論じられる一方で久居市が7000万円出資して民間企業と共同で設立された久居都市開発株式会社の役割機能をめぐる論議も市が多額の補助金と職員を派遣している、そして行き詰まりも必然となった事態を前に100条委員会の調査対象になったと報じられていた。この報道もあって私のところも懸念していたのだ。しかし、私の心配とは反対に四日市市議会での土地公社をめぐる100条委員会の設置の議論はいまだまったくといってよいくらい話題にのぼらずその行方は皆目予測さえつかなかったのであった。

こうした中で1998（平成10）年夏を過ぎると翌年つまり平成11年度には市が久しぶり（実は17年ぶり）に地方交付税は不交付団体から一転して交付団体に転ずる見通しが明らかになってきた。つまり屋台骨であるコンビナート企業の長引く不振の中で税収の落ち込みは著しく市の財政基盤の一方の柱でもある企業からの税収の目減り現象に歯止めがかからない状況にあることも次第に明るみにでてきたのだ。私にしてみれば最も苦しい正念場をここに来て迎えていたといっても過言ではない。パンドラの箱はまだ開けられたばかりでいまだに収拾の見通しもつかない。蛇が出て蛙が飛び出し将来への不吉の予感がするばかりで、市の職員も私の陣頭指揮で走ってきているがその展望は見えず本調子では走ることもできず、右を見てはフラフラ、左を見てはフラフラといった状態である。一

方、議会はといえば、市長の私への対抗心はいささかも衰えたとはいえないが、さりとて土地公社の件では追及する一部少数の元気さに比べて多数の市議はむしろだんまりを決めている感が強く、その意気は一向に上がってこない。こうした中で市民オンブズマンのみが意気軒昂で市政について話題の提供にこと欠かない状況である。私に対しても盛んに提言というより、強圧的な意見書を提出し、あるいは要望書を出してまるでマスメディアの花形のように振舞っている感があった。独自の第三者調査機関を市長が立ち上げ（行財政改革調査会や入札調査会の立ち上げを私は既に華々しくやってきた）るべしといって、何度も私に迫る。こうした中で私は1999（平成11）年を迎えた。市長に就任してあっという間に折り返し点を通過してしまったのであった。

6 どうした地方自治法上の100条の委員会は

1999（平成11）年4月統一地方選挙も終わり市議会にも新人といわれる若々しい市議が多く当選してきた。そして彼らの多くは新しい会派に結集して独自の動きを始めた。狙いは土地公社の追及にあった。市民オンブズマンたちに任せておくわけにはいかないとばかりに、議会での活動を開始したのだ。しかし、土地公社に関しての特別委員会であった、外郭団体審議会は、議会内の各会派の代表の寄せ集めという構成であり、彼らの期待していたような活動はその場で十分ではなかった。追及も手ぬるいといわれる一方、守りに立つ土地公社の職員の答弁にかわされる場面も少なくなかった。若手議員集団の会派は当然にこの地方自治法100条に定める委員会の立ち上げを考えていたのだ。そして他の議員はといえば市民オンブズマンに呼応して議会で活動する議員もいたが、土地公社の事業展開に見え隠れする先輩議員や市幹部職員さらには地域の自治会役員の影にことさら異を唱えずあるいは自分は関知せずとばかりに口を閉ざす議員も多くいて私自身も慎重にその推移を見守るばかりであった。しかし外野席はそうはいかなかった。ますます攻勢はその勢いを強めてきた。情報公開請求の結果、市民オンブズマンの期待どおりに情報開示されたわけではなかったから、当然に彼らは不服申立てを次々に行ってきた。その結果、市情報公開審査会の出番となったのだ。不明朗な土地取引があったのではと追及の手段に情報の開示請求に及ぶも土地公社は土地の売買契約額や接待の相手先（個人名や店舗名）までは個人情報その他の理由から開示できないと部分開示で突っぱねてきたからである。まるで大相撲のようだ。最後は行司の軍配に目が集中する。土地売買契約額も相手が代替

地でなく買収対象地の地権者の場合を除いては、そしてさらに食糧費の内容は、「公開すべき」とする答申が出されると、たちまち嵐がやってきた。代替地の契約金額といえども路線価格等の公表を踏まえるならば土地公社の事業運営に関して公共的な一種の行政情報であって非開示理由の根拠の個人情報には該当しない。食糧費の支出先もさらに公務の協議打ち合わせなどの会合での出席者が公務員の場合には個人情報には含まれないとなって、それが次々にメディアの報道に乗り大混乱となった。一度は黒塗りとなって消去されていた情報、とりわけ個人名、肩書きが公開されると公務にあるものばかりか公務関係者までたまったものではなく、一方で売買契約額が公開されると当時の取得価額が相当額の範囲内であったか否かが一挙に話題の種となって、肩書きのついた個人名や実勢価格の何倍で売却されたと数字だけが独り歩きしていくこととなった。こうなると市職員のみならず土地規制にからんで関係先機関となる県職員にまで飛び火する。また一方で四日市市の土地公社の抱える土地の実勢価格と簿価との差額つまり差損はいかほどになるのかが興味、話題の対象となって「差額100億円を超す」という報道が結果としてその数字だけが独り歩きを始める始末であった。

7　市長独自調査についに乗り出す

こうして市議会の動静も地方自治法100条に定める強権を伴う特別委員会の立ち上げもなく、一方でこれに反比例するがごとくに市民オンブズマン等による第三者委員会による調査組織を立ち上げと責任追及（真相解明は当然のこと）を開始せよとの声は高まる中で私は2000（平成12）年1月の記者会見の中で市の独自調査を行うことを表明した（第三者機関はつくらず）。遂に私は市の独自調査それも土地公社職員と外部からのアドバイザーを加えた、土地取得にからむ事情まで含む調査体制を立ち上げ、2000（平成12）年10月までに調査結果をまとめ公表すると発表した。この少数の調査担当機関で一気に実態解明を図らんと、元検察庁にて検事として活躍して既に定年退職していた民間人をアドバイザーにして内部調査機関を立ち上げたのである。2000（平成12）年4月、マスメディアはこれを市長の独自調査機関立ち上げと報道した。担当の幹部職員が一木という名前であり、後に一木レポートと呼ばれる調査書が提出された。この一木レポートの前段階で荒筋にあたるいわばたたき台となったレポートをめぐって波瀾が突如起きてきた。波瀾というより騒動であった。土地公社の現有土地についてその取得経緯から不動産鑑定書添付

の有無、現況図面写真などをまとめて一覧記載された文書でたたき台として作成されたものが騒動のもととなった。私をはじめ関係職員（アドバイザーを含め）少数での検討会議に提出されたたたき台の資料にはこの一覧表の最後に備考欄があった。この備考欄には特別事項が書かれていたがまさに一言半句といった簡単な説明記載に問題が起こった。それは取得経緯に触れた事項記載であり、何某介入とか何某介在という字句の記載であった。具体的氏名の記載であり、個人情報であることから正式の報告書にそれを記載するか否かは決まっていない段階でいわば資料の出来具合をも協議するための検討会議での資料の記載事項であった。しかし、この未整理の役所内資料の内容が外部に漏洩したのだ。そこに（備考欄）記載されていた7人の市議（現職4名を含む）が土地取引に介入、介在という衝撃的ニュースが走った。もちろんそれはマスメディアの知るところともなった。当然のことながら市議会では大騒動であり、大混乱となった。なにしろ現職4人の市議が名指しされたとあってメディアの対応も含めて大混乱であり、また7名の市議がからむとの報道は市議会（当時41名）にしてみても市民の目を意識すれば次の立候補にも支障をきたすことばかりでなく、それぞれが支持者への説明にせまられるようにまさに死命を制されかねない。個人情報が流れたからであっ

た。一方、私にしてみれば予期もしない出来事で何が起きたのか騒動はどこからかもすぐには分からないぐらいだった。外郭団体審議会で連日紛糾を呼んだ。名指しされた現職議員の中には9月定例会の本会議一般質問にまでこの問題を取り上げての質問も飛び出した。これは市長の謀略だ！　と叫ぶ市議もいた。私にしてみればいったい誰がこんな生々しい情報を流したのか。内部からであろうが、検討資料はすべて回収されているにもかかわらずどうして出てきたのか本当に鳩が豆鉄砲を喰らったも同然であった。というのも私にしてみればオンブズマンからの強い要望（避難といってよい）をかわして、内部独自調査に踏み切った思惑は行政組織に警察や税務署のような捜査権限があるはずもなく犯罪調査でもなくこれからの対応への参考資料つくりであったからだ。今後の膨大な塩漬け土地の処理に難渋してのいわば踏み込んでの調査意図にあったからであった。唯元検事をアドバイザーに加えたのは専門職を投入して万一告発の事態まで至ったときの備えであった。市が土地公社に取得依頼して未だ買い戻し未了の土地は何としても早期に買い戻さなければならない。（財源確保に課題を残すも）また市の政策に基づいて土地公社独自の判断で取得した土地（例えば前述の新保々工業団地にからむ取得土地）については、今後の対応方針を立てそれを公表してさらに具

体的方策を立てる論議を始めなければならない。それらの処置に立ちはだかる評価差損をどこでどのように埋めることができるか。納税者市民の納得が得られての処理の方策を探してのものであり、これこそ私の最大の悩みだったからである。

8　第一次土地公社健全化策

　2000（平成 12）年夏を迎えて政府とりわけ自治省（現総務省）は全国の地方自治体の土地開発公社の多くが保有して以来5年以上経過するも事業化のめどが立たずに塩漬け状態になっている土地を抱えて（全国で4兆円強）金利負担などがかさみこれを打開つまり健全化への何らかの助成を必要と考えるところに来ていた。ここにきて自治省もこの土地開発公社の保有土地の実態を公表することに踏み切ったのだ。しかし、こうなると明らかになってきたのが全国自治体の財政状況の問題である。なぜなら土地開発公社の土地借入資金は銀行からの借金であり地方自治体はそのほとんどが銀行へ債務保証していたからである。長引く経済不況の中で活用したくても活用できない実情の下で身動きできない地方自治体の実態が浮き彫りにされたのだ。そこで自治省は7月に自力では解消が難しい自治体を対象に自治体が公社に利子補給する費用の一部などを特別交付税で手当てする支援措置を発表した。四日市市の土地公社のケースもまさにこの事態の中にあった。そこで私は担当職員と自治省に赴いて単なる利子補給措置でなく市が買い戻しができるよう、起債による借入まで認めてほしい。そうでないと手元に現金を持たない自治体では今回発表された支援措置では処理（健全化）できないと訴えた。他の自治体の首長も同様であった。こうして自治省は土地公社の健全化のための借入（自治省の起債を認める形の長期ローン）制度を認めることになった。（自治省事務次官通達のスタイルで）私はこの健全化策で向こう5年間（2001（平成 13）年度より 2005（平成 17）年度まで）で実に 150 億円（毎年 30 億円）をこの起債借入で土地公社保有土地のうち市が買い戻しの義務を当初から負っている土地を買い戻すことを決断した。これはそれによる財政負担は相当に厳しい（後年度負担）が行財政改革によって切り抜けていくしか他に道はない。さもなくば財政破綻が将来確実にやってくるとの思いからであった。大騒動はあったが私にしてみれば翌年つまり 2001（平成 13）年度よりこの自治省通達に則っての土地公社よりの巨額の塩漬け土地買い戻しができるか否か、これこそ四日市の再生への第一歩だとの思いに必死の形相であった。自治省の救いの手ばかりではなかった。私にとって大きな関門ともいえる二期目の市長選挙が迫ってきていた。

結論から先に言えば2000（平成12）年11月26日私は2期目の市長選挙当選を果たした。夏ごろよりいろいろ候補者（私の対抗馬）の動きはあったようである。とりわけ私への反発の強い保守系の地盤からで国会、県会、市会の各議員の具体名が取り沙汰されていた。しかし、結局は無風に近い形での2期目選挙を終えて、私は土地公社第1次健全化に向けて走り出すことができた。もちろん職員に対してもその財政運営を指示し、一方では市議会での予算審議をはじめ土地買い戻し案件の審議に全力を傾注する体制作りに着手した。ここで、書かねばならないことは土地公社をめぐるこれまでの経過の中で担当助役の犠牲であった。土地公社担当助役となった私の市長時代の初代は三重県より派遣された財政運営のベテラン職員であったが、度重なる議会対応と情報開示による県職員の飲食交際費のとばっちりを受けたためか、任期満了前に県に戻り、次いでその後を担当した市職員出身の助役も二期目続投が議会同意が得られずに離職に至ったことである。私のみが生き残り2期目を無事に通過したことは誠に慚愧に堪えないことで、今日でも彼らに対して申し訳なく思っていることである。そしてさらに言えば、この介入介在騒ぎが結局は市議会に100条委員会の立ち上げに至った弾みになったのではと思われる。もっとも2000（平成12）年12月議会でその動議が出されようやく2001（平成13）年6月議会で議決されるも、それが現実に活動開始したのは同年10月からであった。（いわばのろのろ運転であった。）

9　100条委員会と健全化

市議会100条委員会はようやく立ち上げられた。その対象は四日市市議会公社所有地調査特別委員会である。しかし、上地公社の問題をいかなる手順でどのように審議をすすめるのかをめぐって議論百出の感であった。それは外郭団体審議会ですでに取り上げられた案件はどうするか、除外するしかないのか、といった技術論から、そもそも市の委託に基づいて取得した土地の件と独自の判断からのプロパー事業の土地取得ケースにどう分けるべきか、そして土地公社塩漬け土地の買い戻しに入る自治省健全化策に基づく対象土地から審議に入るか否かなど様々な議論で立ち往生したのだ。平成13年度予算一般会計審議で早くも火を噴くこととなった。何しろ30億円相当の土地の買い戻しにかかわるからである。しかしその中に割って入ってきたのが、市民オンブズマンから申立てのでた監査請求であった。2000（平成12）年11月24日、市長選挙の直前に塩漬け土地の買い戻しは差損処理に公費すなわち税金を投入するものでゆるされないとして事前差し止めを求めての監査請求の申

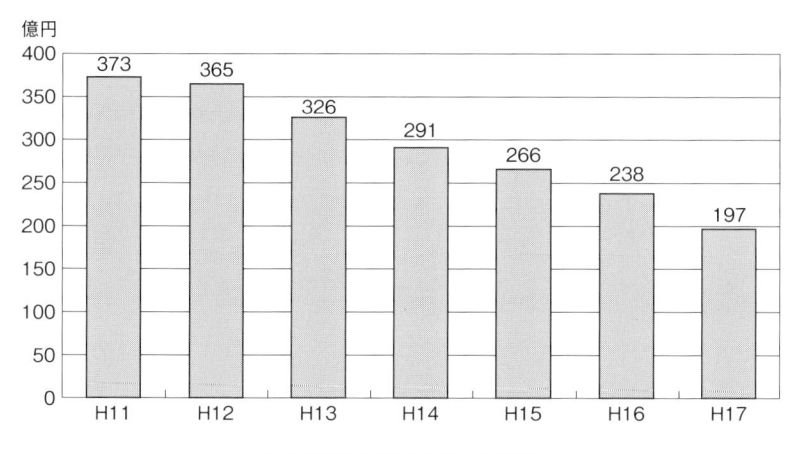

土地開発公社の薄価の推移

年度	金額（億円）
H11	373
H12	365
H13	326
H14	291
H15	266
H16	238
H17	197

立てであった。地方公共団体の執行機関又は職員の財務会計上の違法又は不当な行為が市長若しくは市の収入役の行為に該当するとの前提の申し立てであった。これに対し2001（平成13）年1月16日市監査委員は請求を却下した。土地公社は市とは別個の団体であるからとの理由からである。直ちに市民オンブズマンは住民訴訟を裁判所に提起した、2001（平成13）年2月提起された。その内容は土地公社役員であった元市職員7人と市議2人、さらに現職市長つまり私の計10名で、市に与えた損害額は総額16億円にのぼる巨額の住民訴訟であった。私への損害賠償の内容は、飲食費、交際費等の乱れた費消分を各関係者から土地公社への返還手続きをとらずに放置したことへの責任追及であった。しかし、裁判所はこの巨額訴訟をあっさり棄却した。

（控訴審は取り下げられた）こうして2001年度よりの土地公社保有土地の市による買い戻しが2005年度まで続いてその総額は実に予定の150億円を超えるものとなった。一方市議会100条委員会の進み具合はどうかと言えば2003（平成15）年4月にようやく終わった。市議会の結論は告訴告発すべき事案は見当たらなかったということであった。市の依頼に基づいて土地公社が取得し保有し続けた土地（塩漬け土地も含まれる）の大半は道路用地、幼稚園や保育園用地として市の使用占用下にある土地であり、その予算審議や取得に関しての議会承認審議においても問題はなかったのだ。しかし一部は議会審議（100条委員会や外郭団体審議会も含めて）で激しいやり取りがなされたものもあったが概して市や土地公社が健全化の俎上にのせた案件はほぼ承

認議決を経て処理されたことはいうまでもなかった。

10　市議7人介入と情報公開

　私が進めてきた情報公開の施策はそれが市長選挙での私の公約であったのみでなく、土地公社の問題にあるごとく閉ざされた市政のままでは、到底、市民納税者の納得は得られないことからでもあった。説明責任が最近ではことさらに強調されているが地方自治体にとって、この激動の時代に市民から市役所への信頼をつなぎ止める鍵は情報開示であり説明責任を果たすことにあることは誰もが異論なく認めるところであろう。県内ダントツの予算措置の広報費と指弾される市の情報公開への努力は地元ケーブルテレビへの委託費も含めると市広報紙面への分も含めて東海地方では浜松市や豊田市にも匹敵するものと評されるほどである。（ほめているのかけなしているのかは不明であるが）しかしながら前述のごとく一木レポートのたたき台となった土地調査一覧表記載備考欄をめぐっては当然ながら市民オンブズマンからの開示請求が土地公社になされ市議7人の介入・介在の備考欄は個人情報につき非開示との取扱いを土地公社はなした。これにつき不服申立てがなされた結果、市の情報公開審査会は開示すべきとの審査結果を公表するに及んだ。2001（平成13）年5月14日のことである。しかしなお土地公社はこれを拒み市長の私もこれを是とした。これは市議会外郭団体審議会においても市議から公表を迫られ同様土地公社は拒んでいた。

　外郭団体の情報公開要綱で全国にその名を広めた四日市市がこともあろうにその不服申立てに伴う市の情報公開審査会の答申にも逆らって7名の市議名の公表を拒否したとあって、マスコミは一斉に非難の記事を出した。当然というならば当然かもしれない。市長の私に対して指導監督権が要綱に明記されながら、土地公社への指導がなされなかったとの非難は私は甘んじてこれを受けた。このときとばかりに市議からは市長は二枚舌の徒とののしられた。土地公社理事長は「審査会の答申どおりでなかったのは非常に遺憾だが報告書の中身は不正確で未成熟。」これを公開した場合には、当事者の信用が失墜して名誉棄損の訴訟を起こされかねず、土地公社の事務事業に著しい支障となると弁解した。一木レポートといわれる内部調査報告書は土地の取得経緯が記載されており、そのたたき台で公開を予定したものでも、そもそも行政機関の保有する文書でもないと苦しい弁明が続いた。しかし、条例でなく要綱であり、市や土地公社の指針であり、努力目標であってみればこれを不服としての行政訴訟への道はそもそもない。この点から今回の土地公社の措置（市議名非公

開）は結局住民、市民の信用を失うことになると激しく非難された。最終的には100条委員会から提出を要請され当該文書そのものを提出することとなったが、それはこのときからずっと後日のことであった。

その後、市議会本会議でハプニングが起きた。一人の市議が7名の市議名は公知の事実とばかり、質問中にその氏名を4名まで明かした。この発言を議事録記載削除について紛糾し、最後には削除（不適正発言）となった。このような経緯が前述した翌年での助役人事案件で市議会より強硬なしっぺ返しを私は受けることとなり、続投を予定していた職員は助役職を離職することとなった。そしてさらに市議から氏名漏えいの損害賠償請求訴訟も提起される事態を迎えたが、最終的には裁判所の和解勧告により和解成立して落着をみたこともあった。情報公開制度や説明責任の課題はその実施の中で苦しみも実に多いともいわざるを得ないが、この効用は実に大きなもので最終的には行政の透明化への大きな支柱であることに変わりはないだろう。

第4章　入札システム改革と談合との戦い

1　四日市市の入札制度改革

　私が市長に就任して実に11年目を迎えた2007（平成19）年4月27日、市は「入札制度等改善検討委員会」を新たに設置してその第1回目の会合を持った。市の発注工事の予定価格（設計価格）は、国、県の積算基準によって算出された価額からさらに「地域補正」分として7%削減したものを工事価格として定められてこれまで実施されてきた（2002（平成14）年4月1日以降）。この体制について建設業協会及び四日市商工会議所よりこの地域補正の撤廃を求める陳情書が提出されたことから市もその見直しをするための検討委員会の立ち上げと報道がなされた。一部の報道の中には、いわゆる歩切り制度への業者、業界からのクレームと報道されたりもした。この委員会の最終報告書は希望価格制度の新たな導入と変動型最低制限価格制度の導入を図るべしとの答申を同年10月に出されたが、その冒頭に四日市市のこれまでの入札制度の改善の経過が以下のごとくまとめられていた。

　「四日市市においては1997（平成9）年度よりこれまでに公共工事における入札契約制度の競争性及び客観性の確保並びに透明性の向上を図るため、試行ではなく本格実施としての一般競争入札の導入、予定価格の事前公表そして郵便入札さらに入札監視委員会の設置など各種の取組を実施して入札契約制度の改革を進めてきたところである。」事実私が市長に就任して入札をめぐっての種々の改革をこれまでに実施してきたが、その総括は以上の要約に尽きるものである。しかし、その改革の過程は決して平たんなものではなく波乱万丈の中での闘いのプロセスでもあったもので、メディアや市民オンブズマンばかりか、業者、業界そして市議会との軋轢さらに市職員の強硬と軟弱の対応で実施されてきたものであった。そこで、その過程を以下たどることとする。

2　市入札調査委員会の立ち上げ

　それまであった市の入札等検討委員会と打って変わって、私は民間人3名を加えた入札調査委員会（後に平成14年10月2名の増員された民間人を加え、そのときから入札監視委員会と名称を変更し

たが）を市長就任4ヶ月目である1997（平成9）年4月20日に立ち上げた。民間人3人を加えてのこの委員会の役割は頻発する談合の噂とオンブズマン等からの住民監査請求そしてそれに続く談合を理由に損害金を市へ返還せよと迫る住民訴訟を前に工事発注の当事者の市としても、談合は警察や公正取引委員会にお任せというわけにはいかない。当事者としても談合の防止への様々な努力、制度改善とともに談合を監視する機能を期待されていると考えてのものだった。そこで、市職員のみで構成する入札検討委員会でなく、そこへ強力な民間人を投入して談合防止と監視の役割をも果たすことができるように委員会を改組する決断をした。3人の民間人は元津地方裁判所四日市支部長判事で現在は弁護士に就いている人、元三重県警察本部で署長や部長職にあった退職警察官そしてさらに地元で社会福祉法人を営んでいる女性経営者の3人を委員に委嘱して、7人の市担当部長そして事務局長的立場の市の調達契約課長を加えた11人の入札等調査委員会を立ち上げた。委嘱状を手渡して委員長、副委員長に民間人委員から選出するやすぐさまメディアからそして市民オンブズマンから談合情報が寄せられ、翌月に当たる5月20日には早くも調査委員会の実質審議が始まる始末であった。そして同年6月3日には審査会の審議手順も含めた談合調査マニュアル、すなわち

ガイドライン要綱として出来上がって、市の調査委員会は華々しくスタートすることになった。そのガイドラインの内容は以下略述する。まず、調査対象である談合情報としては、入札の工事名など第三者では知りえない情報であって落札価額など具体的な情報を含むもので談合が疑われて調査を必要とする情報（対象）と定め、それに関する関係者よりヒアリング等調査をする。そして入札記録と併せて検討を速やかに重ね、その際談合が確認できないケースであっても入札参加者全員から工事内訳が記載されている書類の提出を求めることである。資料を細かくチェックして談合の有無を調査する。そして、万一、談合が認められた場合には、当該入札に係る契約は入札無効として、未締結であれば再入札に付する。また、既に契約（議会の承認議決等）済みであれば、委員会より市へ取り消し再入札を勧告する。そしていずれも公正取引委員会等へ通告する。談合が確認できないときは、調査委員長はその調査結果を速やかに公表する。このような調査マニュアルに準拠しての委員会活動が活発になされることとなった。一方では指名競争入札を減らして一般競争入札を増やすために、私は1997（平成9）年4月以降、土木・建築工事について予定価額1億5000万円以上の請負工事案件はすべて条件付一般競争入札とすることとした。そしてさらに4か月後の同年9月以

降この金額を8000万円以上に変更実施するに至った。同年6月の定例市議会において8000万円以上の条件付一般競争入札への移行につき議会の承認が得られず涙をのんだ。しかしその後粘り強く説得を重ねて9月より8000万円以上の実施にこぎつけたのであった。古参議員の強い反対を前にしてやはり指名競争入札の旨みはあったのでないかと思われた。こうして条件付一般競争入札の額の変更は、2000（平成12）年7月には5000万円以上、さらに翌年の2001（平成13）年7月よりは2500万円以上、そして遂に2003（平成15）年には道路舗装その他すべての工事入札に関しても含めて工事額50万円以上（営繕工事は100万円以上）の入札はすべて条件付一般競争入札に改め、指名競争入札はそのほとんどが姿を消すこととなった。この背景は1994（平成6）年に中央建設業審議会が談合防止のためにも一般競争入札を推進すべしとの宣言をなしたことにあるが、それ以降も四日市市は私が市長に就任する前には条件付一般競争入札も単に試行として実施してきたにすぎなかった。したがって私が市長としてこのように一般競争入札を一挙に拡大しえたのは私の選挙でのしがらみを持たない利点が大きく働いたものといえようが、長引くバブル崩壊後の経済不況が続き業者業界も戦国乱世の競争激化の中にあったからであろう。また2003（平成15）年1月の全面的一般競争入札への切り替えは同年4月行われる統一地方選挙の市議会議員選挙直前にあったことも影響したのではないかと思われる。もちろん予定価格の事前公表制度も遂に2001（平成13）年5月以降全面実施に至った。こうして競争性も公正性も高まりそして透明性も向上して著しく公共工事の入札での競争は激化して行った。

3　公共工事と談合

ところで公共工事にまつわる談合について、元東京地検特捜部の検事で現在大学教授の郷原伸郎氏はその著書（新潮社2007年刊　法令順守が日本を滅ぼす）の中で入札と談合の関係を見事に喝破されているので、以下その要旨を紹介したい。

日本の公共調達については、予定価格を定め入札を行い、予定価格以下で最も低い札を入れた者と契約するという原則が1890（明治22）年以来わが国では貫き通されている。「最低価格自動落札方式」と「予定価格上限拘束」というシステムは会計法上の根拠を持つが、第2次世界大戦後の高度経済成長期を迎えて日本の社会は公共調達の面でもどんどん高度化し複雑化した。にもかかわらず品質の高いものを安く調達しようと思えばその方法としては単純な二大原則のシステムのみで、用を達するはずがない。考え

第4章　入札システム改革と談合との戦い

てみれば請負工事の場合契約段階ではまだ調達の対象物は出来上がっておらず、信頼できる業者に発注しない限り、終始工事の現場に出て監視、監督しなければならない。これなしに進めるときすなわち完成までに本来必要な細かな法令やシステムを持たなくて進めるためには非公式の安心（保障）のシステムがどうしても必要でありこれが談合である。つまり業者間での話し合いによって技術力や信用の面で問題がない業者が選定され、その業者が落札するよう談合が行われる。発注官庁側もそれを前提にして入札前から業者の協力を得て調達業務を行うのが一般的なやり方になっていったのである。（そういえば、完成保証人制度はまさにこれを裏書するように競争業者が通常、落札業者の工事完成保証人になって官庁に契約書に添付提出される例が多い）こうして高度経済成長期に膨大な量の公共工事を円滑に消化する必要なものとして、談合システムが完成していった。とりわけ予定価格上限拘束制度は不当な高価による発注を防止し、一方では工事着工前に40％程度の前払金が支払われ、その後は完成まで毎月の出来高の確認をしなくてもよく完成して残金を支払う間、発注官庁にすればその間のコストを省略できる。そして公共工事のこの流れは地域にあっても経済振興、中小企業の保護育成の面で大きな効用を発揮していくことになった。一つの工事を分割発注したりして中小企業への入札・契約を補完するだけでなく、一定の社会的・経済的機能も果たしてきた談合システムは少なくとも高度経済成長期までは日本の社会にとって「半ば公的な性格」を持ったものであった。その間刑法の談合罪は制度としてありながら不正の利益に当たる談合金の授受を伴う談合すなわち受注をあきらめ業者への見返り金の授受に限って取り締まりの対象になっているのに過ぎなかった。ところが、バブル崩壊により長期不況時代に入るとこの公共調達も富の配分という機能が消えて大きな弊害として談合システムがクローズアップされてくる。入札において真の競争が行われず、非効率・非合理が顕著になってデフレ時代での予定価格が業者にとっておいしいものになると、談合金の授受を伴う悪の温床としてのシステムとなってきた。こうして公正な競争による適正かつ効率的な公共調達制度とその運用の確立が求められてきた。自由競争の促進を図るべく、私的独占の禁止及び公正取引の確保に関する法律（独占禁止法。以下「独禁法」という。）の下で設立をされていた公正取引委員会がここにきてにわかに注目される組織となって登場してきたのであった。そして平成の時代（1989年）に入ると罰金刑の額が引き上げられるばかりか日米構造協議という外交問題からも、独禁法違反での悪質重大なものは次々とこれを報じるメディ

53

ア報道も華々しくなってきた。

　大手ゼネコンのそろっての談合排除宣言もこの流れの中で登場しバブル経済崩壊後の長引く不況の打開策として公共事業の大量発注が繰り返されるにつれてゼネコン汚職事件がおきると会計法では例外とされてきた指名競争入札こそが談合の温床であるとの指摘から一般競争入札の拡大が時の声となってきた。1994（平成6）に「公共事業の入札契約手続の改善に関する行動計画」が中央建設業審議会で発表されると、それぞれの指名競争入札を中心とする契約者選定方法を改める流れが生まれ、同年公正取引委員会もまた「事業者団体ガイドライン」を廃止して、事業者団体のみならず事業者間の情報交換や発注予定者の決定等も独禁法違反に該当するとする新ガイドラインを発表するに至った。こうして談合に対し社会的批判が強まる中で課徴金に加えて発注官庁の指名停止措置が厳しくなり、住民訴訟でも受注者が談合による損害を発注自治体へ直接賠償するよう求められるケースが多発していった。しかし、入札制度や契約の運用面での改革システムの手立ては依然として遅れる中で、談合と疑われる情報がメディア報道で飛び交いこの情報処理が問われるようになってきた。そして予定価格に近い価格での落札が談合発注を現す証拠とされ、「落札率」の数字が入札結果の良し悪しの唯一の基準であるかのような論調が一般的になってきた。締めくくりとして郷原信郎教授は公共工事による社会資本の整備は総合的にみて良質かつ安全でしかも安価なものとするために、如何なる入札契約制度の下で如何なる運用がなされるべきかを今日ほど真剣に考えられねばならないときはなく、まさに危機に瀕する公共工事調達時代に突入したと強調する。（著書P16からP54参照、文責筆者）

4　四日市市の公共工事の調達と監査請求、住民訴訟

　さて、四日市市の公共工事も私の市長時代に入って減量経営下、発注量の減少の時代を迎えといっても、三重県下最大の工業都市であり、他の周辺自治体に比べて突出した工事発注量を誇ってきている。そして業界、業者の力量も質量ともに強く、工事入札をめぐる問題は市政の最重要問題に変わりはない。年間の公共工事調達額は市立病院や上下水道事業さらに学校等施設関係も含めると年間150億円は下らず2006（平成18）年度決算資料で具体的数値を以下見てみよう。

　市全体の調達額は169億1000万円、そのうち調達契約課の工事発注額は測量設計業務を含めて、494件、53億8000万円そして設備保守点検等業務は31億7000万円、備品等の購入は約6億円となっている。市は調達契約課以外に上下水道局総務課そして市立四日市病院総務

第4章　入札システム改革と談合との戦い

課が調達業務を担当しているが、以前にはこのほかに教育委員会総務課もあった。入札業務の改革にはその競争性や公正性を高める一方、透明性の向上に資する効果が期待される一方で、土木・建設業者をはじめ関連業界の人たちにとって従来の発注が見込めなくなる恐怖は筆舌に尽くしがたいほど大きなものであろう。したがって、この改革への抵抗もまた大きくかつ執拗なものであった。市民オンブズマンからの監査請求とこれに続く住民訴訟の流れは四日市市においても例外でなく、私が市長就任時そしてそれ以降も増加傾向にあった。その典型的もといえる三件を以下紹介する

まず四日市ドームとヘルスプラザ建築工事かかる住民訴訟の件である。四日市ドームの工事入札は1995（平成7）年2月実施された。指名競争入札によるもので92億8400万円で大手ゼネコンが落札した。落札率は予定価格の99.7％であった。またヘルスプラザ工事のそれは、1996（平成8）年11月に21億6400万円で本体工事分が別の大手ゼネコンに落札され、その落札率は98.7％であった。いずれも入札回数は1回で決まらず複数回繰り返して漸く予定価格の内に納まり、しかも高い落札率のケースであった。市民オンブズマンはこの複数回の入札実施と高い落札率から談合の成立は疑いないとして監査請求をなし、この審査結果（棄却）を不満として住民訴訟を津

地方裁判所に提起したものであった。1997（平成9）年3月に提起され、2000（平成12）年11月、談合の確証はないとして、判決言い渡しがなされ、請求は棄却された。入札を行うも初回で落札されず、その後最終入札価格の公表がなされ、そして再度入札されての落札であってみれば高い落札率となることはやむをえないと市側は反論していた。

さらに、1999（平成11）年に提起された水道管購入に係る住民訴訟がある。これは1999（平成11）年2月に公正取引委員会が独禁法違反で立ち入り調査に基づき談合（水道管ヤミカルテル）を調べ検察庁に告発して刑事事件となったケースで四日市市の1997（平成9）年実施の水道管購入契約が問題とされた事件である。2001（平成13）年7月判決の言い渡しがなされ、大阪本社の水道管販売業者が1300万円の市への返還を求められた。すぐさま名古屋高裁に控訴されるも裁判上の和解が2002（平成14）年11月22日成立し、納入業者は市へ1000万円返納することで市民オンブズマンと和解の成立を見た事件であった。そして最後は市が1992（平成4）年6月に下水道事業団へ発注業務を委託してなされた入札の市内雨水調整池の電気設備工事の案件であった。下水道事件の談合事件として公正取引委員会が1995（平成7）年立ち入り調査を全国の主要電機メーカーに実施、調査しておおがかりな談合事件

55

に発展し市工事分として4700万円（落札工事代金2億1300万円に対し、20％相当不当利得分等の返還）を市民オンブズマンから求められた。この住民訴訟の第1審判決は7％相当の1700万円を市に返還せよとの内容であった（2001（平成13）年3月判決津地方裁判所）。そして業者側は名古屋高裁へ控訴してその判決は逆転、請求棄却となった。これが2002（平成14）年4月24日、最高裁へ上告手続がとられた。最高裁は従来の判例を変更する判決を2002（平成14）年7月2日に言い渡した。これは提訴期間制限に関しての新しい解釈の判決言い渡しであった。従来はこの種の住民訴訟に関して監査請求期間の法定があり、談合その他違法事実のときから1年以内に住民監査請求を提起しない限り住民訴訟提起は認められない旨の規定がある。第1審裁判所は本件についてこの点の解釈を異なる見解で談合を容認して請求を認める判決をなしたが、第2審の高裁では従来の判例に従って申立側に期間遵守がないとして請求棄却の逆転判決をなした。しかし、最高裁判所が別の同種事件判決で従来の判例を変更する判決言い渡しがあり、その結果につづく最高裁の差し戻し判決言い渡しによって本件は津地方裁判所に差し戻されて、第1審判決と同じ内容の裁判所の和解が成立し市はその返還を業者より受けることとなった。

5　市役所内不祥事の発覚

入札制度改革をどんどん進めていく中で思いもかけず役所内の不祥事が出てきた。建設部の河川課長の職にあった職員から総務部長（後に教育長に転じた）に自ら不適正な事務処理の内容を申し出てきたのだ。金額が30万円未満の小規模工事の発注に関しては担当課長の権限で市内業者に委託処理できるルールであったが、しかしあくまで競争のルールの下で発注することで長年来、当該委託事務はなされてきた。しかし、その課長はある市内中小業者に中ば専属的に発注してきた。どうして悩んだかといえば、5～6年前よりその特定業者といわば抜き差しならない関係となって、これが逆にあだとなり最近は陰険な状況に追い込まれているという。聞けば、当初こともあろうに、この発注先業者から借金の申し入れを受けこれを断るも自宅まで催促にこられ、その執拗さに遂に敗けて金30万円を貸した。これは1か月もすると返却されたが、また借金を申し込まれる。こうして約5年間で実に35回ほど貸借関係ができてしまい、返却の都度、利息なのかお礼なのか金1万円が加増されての返却だったと。さらに盆暮れにはカズノコなどの贈答品が届けられた。こうして金額は小額、贈答も大きなものでなくても業者からの接待攻勢に似た関係にはまり込んでしまい、最近は金を貸さないと拒

絶すると険悪な関係になっているというのであった。この間、課長は担当課の異動があっても極力この業者に小規模工事は、ルール上は現場地区内業者への発注に限られるにもかかわらず地区外分もほとんどを発注してきたのだった。この内申を受けてすぐさま市役所内の小規模工事とりわけ、課長決裁での委託工事の総点検をしたところ、過去3年間で市役所内30万円未満小規模工事の大半、金額にして年間5000万円から6000万円相当が当該業者に集中している事実が判明した。この課長の内申が2002（平成14）年1月であったことから1998（平成10）年から2000（平成12）年の3年間は考えてみれば入札制度改革もめまぐるしく改善を進めた時期でなんと皮肉なことであろう。当該課長はこの業者にこれまで不当に手にした分として、内申の翌月に35万円を返却したとのことであったが、3月の人事異動を済ませて、私は32人の懲戒処分を断行し公表した。2002（平成14）年4月18日のことであった。メディアで報道されるや否や、この業者からの反撃が始まった。減給1割、2ヶ月の処分を当該課長に課したのを筆頭に16人の課長（課長待遇を含む）に減給1か月そして15人の担当職員に戒告処分であったが。建設部のみならず都市計画部さらに下水道部にまで及ぶ広範な処分となったのである。

この業者の反撃といえば、早くも2002（平成14）年4月22日に新聞記者の取材に応じてカズノコを贈っただけでなく、懸賞金付大相撲当選クイズ券や大量のアダルトビデオまで贈ったことまで暴露したから大変な騒ぎとなった。さらにこの種の小規模工事の市役所内で使用の見積書も白紙で出させて勝手に職員が見積額を記入し、二社参加の架空の見積もりを装って課長決裁まで及び、工事現場の地区外である当該業者にルールに反してまで発注していた事実も市民の目にするところとなった。そして小規模工事以外でも当該業者は排水路改良・境界整備・道路改良土木工事の指名競争入札前に担当職員から予定価格を知らされて落札したということまでメディアに語り遂に過去の指名競争入札では談合（1998（平成10）年以降2001（平成13）年）に及んだことまで取材の記者に話した。彼の言う工事代金200万円前後の入札案件を内部調査すると談合の事実はいまさら確認できずただその落札率は極めて高いものであったことが判明した。

こうして市役所内の4つの部にわたる設計技術職員10人に対して平成14年7月5日、この設計価格内示の疑いがかけられたことで厳重注意処分に付したのだった（内示を容認した職員もでて）。当該業者はさらに追撃を続けた。それは1999（平成11）年10月21日（新聞にこれが報道されたのが2年半後の2002（平成14）年5月）に市の総務部長（当

時助役に転じていた）に談合があった旨を、これが談合金（190万円の現金の入った封筒）だと持参して不正の行われた入札を訴えたが、部長はこれに応ぜずつきつけた茶封筒を受領しなかったことがあると衝撃的事実を暴露した。当該助役も記憶も薄れなにやら封筒を手に掲げ荒々しく部屋に入ってきて、二言三言話をした覚えはあるがと答える始末であった。さらにこの平成11年10月から12月にかけて下水道の管渠布設工事（いずれも指名競争入札）に関して合計6件の入札はいずれも業者間の談合の下でのものであったとまくし立てられた。つまり談合情報を持ち込んだのに、市の調達契約わけても入札事務を預かる最高責任者の総務部長がこれを無視、黙殺して談合を見過ごしたと主張した。しかもこの業者も落札してのことであるのだ。こうしてこの一連の主張は、市入札調査委員会の調査案件となって、2002（平成14）年5月以降約2ヶ月間の調査と最終談合の事実は確認できなかったとの委員長報告となった。しかし、この間にさらに業者より同年8月末に公正取引委員会中部事業所へ排除命令措置を求める申告がなされた。

こうなると真相はどこにあるのかと、市議会の方も審議が定例議会でなされるに及び、総務部長時代の助役対応に不当対応と詰め寄られる一幕もあったが、談合当事者（落札業者）からの、2年も3年も経過後での談合情報であってみれば入札調査委員会も公正取引委員会もお手上げの感はないとはいえなかったであろう。しかし、業者間の差し合いの噂はこれに限られたものではなかったといえよう。

6 再入札と住民訴訟

これまで実施された入札に不都合が生じやむなく改めて再入札をせざるを得ず、この再入札での落札者と工事請負契約を結ぶ図式に住民から監査請求が出され、挙句の果て住民訴訟になったケースが出てきた。それは磯津橋の橋梁整備工事であった。市内南部臨海部の一級河川鈴鹿川の最下流に架橋の橋であるが、これが45年を経過しており老朽化が進み、しかも海水の影響等による劣化が顕著であったところから耐震補強とともに大型車両の通行時の安全性を確保するための補強工事を必要としていた。地元の要望も強く、漸く2006（平成18）年度より長期にわたる通行禁止を回避しながら工事を進めることとなって、同年度は8本ある橋脚のうち3本と関連する梁補強工事を第1期分として実施した。そして2007（平成19）年度分として残る5本の橋脚取替え工事と梁補強工事を抱き合わせての工事の入札を実施した。もちろん、一般競争入札ですすめたが、ジョイントベンチャー方式で4共同企業体（JV

企業と略称する。）が応札してきた。A―JVが3億8700万円で落札した。予定価格4億5837万3000円で入札日は2007（平成19）年5月11日であった（最低制限価格3億8150万3000円、予定価格の83.23％）。

ところが2007（平成19）年6月22日に公正取引委員会からこの入札に参加しAというJV構成のL企業のみならず4つのJVの中で他の2つのJVの構成企業を含めて防衛施設庁談合事件により排除措置命令が出された。このため指名停止処分の対象となった結果、同年6月28日市議会にてA―JVによる工事請負契約の承認議決を断念するに至った。こうして再入札を急いで実施せざるを得ない状況となったのである。そこで四日市市請負工事入札参加資格審査会に諮り、この再入札実施につき審査をしたところ、先の入札そして排除措置命令を受けなかったいわば無疵のJVは4つのJVのうちわずか1つにすぎないが、他の業者も参加を見込める客観的状況にあるとして、従来と同じ入札つまり一般競争入札方式で実施してよいとの審査結果を得た（同年7月9日）。そこで同年8月10日入札実施の公告を同年7月18日にした。なお、この公告では、5本の橋脚取替工事のみとして梁補強工事は除外された。こうして再入札が実施されたところ、意外にも唯一のJVのみの応札であった。結果としては残るBというJVが4億4000万円で落札した。ちなみにこのとき予定価格は4億4179万5000円、最低制限価格3億6668万9000円、これは予定価格の83％であった。もちろん同年9月28日市議会でのB―JVとの工事請負契約の締結承認議決は得られた。こうしてようやくにして工事着工の運びとなった次第である。ところが2007（平成19）年11月1日市民よりこの再入札の実施に関して監査請求が市監査委員に提出された。その理由は再入札はB―JVのみが応札することはあらかじめ市は意識しながら実施を敢行しその結果予定価格の99.6％の金4億4000万円で落札させB―JVが当初の第1回目の入札金額の4億600万円に比べて金3400万円の高額の税金を無駄遣いした損害を市長及び調達契約課長は市へ返還せよとのことであった（工事内容も梁補修分を除外して実施したにもかかわらず）。この監査請求に対しては、あらかじめ再入札の応札業者がB―JVのみとの理解を市

磯津橋（工事中）

としてまったくしておらずかえって多数の参加を予定していた。結果として応札者がB—JVのみとなったに過ぎず、また高い落札率となったことは遺憾であるが何ら違法ではないとの理由からこの監査請求は年末に棄却され不服として住民訴訟の提起となった（2008（平成20）年1月23日付け）。しかし、この住民訴訟は口頭弁論期日が津地方裁判所にて数回開かれたが、その後申立人から取り下げられた。なお、監査請求及び住民訴訟で申立人は再入札後市の担当者がB—JVの方に落札価格の再考すなわち減額に応じられないかを打診し断られていた事情をも付言して、高額入札の非を訴えられてもいた。しかし開札して唯1社のみの応札であるからといって、入札手続の違法との理由は裁判所でも認めがたいものであったのではないかと思われる。（訴えの取り下げで終了したが）こうして磯津橋の工事を進められたが、さらに市では別件にて再入札事件が起きてきた。

7　市立病院増築改修計画の頓挫

　市立病院増改築の年度内発注断念にかかわる再入札案件は以下の経過であった。これは2007（平成19）年分の市立病院増築改修事業計画が大手建設会社19社が枕を並べて防衛施設庁発注工事を巡る官製談合事件でいずれも指名停止処分を受けたために、平成18年度に着工を予定していた第1期分工事計画が頓挫した件である。しかし順を追って説明すると、前年度の2006（平成18）年度実施予定の市立四日市病院託児所整備工事（建築）にかかる入札での紛糾から再入札そして契約にからんでのものでもあった。予定どおり入札が実施され、落札した市内建築業者が正式に契約も成立しながら一向に工事に着手しなかった。市立病院担当者と落札業者間で工事着工に関して険悪な状況となって判明してきた理由は請負工事代金が安すぎるのでこれを不満としてのものであった。入札に応札し、落札した業者からのクレームとしてはとうてい理解できず（正当な理解となりえず）直ちに契約を取り消し損害賠償提起をも考慮するところであるも、ひとまず契約を解除しかつ指名停止処分を課した。そして再入札手続きに入ったのだった。しかし、2006（平成18）年6

市立四日市病院

月1日実施の再入札も開札してみると、奇妙な事実が判明した。7社の応札があるも、開札前に2社が辞退し最低札を入れた業者もその後に辞退、残る3社のくじ引きに際して1社の辞退となって、この入札を結局中止するはめに陥った。明らかに業者と市の間にただよう雰囲気に異変が認められたのだ。前述の当初の落札業者のクレーム騒ぎといい、今回の再入札での応札者の対応ともども、市への不満しかも明言できないものが感じられたと職員からの報告が私にも届いた。こうして市幹部も乗り出してようやく市内大手業者（くじ引き参加資格者）と協議し、同月15日新たに随意契約による工事請負契約の締結にこぎつけることができた。もちろん再入札時の応札額より若干差し引いた額で、しかも遅れている事業の前進の目途がついて、これでひとまず安堵したのだった。しかし、これは平成18年11月27日付け四日市商工会議所会頭名による市及び市議会あての陳情書提出の予兆でもあった。すなわち公共工事の市予算増額並びに地域補正の撤廃についての入札制度変更への陳情であったのだ。なお、この1週間前に地元の三重県建設業協会四日市支部より同種の要望書が出されていた。

8 地域補正の撤廃をめぐる攻防

陳情書には当地区の建設業界は公共事業の長期的削減傾向や低価格化などの影響を大きく受け、その経営環境はきわめて厳しい状況となっており、企業倒産及び離職者は後を絶たず地域経済の停滞を招く要因となっている。四日市市においては、大変厳しい財政状況の中にあり、公共投資の増大を図ることは困難なことかと思われるも、停滞する地域経済を活性化させるため乗数効果の高い公共工事を推進されることを切望するものである。よって予算の執行並びに編成にあたり、公共工事に伴う予算の増額と現行の入札制度における地域補正の撤廃につき、特段の配慮を望むとするものであった。さらに、これとは別に国の厳しい基準に沿って積算された設計金額は市場価格等を参考に通常必要と認められる価格の積み上げにさらに7％の歩切りは不当に低い請負代金の禁止にも触れるもので、2005（平成17）年4月に施行された公共工事の品質確保の促進に関する法律（通称「品確法」）の価格のみの競争から価格と品質の両面の競争に転換すべしとの時代の要請にも顧慮し、地域補正の撤廃を強く求めるものとの訴えであった。

ところで市の独自の地域補正とは現在使用している国土交通省の土木工事積算

基準が地域や施工規模の異なる状況下においても全国一律の諸経費金の積み上げであることから、同積算基準を参考にして四日市市独自の積算基準の作成を試みたものの諸経費の構成要素の詳細まで把握することが不可能であったため、業者が積算等を総合的に勘案して応札した結果である落札価格が四日市市におけるものとの考えのもと、平成14年4月から工事積算価格に平成13年度の平均落札率を地域補正として建築工事は93％、測量設計調査業務は90％を乗じた価格をもって設計額としたものである。業者の中にはこの地域補正による調整を自治体は国の基準からさらに数％歩切りするとの表現を使っているのもある。そして赤字が予想される価格で発注する行政側の姿勢の象徴として自治体、特に市町村の地域補正に厳しい反発を示してきた。公共工事をめぐり談合等の事件が全国で相次いで起きて建設業者はすべて悪のレッテルを張られ、まるで暴利をむさぼっていると誤解されていると嘆く。安く受注し、下請けに丸投げする業者がでているが、調べてみるとそんな業者は重機も持っていないと。しかし、一方では名古屋高速道路公社が平成17年度、18年度に発注した高速名古屋新宝線橋梁工事では、発注した16工区の平均落札率は2004（平成16）年のそれに比べ平均22ポイントも低く予定価格との比較をみても90.6％の高率から72.9％ないし68.4％と大きく下がっている。これは2005（平成17）年5月に発覚した鋼鉄製橋梁工事の談合事件の影響で談合がなくなり適正な業者間競争が行われた結果とみられるとの新聞報道もあった。(2007（平成19）年5月26日日本経済新聞朝刊参照）こうして地域補正制度を含めて入札制度の見直しについて私から意見を求められ発足したのが「四日市市入札契約制度等改善検討委員会」であった。委員長は、元公正取引委員会中部事務所長で名城大学法学部教授、副委員長は四日市大学総合政策学部准教授、さらに四日市市監査委員、同自治会連合会会長、四日市市建設業界代表そして市入札監視委員会委員長の6名の構成でスタートした。第5回の2007（平成19）年8月27日まで検討会を開き、同年10月、答申が私宛に提出された。この報告書の中で市の地域補正導入の理由につき、2001（平成13）年ないし2005（平成17）年の5年間の諸経費を含まない直接工事費の東京と名古屋の比較をするに、財団法人建設物価調査会の月報資料より引用して東京を100とすると名古屋は96.5となる旨を認め、さらに民間工事に比べ公共工事が割高感があることをみると土木工事と建設工事の各モデルケースにより公共工事100とすると民間では91ないし92と具体的な数値をあげて説明し、さらに工事の諸経費等も工事規模のほか受注する業者（支店、営業所を有

第4章　入札システム改革と談合との戦い

する等）によって相違があるなどから一概に否定することはできないとした。

しかし、一方で建設業関係（土木、建築、電気等その他）の意見では、いずれの観点も十分納得できるものではないとする見解も掲げて（例えば公共工事と民間工事の比較自体無理な事柄であるとの反論）新たな希望価格制度の導入を提言した。四日市地域の実勢価格を市が現在の組織体制で的確かつタイムリーに把握することは極めて困難であり、一方で市の地域補正を歩切りと断ずることも相当でなく、ただこの補正を続けていくとき、近年建築物件において実勢価格が上昇していることを踏まえるならば、入札の不調が増加する可能性もあり、そうなれば再入札の事務量の増加や工事着工の遅れによる市民への行政サービスの低下も懸念される。このため現在の93％の上限をなくして、実勢価格を反映する希望価格制度を妥当とすると締めくくっている。この新制度は実勢価格の変動に柔軟な対応が可能としている。ただし、その導入にあたり見直しを行う必要があること、実勢価格の把握及び談合防止の観点から希望価格を超える落札があった場合は、該当する業者に対して個々に工事内訳書の提出を求めること、そしてさらに入札参加者が少なく落札率があがっているとか、入札参加者の30％以上が希望価格を超えるケースが多発のときは、地域要件等の入札参加条件を見直すことが必要であるとする。この要件を絞る中で地域補正の固定でなく7％減の希望価格制度を導入することにした。なお、提言には変動型最低制限価格制度の導入もありこれも導入することにした。これは入札参加者のうち下位6割の入札の平均額に90％を乗じた価格を最低制限価格とする運用基準をさすものでこの両制度は2008（平成20）年4月1日より実施されることになった。

9　随意契約の落とし穴と刑事裁判

最後に中部国際空港（通称セントレア）と四日市港との間の船便による海上アクセスと小規模工事について2008（平成20）年5月に職員の不祥事が発生し、このため海上アクセス事業が2年有余で途絶えて今日に至っているが、この経過を略述する。

念願であった四日市港よりセントレアへの海上アクセス事業は2006（平成18）年4月末より実施され予想以上の乗客利用があり市民へのサービスとして好評を博してきた。セントレア開業時に実施せんと努力するもこれはできずに、三重県で先行した津港とセントレアとの海上アクセスをいわば横目にながめていた四日市市にとって2005（平成17）年初頭、思いもかけず名古屋港にてイタリア村事業を興して盛況を博していたセラヴィ

ホールディングという会社が四日市港とセントレアとの間の海上アクセス事業に乗り出したいとの申し出を受けた。そこで、市としても歓迎体制で急ピッチで航路認可にも汗をかき、また空港内発着ターミナル建設と四日市港内浜園ターミナルでの高速船用の浮き桟橋、駐車場整備、発券場及び待合室の建物の建設そして関連道路整備などを急いで事業に着手し整備を完了して2006（平成18）年4月末に就航させるに至った。この海上アクセス事業を営むのはセラヴィホールディング会社が新会社として設立したセラヴィ観光汽船株式会社で、運賃片道1,800円、シーワープ号という双胴高速船（中古船）が定員200人、航行時間35分で、まさに華々しく就航をみたのだ。初年度利用客数17万人、翌年度2007（平成19）年にも15万8000人の乗客利用があって、毎日8往復、年間を通して欠航率ほとんどゼロに近い好成績を誇ってきていた。ところが、突如親会社の経営不振から子会社のセラヴィ観光汽船も経営不振に至り2008（平成20）年に入ると身売り話が出て、同年4月ようやく諸権利を譲り受け国土交通省運輸局より譲渡許可も得た株式会社YALという新会社に航路権が移転した。しかし、時あたかも原油価格高騰のあおりを受け、その経営の先行きに暗雲がたれ込め始めた平成20年5月3日、二人の関係者が収賄と贈賄容疑で逮捕されてしまった。1人はこの海上アクセス事業実施に努力した、2005（平成17）年5月より2007（平成19）年3月まで市の経営企画部に参事職にて出向中の元職員で、逮捕時国土交通省中部地方整備局港湾空港部所属の前海洋環境技術課長であった。別の1人は新会社の㈱YALの取締役社長で金30万円を2006（平成18）年5月に謝礼として授受があったとの容疑であった。

この逮捕を契機に㈱YALの経営はまるで坂道を転げ落ちるようになって2008（平成20）年10月5日、四日市港とセントレアとの間の航路事業の廃止届を中部運輸局に提出し、ここにこの事業は、とん挫してしまった。そして現在に至るまでこの海上アクセス事業は中断のままである。

容疑内容は四日市港内浜園旅客ターミナル建設工事に付随する、平成18年3月2日頃締結の随意契約3件にかかわるものであった。ターミナル周辺の側道区

海上アクセス

画線改良工事、同交差点安全施設設置工事そして同交通案内標識設置工事で3件の合計工事額260万円であった。この工事の謝礼として㈱YAL社長が元市職員に現金30万円を手渡したとするもので、同年7月両名は刑事事件の被告人として起訴され、同年9月有罪判決を受けた。こうしてまた市職員（出向中の国家公務員であったが）の不祥事が発生した。これは金100万円未満の営繕工事は、一般競争入札でなく随意契約にて発注ができるルールであったが、このような不祥事が起きてしまい市民へも市議会へも私としてはまさに面目ない失態を詫びるのみであった。まさか、このような悪事がなされようとは夢にも予想できず、警察の捜索、差押えを市役所関係先も受けて、再発防止への新たなルール作りという宿題を与えられたわけである。随意契約は闇の世界と例の防衛施設庁談合事件が起きたときメディアは一斉に非難していたことが私の頭の中をよぎっていったのであった。

10 入札・契約制度と談合防止―公共工事「最低制限価格」上げ検討

国土交通省は2009年5月14日公共工事費削減に伴い、地方の建設会社の赤字受注が常態化しているため、入札制度の一部を見直す方向で検討に入った。入札の最低価格である「最低制限価格」を引き上げ、建設業が基幹産業となっている地方の経済を支援する狙いもある。改正の柱は予定価格の平均85％程度となっている、最低制限価格を90％程度に引き上げるものだ。最低制限価格は、資材の調達費といった「直接工事費」、現場従業員の人件費や安全訓練費などからなる「現場管理費」、本店従業員の給与、退職金、福利厚生費、調査研究費などの「一般管理費」などから算出される。直接工事費は実際にかかる費用の95％が盛り込まれるのに対し、現場管理費は70％、一般管理費は30％しか勘案されない。公共事業の受注競争は激化しており、従業員の人件費を抑制するケースも増えているという。

最低制限価格を引き上げることで、調査研究などを積極的に行い高い技術力を持つ地方の優良建設会社を支援する狙いもある。国土交通省は地方の公共事業の品質を確保するためにも地方の建設会社に対し一定の間接的な支援が必要との立場だ。以上のような最近の新聞記事（読売新聞2009年5月14日朝刊）を読むと私は複雑な心境になる。何故なら、予定価格というのは基本的に自治体などが工事などを発注する際にここまでの価格だったら発注しますよという上限価格のことをさす。落札率が指名競争入札制度の下での高率であったものが一般競争入札制度で下がり、さらに談合摘発後は一

層下向するといった事態を前にすると改革の効果がすべての発注で見込まれ、競争が進んでいけば事業者の経営努力こそ競争の勝者となる。前述の地域補正検討見直し委員会の報告書でも指摘されているが、実勢価格を的確に把握することは容易でない。しかし、だからといってまるで思考停止した如く、一律の基準によっていれば、まるで旨みのある発注につながって、それは談合という大きな利益の分配構造にはまり、経営者側もその経営努力は止まってしまうこととなる。資材高騰とりわけ重油価格の2倍、3倍の値上がりが短時間に発生し、航空運賃にサーチャージ料金という費目が突然現れたが、今日では世界同時不況にあって従前の低価格時代に逆戻りしている（2008年9月15日のリーマンブラザーズ破綻以来）発注が思わぬ排除措置命令で2年間近く遅れることとなった市立病院の改修工事も住民サービスの向上の面ではマイナスとなるも、コスト高の回避では、納税者市民に喜んでいただける、けがの巧妙からもしれない。自治体は不断の経営努力を惜しまずその統治力を高めていくことこそ肝要ではないかと思わざるを得ない。

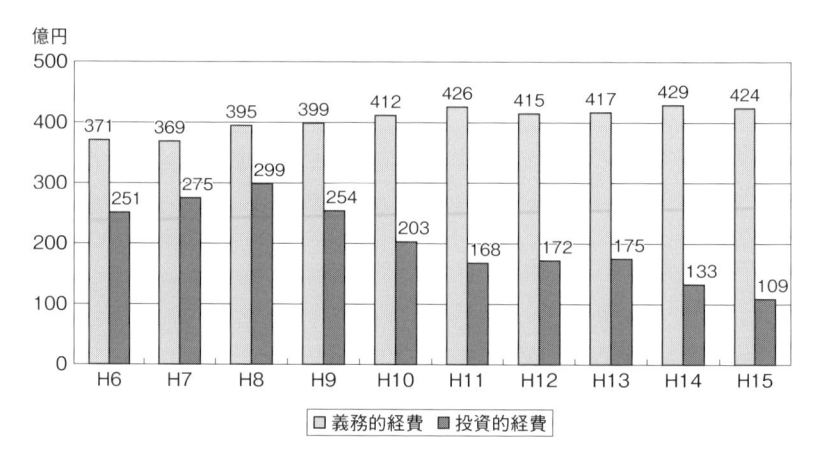

義務的経費・投資的経費の推移
（投資的経費のほとんどが入札発注の公共工事）

年度	義務的経費	投資的経費
H6	371	251
H7	369	275
H8	395	299
H9	399	254
H10	412	203
H11	426	168
H12	415	172
H13	417	175
H14	429	133
H15	424	109

第5章　行財政改革　ようやく着手

1　なかよし給食の実施

　第2章行財政改革とその大きな壁で記述したように、やれることから実行していく以外にない。市長1期目に実現するという公約にこだわって、強行突破を試みても、市職労という大きな壁とそれに何かといえば唐突だ、説明を受けていないと反発する市議会を前に私はまさに前門のトラと後門の狼に挟まれての状況にあった。速やかな行財政改革が必要なことそして改革を待っている場所は多くあっても入り口でふさがれあるいは出口を封鎖されといる状況ではまさにニッチもサッチも行かない事態であった。

　毎年確実に増大する民生費の切り詰めのため民間への外部委託や民営化を口にするも、これまでの公共事業への乱脈とまで言われる投資（起債という借入金でそのほとんどをまかなうハコモノ建設や下水道地下埋設管布設や下流ポンプ場の増強工事がその典型）の結果、財政窮状に至ったので、いわば当初から分かっていたことではないか。これを理由に福祉の切捨ては断じて許されない。しばらくの間公共事業投資をつつしみ、真面目に財政運営をやりさえすれば、早晩財政窮状は解決できるにもかかわらず、井上市長は強引に福祉部門の切捨てをやろうとする。許されないと声高に叫び、署名集めをやり、学校、幼稚園、保育園の保護者組織に訴えられると2万、3万と多くの署名があっという間に集まり、これを冊子にして突きつけられ立ち往生している私の姿が映し出される。1998（平成10）年10月に四日市市行財政改革大綱を策定して、いざ進まんとしていた私の姿はいつのまにかどこかに消えたようだった。共同調理法式（小学校給食）を隣接している小規模校化した三つあるいは四つの市内小学校モデル地区で実施せんとした「なかよし給食」の実施や希望の家という乳幼児、児童養護施設の民間移管を訴えた私が、出口の見えない壁を前に事業の先送りを発表して苦しんでいたのは当然であったかもしれない。いくら、一般技能労務職員まですべての市職員の給与体系がただの1表体系で、これに準拠して給与表を作っているがために、給食調理員、学校用務員、自動車運転手、電話交換手等いわゆる一般労務職員そして保育士の給与、賞与、退職金が民間ベースに比較して著しく高どまりして、市民から民間との是正を求められて

いると理屈を並べたところで、一撃をくらっておしまいとなっていた。これが実情であった。市職労に給与表改善交渉の申出をなすもまったく応ぜずで、入り口閉鎖を受け続けていた。しかし、4年後の市長2期目の選挙が私にとって信任投票に等しい万全の事態となり、これを通過した2001（平成13）年に入ると私は、猛然と行財政改革大綱に示した方針どおり前進するところとなった。市民納税者はなお吾に味方している、手を貸してくれるとの思いであった。なかよし給食はこうしてその先陣を果たした。四日市市は市内40校の小学校の給食事業をすべて自校単独調理給食体制で従来より実施してきていた。そのため小規模、中規模そして大規模の各校に次第に分かれていても、それぞれに調理室の整備や洗浄機の備付さらにナベカマの備品そして増員充実した給食担当職員の働きで、児童の給食をまかなってきていた。しかし、毎年定期的に給食関係の整備改善に予算を積み上げ、給食要員の確保を続けてきた結果、いつの間にかその予算積算も大きく（ランチルームの新設もあって）かつ人員もふくらみ、財政は次第に逼迫感を増すにつれて、効率化への知恵、工夫をこらさざるを得なくなった。これは小規模校の給食コストが割高であるにもかかわらず保護者からの給食費は一律の徴収であったことも大きな要因でその脱出口を捜しあぐねていた。そして、前述のとおり、距離が車で移動10分程度内、2校含めての児童数600人以下の隣接小学校での共同調理方式の導入が計画されるに至ったのだ。これをうまく実施すれば、自校調理給食方式を維持してなおかつ給食関連整備費と人員増を抑制することができると。（効率化の極限はセンター方式であり、また給食提供業務の民間委託であろうが）1999（平成11）年に入ると直ちに市教育委員会は基準に該当する三つの群の小規模校（計6校）そして最初の実施校の塩浜小学校と三浜小学校（これは市南部中心区域で石油化学コンビナート第1工場群に位置する）と指定してその準備に着手した。ちなみに計画案は実施を2000（平成12）年度つまりその4月よりしたがって給食室改善予定も給食調理提供校を優先して調理済みの給食を受ける小学校の要員配置を従として搬送食を運んで賄うとの体制であった。このため、搬送出口整備と搬入受入口整備の予算措置がまず必要であった。しかしこれには市職労と地元保護者で集められた大量の反対署名で見事につぶされ、先送りとなってしまっていたのだ。唐突、強引そして説明不足でけしからんと。しかし市長2期目に入った私は1年先送りでなんとか理解を得て2001（平成13）年度にはぜひとも実現したいと担当職員に督励した。地元説明会も重ね、公聴会や自治会にも理解を求めて、これを積み上げてきた。市職労の言う顔

の見える給食調理員さんが一生懸命調理してくれた給食を感謝の気持ちでいただく基本こそ学校給食の要諦である。さらに熱い作りたての湯気の立つメニューをいただいてこそ健康な心身は育つという反論をくつがえして、漸く2001（平成13）年4月より塩浜小・三浜小のなかよし給食は実現した。この間市議会でも論議を重ねて、反対の請願は不採択となりすでに議決を得て執行を止められていた関連予算の執行を認められた。移動時間は10分以内、児童数は264人と156人の合計420人であった。2校分を一括して1校で調理し、出来上がった給食を専用コンテナ車で運ぶ、調理員の配属は両校各1名（2名減員）専用コンテナの手配は民間委託とする内容であった。このなかよし給食はこうしてその後三重北小学校と八郷小学校で翌々年実現し、2004（平成16）年4月より小山田小学校と高花平小学校で実現した。なお、外部委託の推進では市立四日市病院での事務部門や夜間給食、市立老人ホームでの給食業務、市立図書館での受付事務さらに市内道路補修業務を直轄体制から全面業務委託等、さまざまな細かな事務事業の民間移管の実施が続くこととなった。こうして市職労の反発の矛先はいつのまにか希望の家の民間委託阻止に移っていった。やはり自校調理方式の変更ではなくその一部改善がなかよし給食であるとの主張には対抗する術もなかったのであろう。

2 希望の家 遂に民営化

2000（平成12）年12月までの市長第1期目に実現を目論んだ乳幼児・児童養護施設の市立希望の家の民間への移管は、住民の反対署名（5万4千人）と市職労の強い抵抗そして市議会の消極対応で見送りとなってしまった。私にとっては公約実現の面での大きな後退であった。しかし、救いは大量署名を集め反対運動の中核団体も結成され強いバックアップ体制をとる市職労の執拗なまでの抵抗にもかかわらず希望の家の民営化反対の議会請願が2度にわたって留保され採択されなかったことであった（最後は廃案となった）。しかも市議会の大勢は民営化を受け入れる雰囲気でただ性急に運びすぎたとか、説明責任をいまだに十分に果たしていないとの理解に変化したからだ。やはり時代の流れの中でこの種の施設の直営体制は過大な市の財政負担を免れず、その上多様なニーズに応じられない事態に次第に入っていたことを敏感に察知してのものであったと考えられる。少子高齢化の次は核家族化しつつある中で幼児虐待の多発や子育て放棄の母親の出現等から収容乳幼児は増加しそのうえ収容児童のけんかと怪我が日常化し絶えることなく、最寄りの小・中学校への不登校を阻止することが容易でなかった事実からきている。そうなると地方公務員の市職員による2〜3年交代勤務体

ケチケチ市長と呼ばれて〜市民と進めた財政健全化〜

制で残業、日直、宿直勤務は過大な人員を擁してかつ不効率な運営実態を避ける手だてを失いつつあったのだ。

署名集めに突進するあまり、勤務時間中に勤務の市役所施設内で保育園や幼稚園さらに小学校の保護者・父兄にまで「可哀想な子供たち、福祉切捨ての新市長の前に、路上に放り出されて」の叫びで署名を集め、反対運動を起こして一時はマスコミも大々的に報道するも、その実態が次第に判明するに及んで非効率行政を覆す手だてはない。国より補助金を受けても足りずこれと同額の市の助成金が有って初めて43人の収容乳児・児童を33〜35人の職員で面倒をみる。しかもけんか、怪我、不登校が多発、いよいよ老朽化した施設で近隣住民からもその評価はあがらないとあって、もっと早期に専門性も高いスタッフと親代わりの長く勤務する職員体制が必要そして全人格養成の指導理念のもとでの運営こそが求められたのではないか。こういった声まで出てきても不思議でない。漸く2002（平成14）年9月市議会定例会で希望の家廃止条例は議決され、同年11月選定委員会を立ち上げるところまできた。こうして希望の家の社会福祉法人即ち民間委託の方針と計画の下、市が提案する予算案や公営体制の廃止条例案そして民間応募者への選定委員会の立ち上げ要綱に基づく条例案が激しい議論を経由して次々と可決され、2003（平成15）年4月民営化が遂に実現した。エスペランス四日市の誕生である。

市議会各会派議員との懇談、反対運動を盛り上げるための市民集会（講演者を招いて）さらに委員会、本会議の傍聴、市幹部職員との確執すなわち執務時間中の署名集め禁止への不当労働行為との抗議活動さらには移管申出の民間法人の選定作業にあたる委員への猛烈な接触とその委員会傍聴を繰り返した市職労の反対へのエネルギー投入はまさに熾烈であった。余談になるが私が市長に就任して4年目の2000（平成12）年2月上旬職員の調整手当てのカットをめぐり夜7時まで居残って組合交渉の現場に私も同席をしたときの状況はまさにあきれはてるばかりの惨状であった。予定の時刻となって、私は市長室を出て階段を降りて一階下の交渉室（部長会議室と呼んでいる）に入るべく廊下を歩こうとして、唖然として足を止めてしまった。見るとハチマキを頭に、真冬の午後7時頃、冷たい廊下に大の字になって横たわる市職労の面々が私の行く手を拒み、これを踏みつけないようにまるで綱渡りのごとく歩いてやっと入り口の扉に達することができる状態になっていたのだ。こんな嫌がらせにひるむ私ではない。扉を開けて中に入ると突然一斉のフラッシュの雨であった。私はどなった。「これは一体何んだ！こんなばかげたことをなぜするのか？フィルムをカメラから抜き取って私に出

しなさい。」

　それ以降、私は市職労との交渉には顔を出さず、市職労委員長や書記長が年賀の挨拶を申し出ても首を横に振るばかりであった。考えてみれば同年3月市議会定例会に市職員退職基金条例を上程してその成立を期そうとしているときに、なんと皮肉なことか。このように敵視されて、残念無念であるがどうすることもできない。往時の国鉄の動労や勤労のニュース番組での映画フィルムを見る思いがするのみだ。民間委託後に、委託法人が施設の建て直しを実施して市は所定の補助金を支出し、立派な新生「希望の家」となって現在に至っている。最近の施設とその運営内容は以下のとおりで、私も移管してよかったとしみじみ思うところである。収容乳児22人（0歳より）と収容養護児童48人の計70人を職員84人体制で新装なった園舎で明るい毎日を送れるように運営している。エスペランス四日市とは、フランス語で「希望の四日市」という意味だそうだ。その社会福祉法人の運営方針は専門性の高いスタッフを中心に質の高いサービスを提供する方針を掲げ、とりわけ休日を過ごす内容の見直しと乳幼児では発達チェックを細かく的確になし、いっそうの発達を個々に促す方針を強調する。臨床心理士や児童指導員体制を職員、嘱託さらにはボランティアまで幅広いスタッフ体制化で運営して、スポーツ、音楽、絵画等情

エスペランス四日市

操教育まで手がけ、高校まで全員進学を目指している。5年以上の勤続就労スタッフで経営状況も市単独補助支出額は従来に比しはるかに少額なのに、心配はない。寄付、寄贈、助成の応援も大きく増加しているようでこの面でも心強い。被虐待児童対策用員までかかえていると聞かされ、時代の流れを感ぜざるをえない。

3　寿楽園（市立老人ホーム）も民営に移る

　2006（平成18）年4月には老人ホーム寿楽園の民営化が決まった。既に寿楽園の給食事務は2002（平成14）年度より民間委託されてきたが、希望の家に次いで民間の社会福祉法人に希望の家と同様のシステムで民営化された。即ち敷地建物を無償譲渡をして、まず施設運営を選定委員会で選ばれた市内で特別養護老人ホームを経営する社会福祉法人が行う

ことになり、翌年には老朽化した建物の取り壊し、新しい建物が建てられて一新した。建築助成補助金は支出したことはいうまでもない。この施設の民営化にも反対運動は同じようにあったが、むしろ新しい時代のニーズに適合しなくなった公営スタイルは姿を消す趨勢には逆らえず市議会もむしろ賛成で反対論は少数となった。市職員も1996（平成8）年度施設長以下19人の体制が民間移管時には15人であったが、現在では収容人員も増え、良好な環境の下でその使命を立派に果たしている。行政の経営する事業の有効性を見極める必要が今日ほど高いことを痛切に感じるところである。効率行政以前の問題である。

4　市立保育園5園の民営化

　行財政改革のうち事業の民間委託でさらに大きな課題は市立保育園の民営化であった。私は、市長に就任してまもなしの1997（平成9）年8月に既に市立保育園のあり方をめぐって市立保育園民営化調査検討委員会を立ち上げていた。そして翌年の1998（平成10）年11月4日答申が提出された。その答申では可能な限り、つまり市民の理解を得られる範囲で市立保育園の民営化にも努めよとの答申の趣旨であった。市内の認可保育園は合計48園あった。市立30園、私立（民間）18園で、その収容する児童数は3万1269人と1万9015人（平成8年度確定数）で公私の比率は62.2%対37.8%である。保育費はご存知のごとく、国や県、市で全体額の半額を負担し、保護者の納める保育料が残りの半額負担で構成されている。したがって、父兄、保護者が納める保育料は公立の市立保育園であろうと民間の私立であろうと変わりはない。しかし、この基本的図式のほかに、地元自治体としての市は、別段の負担金を出してその運営を助成している。公立の市立保育園には約14億3000万、民間の私立に約7900万円を、法定外負担金として支出している。実は、この場面で大きなアンバランスが潜んでいるのである。この結果児童一人当たりの月額経費で比較すると約9万6200円と7万700円の大きな差となって現れている。法定外負担金のこの格差は実は保育士の給与や人数の格差である。なぜなら保育園経営の経常経費の大半は人件費だからである。一説には公立の保育士の給与は私立のそれの約2.4倍とまでいわれている。そこまでの差はないと思われるが。（比較データにより多少の誤差はあるだろうから。）そこから市職労の人たちは民間の私立保育園で働く保育士は低賃金、無権利状態に置かれていて、公立で働く保育士こそあるべき労働状態だと主張する。したがって市は、財政状態が悪くなってきて、急に民間の水準で市内児童の保育の責任を果たそうとし、民営化を目論ん

でいると。しかしながらこの格差の根本は、国の定める児童1人当たりの配置保育士数等の基準では十分な保育の確保ができず、保育士を加配して漸く実現できるとの考えから市立の保育園での増員分及びこれに付随する経費の差こそが公私の格差の原因となっている。では、どちらが正しいか、公の方が正しく自明かといえばそうではない。民間の保育園に通園させる保護者も多いからである。調査検討委員会の答申はどういっているのだろうか。公立の保育園の中には小規模化しているところもあり、保育の効果が心配となっているところもある。そして近時、保育時間も保護者たちの要請で、朝早くよりあるいは夕刻まで預かる保育実態も少なくない。さらにその後の夜間も預かる。休日もそして零歳児等乳幼児も対象にしての保育ニーズも現れて、まさに多様な保育の実態であるのだ。これら多様なニーズには、明らかに民間の私立保育園において対応されていると現場の実態を指摘する。これは一体どうなっているのか。いや近い将来、障害児保育や母親の子育て疲れを解放するための一時保育（ショートステイ）さらに病気あがりの児童のための特別保育まで求められるようになってくる。そうすると待遇のよい保育の現場で多様なニーズの対応がなされているとは必ずしも言えないのだからこそ市立保育園の強みを発揮できる場と民間の強みを発揮できるところをうまくすみ分けて、市全体で児童の保育に最善を尽くされたいとの答申が前述の結論だったのである。随分遠慮がちの表現だと私は感じながら報告書を読んだ。こうして私は行財政改革委員会の答申そして保育問題調査検討委員会の答申に応え、市立保育園の民間委託つまり民営化を導入せんとした。しかし、予期されたことといえ、またも市職労との激しい衝突で、市議会を巻き込む中での激しい闘いの様相を呈した。

行政サービスのあるべきところは一体何か、住民が求める時代にかなった行政サービスの内容とは何か、そんな大きな政治課題が実はこんな私達の身近なところに潜んでいたのだ。専門家で煮詰められた前述の答申には、十分な説得力のある記述がなされているので、以下引用する。「就業実態に見合った乳児保育など特別保育事業のほか、病児保育や夜間保育などへの対応も求められてくることが予想される。これらのニーズに対応していくことは当然だが、国や地方公共団体の財政難の状況の中では、新たな人員や経費を増やすことは困難である。この中で乳児、障害児などの特別保育事業について、公立保育園と私立保育園との役割分担を見直すほか、地域での公私立保育園のバランス、保育サービスの提供状況等を踏まえて、住民の理解を得ながら可能な範囲で公立保育園の民間委託等を図っていくことも必要となる。その際民

間移譲、民間委託等の方式が考えられるが、いずれにしても公私が互いの長所を発揮できるよう十分配慮することが肝要である」けだし、名言である。その表現はすこぶる穏やかものである。私は職員に断固として実現すると言い張った。しかし、慎重かつ果敢に実行するための計画と工程表つくりが肝要と指示を出した。バランスを考える。住民の理解を得られる範囲でといった内容を検討して、とりあえず市内5園の市立保育園を2年間で民営化を実現する計画を作った。市職労の抵抗はすでに希望の家で承知済みであった。議会の理解を得ることと住民の理解を得ることは同一なのかそれとも全く別物かは悩める問題でもあった。しかし、十分な議論だけは避けては通れない。実現を見たのは2007（平成19）年3つの保育園そして2008（平成20）年2つの保育園であった。議会への条例案の可決や選定プロセスにまつわる案件の承認議決は平成17年と同18年であった。つまり現実に作業が成果となってあらわれてきたのは、実に答申を得て以降6年も7年も要している。その間、では放置していたかと言えばそうではない。反対運動や抵抗は日増しに強くなっていく中でやはり二つの大きな流れを実施する側に引き寄せることができるか否かであった。一つは職員の意識の変化であり、一つは市の置かれている財政状況への住民の理解であった。

環境マネージメントISO14001規格取得以降の職員の効率行政への意識改革によるモチベーションの高まりと、住民からの行政不信への情報公開による市政とりわけ財政の広報努力のもたらした成果であった。それは市の財政状況について一層の情報開示にとどまらず、外部民間人を招いての財政懇話会よりの2000（平成12）年2月に出された長・短期財政運営の展望に関する答申の分かりやすい広報による浸透であった。すでに私は土地開発公社の実態解明過程での明るみになった不祥事や調達契約における入札システムの思い切った改革そしてその間の庁内不祥事の頻発への厳しい対応を重ねてきた。そして市の財政状況、とりわけ過大な借入金の重圧の中でその脱出にケチ市長のあだ名までいただいて奮闘してきた。向こう5年間に総額120億円が不足する見通しで、抜本的行財政改革は避けられずかつ市役所のスリム化も至上命令と私は強くアピールしてきた。それは市政案内の広報よっかいちははじめ他の冊子等でさらにイベント等集りの私のあいさつの中でも繰り返し、これが住民の理解するところとなり、民営化実現への後ろ盾となった。2000（平成12）年2月に答申の出た四日市市財政懇話会報告書はこのようにいう。市は実に17年ぶりに「普通交付税の交付団体」となり、市の産業構造も石油化学産業が太宗を占めるが、今では成長産業といえず、法人

市民税も1989（平成元）年に104億円あったものが1999（平成11）年には45億円まで落ち込み歳出面でも大型公共施設の建設や景気対策等による市債残高の増加で返済のための公債費が急増し、今後当分の間浮上できない。職員一人ひとりの意識改革と一層の努力により、また民間委託等による行政の効率化に市民の理解を求める努力によって地道に回復に励むべしと具体的改革案まで指し示し、財政健全化への道筋を示して短期のみならず長期の展望をも積極的に広報努力をせよと答申していた。そして、とどめなくこのままでいけば、向こう5年間約120億円の財源不足と計算するが、市長や市議の皆さんいかがなさるかと。名古屋大学経済学部教授から地元と関連の強い大手企業代表取締役等7名の委員から1年弱の期間膨大な資料に目を通して試算表をも添付した、まさに労作といえる提言であった。財政健全化こそ緊急課題だと私たちは叱咤激励されたのだ。実はこのころに市内石油化学コンビナート最大手企業の事業所での我が国最初に立ちあげられたエチレンプラント（29万 m^3）の休止（操業停止）の噂が広まり、翌年の2001（平成13）年に入ると休止公表となる。そしてその頃近鉄四日市駅前の百貨店松坂屋の閉店、ジャスコ駅前店の取り壊し、追い討ちともいえる東芝四日市工場の半導体DRAM製造停止とまるで嵐のごとく市税収入に大きくからむ事態が続いたのであった。私の命運もこれまでと非常事態の到来であった。2002（平成14）年及び2003（平成15）年の市一般会計予算規模は1000億円近くまで膨らんだものから一転して900億円に近づく減量経営予算でありこの間の正規職員実数の削減も1998（平成10）年の年間62人から順次累積して122人、182人、249人となって、2002（平成14）年304人、2003（平成15）年369人と役所のスリム化は急速に進んだ。1997（平成9）年度実数3343人の11％の削減努力をしてきた。（因みに2008（平成20）年は累計621人となって、その間に隣町編入合併と保健所新設という職員増を加えると実に22％強の削減を達成している。）こうした流れの中で、強くかつ執拗な市職労の抵抗も突き破って、市立保育園5園の民営化が実現し、ひとまずバランスの是正を実現した。この間緊張関係の中で議案審議で大きな波乱がなく市議会との折り合いは結果論だが良好といえなくも波乱がなかったかと思われる。

もちろん波乱は私の3期目の市長選挙でも起きなかった。2004（平成16）年11月末執行された3期目の市長選挙を乗り切ったことも選挙民の大きな後ろ盾を裏付けるものであったといえよう。8年にも及ぶ公共事業の抑制、減量経営のケチ市長のもとで、財政規律の課題等目もくれない一部有力な人たちは、かつての産業で栄えたまち四日市への復帰にあ

ケチケチ市長と呼ばれて～市民と進めた財政健全化～

「中期財政収支見通し」
財政収支試算での財源不足（単位：億円）

H12	H13	H14	H15	H16
1	▲19	▲34	▲39	▲29

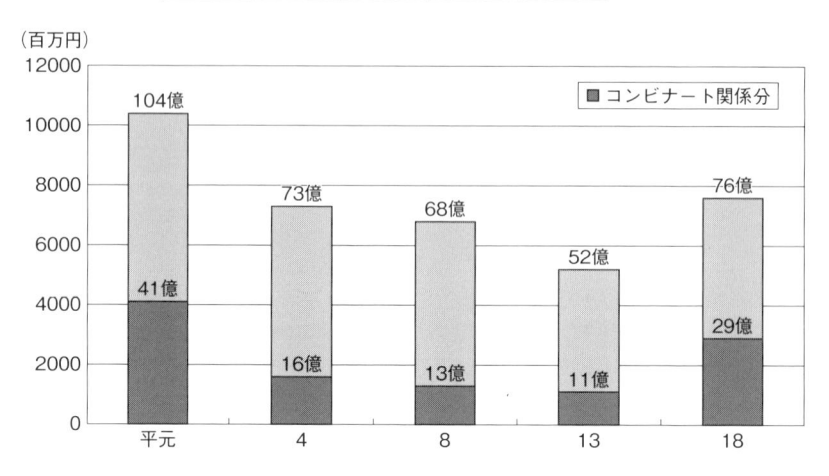

四日市市の石油化学コンビナート地域企業の法人市民税

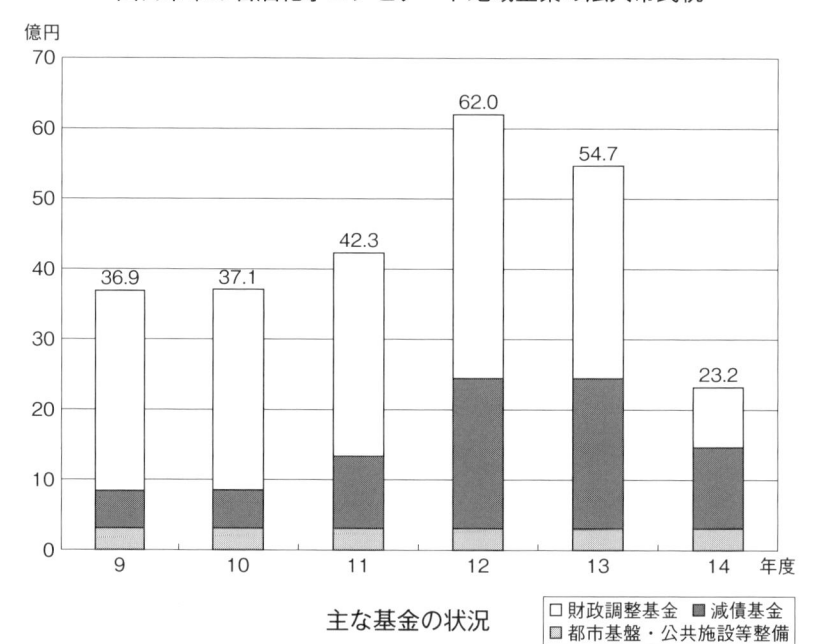

（百万円単位、コンビナート関係分）
- 平元：104億（うち41億）
- 4：73億（うち16億）
- 8：68億（うち13億）
- 13：52億（うち11億）
- 18：76億（うち29億）

主な基金の状況（億円）
- 9年度：36.9
- 10年度：37.1
- 11年度：42.3
- 12年度：62.0
- 13年度：54.7
- 14年度：23.2

凡例：□財政調整基金　■減債基金　□都市基盤・公共施設等整備

こがれ、元気のよい新しい市長を待望する市民の勢力の拡大を望んだ。議長職に名を連ねた現職市議はそのほとんどが相手方候補の応援に回る選挙戦で、またも私は財政立て直しを叫び、地盤・看板・カバン）のなさを逆手にとって、利権と最も遠くしがらみのない立場を訴えて当選を果たした。小さな選挙事務所で祝杯を仲間とあげたことはいまだに鮮明に記憶している。賢い市民たちの勝利だった

もっとも波乱を思わせる一幕も、思わぬところであった。それは、2006（平成18）年5月22日付けで朝刊の新聞（全国紙）に横浜市が進める保育園民営化路線にストップ、地方裁判所の仮処分判決出るとの報道であった。

新聞記事だけでは、詳細な事情は分からず私も内心穏やかではなかった。しかしすぐさま担当部長が部屋に入ってきて「市長、うちは大丈夫です。5年以上継続して市内で保育園を経営してきた社会福祉法人を民間譲渡の申請条件資格者としての応募選考手続を採用していますから」と興奮気味に言った。とにかく判決の写しを取り寄せてくれと私は注文したことを今も忘れることができない。

5　予算編成と行財政改革
　　──総額管理・枠配分方式へ

2003（平成15）年度一般会計予算案は前年度と同じく従来の拡大均衡型から一転、縮小減量型の予算であった。肝心の税収が企業の不振のみならずデフレ経済下で著しく落ち込んでいて、3月より始まる定例市議会での予算案審議でその減量型を私は格別心配してはいなかった。それよりも2003（平成15）年度一般会計予算案はその編成方法が従来と違っていたことを心配していた。

すなわち財政運営の当該年度基本方針に基づきあらかじめの概算要求基準（シーリング）を設定しての積み上げを予算査定部が厳しくチェックして積算しさらにその復活折衝でのわずかの額の特別枠でまかなうか否かの査定を経て出来上がった従来型の国、県と同タイプの予算案ではなかったのだ。従ってこの予算編成過程が従来型でなく、初めての試みで編み出された総額管理・枠配分の型の予算編成案であり、これが市議会で追及を受け、流産になることはないかとの心配が幹部職員にはあった。ではなぜそんな冒険をしたのか。収入減少はみんなが分かっているならば率直に従来型の減量型予算案を作り、これを議会に諮ればよいのではないか。こんな疑問が当然であろう。

予算編成の変更を行ったのは従来方式では編成できなくなったかららだ。必要な額は最低限（借入金を増やし、ぎりぎりの貯金もくずして）確保しようとの体勢から、あらかじめ予想できる収入見込額からどうしても必要なものを除外した

残りの額を各部局にそれぞれ割り振って予算を作る方式にしようとした。当たり前ではないか。家庭の予算でも一緒だと思うが国や自治体の予算はそうではない。必要額が各部署からあがってきてそれを査定して出来上った厳しい予算からさらに全体に必要額といわれるものにたとえば5％減額した額を充てて予算とし、これらを積み上げていくのがこれまでのやりかたである。事業の思い切った取捨選択はそこになく、従来の事業が常に優先される予算となってしまう。あたらしい方式は、あらかじめ、収入予測額を決めておいて、これを各部へ一定の基準に従って配分して各部で自主的に編成する形である。

つまりは、「量出制入。出ずるを量って、入るを制す。」すなわち事業に伴う歳出の必要額を算定し、それに必要な歳入を調達することは、これまでの財政運営の基本的な考え方となっているが、積み上げ方式による予算編成では、既存事業を基本に新規事業を積み上げて要求するかたちとなり、各課からの要求規模は年々増加していくことになる。これまでのように、財源が右肩上がりで伸びる状態においては、こうしたことも対応可能であるが、自主財源である市税が減収となり、財源調整の役目をする基金が底をつく状態では、財務課において、要求に切り込みを入れたくらいでは、収支の均衡を図ることがとうてい不可能になる。

そこで、今後、収支を均衡させるためにどのようにするのかということで、「量入制出」方式に切り換え、見込みうる歳入の範囲内で歳出を調整するという予算編成の手法をとる以外にない。これが財源配分方式による予算編成である。

この方式では以下の点が心配される。

誰がどんな枠配分率で行うのか、そして、あらかじめ除外されるどうしても必要な額は何か、またこれを決める合理的基準は何かあるのか、といった要素である。それが勝手気ままにやったときはどうなるのか。

この新方式による予算編成にあたって、老人医療保険等の増加や保育費等の福祉関係費で出費が回避できないものや、借入金のローン返済額にあたる公債費（特定配分経費）は予想収入からあらかじめ除外するものに決めて、その残りの額を、各部局に過去の実績額等を参考に割り振って配分をした。

しかしここでリトマス試験紙のような、一種の行政評価表の基準からはみ出さない中での編成をしなければならないというルールを作った。これは行政の事務事業は本来の目的（使命と言い換えてもよい）は何か、その達成段階も含めてを丹念に各部局で検討し、項目ごとに一覧にする。そして一方ではこの目的にかなった成果が毎年出されているのか成果の検証も同時に行い、これらの一覧を基準にして従うルールとした。

いま流行の行政評価システムの一種で、四日市市では業務棚卸行政評価方式と呼んでいる。この評価基準を厳守する中で、予算編成を各部局が配分された額の中で行うのである。この評価システムは過去3年間、人事評価や組織の見直し評価を積み重ねて一応仕上げてきたものであった。この業務棚卸表を予算編成に活用しての予算編成である。

もちろんこの基準は市民へも全面的に情報公開済みである。

この方式では借金の雪だるまは造りたくてもできない。しかし効果はそれだけではない。市役所の職員全員が予算編成に関わることになり、いわば全員が市町の経営者の感覚でやらねばならないこととなる。意識改革そのものが起きる。また、枠配分の総額管理は人件費もナベの中に入れないとうまくいかない。事業予算の要求はそれぞれの部が積み上げたものを出す。一方、人間の増員要求は別にまたそれぞれの部が各課より積み上げたものを総務部人事課に持ち寄る体制では、総額管理で新規事業分なんて出てこない。各部課の予算見積もりと人件費という見積もり合算での書類の流れからは、新規事業の政策の優先順位なんて出てこない。

人件費を枠配分の中に入れるとなると、効率的な働きはどうあるべきか、自己管理的要素も出てくる。

バブル崩壊後は、どこでも懸命な努力で経営立て直しや組織の見直しがなされてきた。役所も遂にここまで来ているのだ。この方式は村や町の実例はあるも、市とりわけ人口10万以上の都市の予算編成ではその実例がなく、実施を前に不安があったが、最終責任者は私だとの発言でケリがついた。

しかし、この方式は四日市市が日本で最初だと聞くが、国家予算とか都道府県予算や大都市ではどうなっているのだろうか。景気を良くするとか、経済の立て直しのためには、この種の予算方式は採用されないのであろうか。考えさせられる問題であろう。

6 総額管理枠配分予算

枠配分総額管理予算編成方式は、こうして2002（平成14）年5月より庁内で本格的に検討の議論を重ねることとなり、同年10月にはその導入を市議会にも定例記者会見でも発表した。従来型の予算編成ではこれ以上やっていけないと判断したものであるが、一方では限りある予算財源をいかに有効に効率よく使えるのかの窮余の一策でもあった。夏の暑いさかり、関係職員は連日助役をチームリーダとしてガンガン議論を重ね、また工夫を凝らしさらに資料をあさる努力が実り、漸く導入方針の公表にまでこぎつけたのであった。前年度の予算見積もりを厳密に検証して一方ではその決算資料

（決算議会提出前の）の比較検討をして、さらに次年度の収入見込みを抑制気味に試算する一方で、歳出予定では継続事業で優先順位の高い順より抽出し、これに関する予算割当額を準別枠として除外してさらに新規事業予定のものは二次特別枠に入れるか否かで同様の厳しい作業にて次年度採用分の引当額を別枠に入れ込んで、これを抽出別枠として残り全体をあらかじめ定めた比率で各部へ割り振る枠配分とした。そして最少人員で最大効果をあげるべく、各部の要求人員に見合う人件費相当額もこの枠配分の中へ加えたのである。そして与えられた枠内では基本的に各部の自主編成とするシステムであった。人件費まで含める方針には当初抵抗がなかったかといえばそうではなく相当に激しい論争があった。しかし、最後の責任は市長の私にあると明言して決まった。各部より元気いっぱいの若手職員（課長級）の各1名が政策推進監という職名を兼務して、その全体会議も連日のごとく開催する一方で2年前より総務部行財政改革推進室の下で業務棚卸研究グループを立ち上げて、静岡県立大学の先生をアドバイザーとして招き、民間企業の棚卸システムを役所の事務事業の点検チェックに借用できないかの観点より積み上げた実績（業務棚卸表と呼んでいたが）をも応用して、この四日市方式の総額管理での枠配分予算システムをいまだ完璧なものではなかったにしても作り上げることができた。悪戦苦闘の末の作品といえるが一方で追い詰められた地方自治体の職員の燃える闘志と冷静な知力の結晶ともいえて、私にしてみれば久

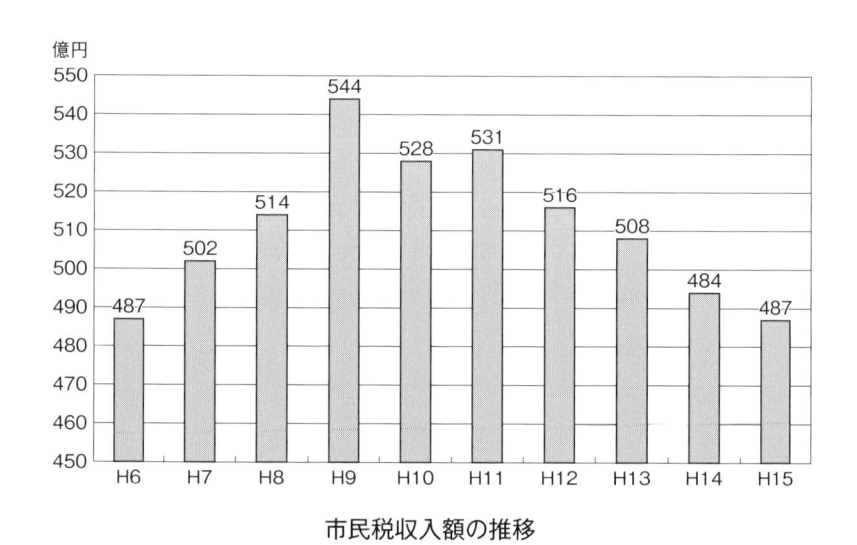

市民税収入額の推移

年度	金額（億円）
H6	487
H7	502
H8	514
H9	544
H10	528
H11	531
H12	516
H13	508
H14	484
H15	487

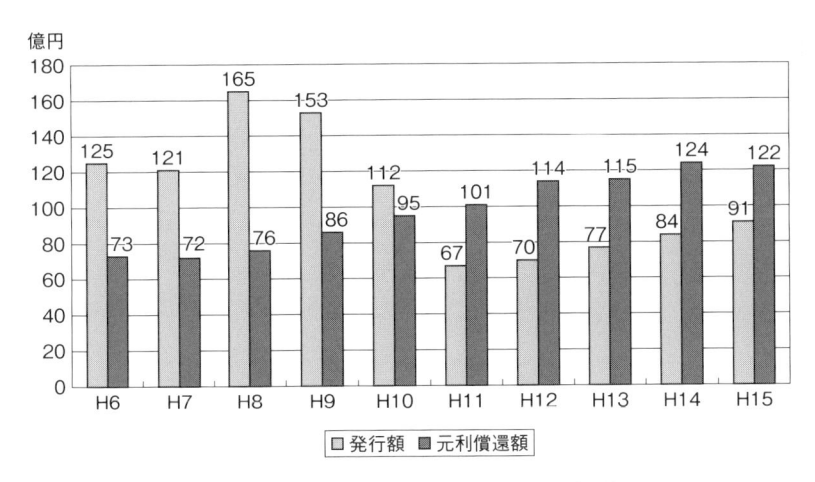

一般会計市債発行額・元利償還金の推移

年度	発行額	元利償還額
H6	125	73
H7	121	72
H8	165	76
H9	153	86
H10	112	95
H11	67	101
H12	70	114
H13	77	115
H14	84	124
H15	91	122

しぶりに味わう緊張感の毎日であった。政策論争もその内容の徹底的論議から優先順位にからむ各部の駆け引きも混じり、一方では休職がちの職員への思いやりの発言もその直後には戦力にならないのではといった議論も入って、まさに予算編成会議が主役を占めてきた。当然ながら、単年度型予算編成の致命的な欠点の指摘も幾度となく会議で現れてきた。こうして2003（平成15）年度一般会計予算が編成され、市議会での論議に臨むことになった。予想もしない方向からの質問も飛び出し、まさに喧々諤々であった。しかし、方式の良し悪しより内容の良し悪しで、それこそこれが終局の判断であると突っぱねることもあった。そして3月市議会定例会が無事終わるや、直ちに長期というか複数年予算編成論議がまたも若手職員から沸き起こってきた。

そして意外にも財政と政策と行革の各担当職員は所属の組織が別々ではなくて同じ一つの組織の長のもとで仕事をすべきと機構改革論まで飛び出してきた。2003（平成15）年度予算編成の反省、改良の検討会議が思わぬところへ展開し始めたのだ。

7　第1次戦略プラン

行政は、「何のために誰のためにやるのか」という問いかけから「いつまでに何を達成するのか」という目標を明確に示すことが必要で、これまでの管理型行政運営を脱してビジョンをかざし集中と選択により経営として運営する。そのために長期財政展望のもとで継続的な行革による成果を順次取り込んで財政難の中で掲げたビジョンの達成を図らなければ

ケチケチ市長と呼ばれて～市民と進めた財政健全化～

ならない。こんな書生ぽい論議の積みあげが2004（平成16）年～2006（平成18）年までの3ヵ年の「行政経営戦略プラン」の策定に達した。そしてこの3年間の戦略プランに沿って総額管理枠配予算の編成にいっそう磨きをかけることになった。実は2001（平成13）年度より2005（平成17）年までの5年間は、土地開発公社より塩漬土地の買い上げが150億円予定をされ、かつ普通地方交付税交付団体に1999（平成11）年、実に17年ぶりになり、それ以降、基礎的財政収支の黒字を堅持（プライマリバランスの黒字）の中で、どのようなやりくりができるのか。まさに財政破綻を目前に必死の挽回策が職員の力で築きあげられてきたのだ。これは地元銀行がお客様への案内板と称し銀行業務とその商品の宣伝を紹介していた小奇麗で読みやすくまとめられた小冊子（縦・横20cm、20cmページカラー刷り）を早速まねて、市も四日市市第1次行政経営戦略プラン（平成16年度～18年度）の冊子を作り市民の目の届くところに配布した。（これは第2次同プラン（平成19年度～21年度）の冊子も同様であるが）市は政策プランと財政プランとそして行革プランを一体として作り上げ、これら3つの紐をよりをかけて絢って丈夫で太い縄を作る如く、市民生活の質を高め、自主自立の都市づくりを目指しますと高らかに宣言をした。もちろん春に始まる政策チェックそして夏に行う事務事業の棚卸チェックそして秋に入って配分される枠内での予算編成作業を各部は財政経営の職員よりの激しい叱咤激励の議論の中で作成して、総額管理の枠配分内で次年度予算案を編成していった。

こうして2005（平成17）年度には従来の政策課を持つ市長公室と財政部そして総務部に所属していた行革推進室が経営企画部に統合され、その中での政策課、財政経営課、行政経営課となる組織機構改革が断行された。このとき下水道部も水道局と統合を果たして上下水道局となり、また平成15年度に都市計画部と建設部も統合されていたこともあり、ここに機構改革は整ったといえる。

こうして、役所内組織も戦略に富む経営体の様相を強く帯びていくことになった。まさに「質の行財政改革の実現」への一歩である。そしてそれは役所スリム

化への大きな前進の一歩でもあった。

8　競輪事業の見直し

　公営競技の一つである競輪事業は、全国47施行場の一つに四日市市も名を連ねて、1952（昭和27）年より今日まで開催を続けている。しかし、近年公営競技は競輪事業に限らずすべての競技で衰退傾向にあり、とりわけ地方自治体の営む事業はそのほとんどが不振を極めている。四日市市の競輪事業もその売り上げが、1991（平成3）年をピークに下降をたどり1999（平成11）年度以降毎年赤字を続けてきた。そこで、市は2006（平成18）年度に入ってその見直し検討を図る計画であった。まず、検討委員会を立ち上げて答申を求め、これをもとに存続か廃止か存続のときはどのような見直しをすべきかにつき、決断を迫られるとの情勢判断からであった。ところが2004（平成16）年度の実績が予想に反して著しく不良との見込みが判明し、急遽、見直しの検討を早めざるを得なくなって、2005（平成17）年2月28日私は四日市競輪の今後のあり方検討委員会を立ち上げた。これは待望久しかったビッグイベントのふるさと競輪を実現したにもかかわらず、赤字という思いもかけない事態に直面したからであった。いつものごとく、大学教授をはじめ公認会計士や弁護士、さらには地元スポーツ団体の代表者や青少年問題の代表そしてその他市民代表からなる委員構成であった。2006（平成18）年7月13日その最終報告書が委員長より提出された。ここでも、その構造的体質（即ち公営競技システムが国の強い統制で従来の時代感覚のままで、改善見込みがまったくないこと）にまで言及され、また近時廃止が全国の自治体で続いていることも指摘された。答申内容は珍しく存続（条件付）か廃止の両論併記の報告書であった。どちらを採るかは市の判断との意見である。ところがこの報告がなされる前年の2005（平成17）年10月3日、四日市労働基準監督局より労働基準法違反の疑いから市への事情聴取の通告がなされた。思わぬところからの呼び出しであった。聞けば、市のけいりん事業課が雇用している臨時職員への休業補償の未払いの案件と言う。さっぱり分からない内容である。結局以下の事情が判明するところとなった。競輪競技開催日は、1回の開催6日間、年12回開催で合計72日の出勤を定める臨時職（全員といってよいほど、女性）の職員（従事員と呼ぶ）につき、長引く不況から入場者数も減少し、収支赤字が続くことから2003（平成15）年度第11回開催（2004（平成16）年2月18日スタート日）以降、1回の開催につき5日間の勤務体制を実施してきていた。これは電算化の推進から車券の販売や当たり券の払い戻しその他の事務の

効率化によって、従事員の作業持ち場を工夫・改善した結果、現有従事員数を維持する中での業務体制の変更でこの変更につき従事者の了解をとってのことであった（従事員親睦組織の代表者と協議）。ところが、前述のごとく見直し検討委員会の立ち上げが繰り上げられ、本格的検討が2005（平成17）年2月27日に始まったことから、同年3月には従事員労働組合が結成された。そして2004（平成16）年2月18日から2005（平成17）年8月9日までの競輪開催日のうち、指定して休業させた日数分、その労働者の平均賃金の60％相当の手当金を支払えとの是正勧告が2005（平成17）年10月14日私宛に出された。これは出勤体制の変更に基づく書類の訂正を怠っていた市職員の怠慢をとがめられたもので、反論も通らなかった。ところが、この是正勧告を契機に市議会の産業生活常任委員会でまたも審議され、今度は従事員の離職餞別金支払慣行が議論を呼ぶこととなった。臨時職員の身分から地方自治法上は退職金の支出は違法となる（地方自治法203条及び204条の規定より）。しかし、かつて好収益を上げていた時代に処遇改善により人集めが良好となったことから他の地方自治体のところもその多くは離職退職金を支払い、また年次有給休暇制も導入し、しかし一方では近時少数の自治体でこの慣行を廃止していた状況にあった。四日市市では一時この慣行を廃止せんとするも従事員の了解が得られず、そのまま残されてきていた。こうして法違反をどう捉えるのかと市議からは迫られ、一方であり方検討委員会の報告（両論併記）に関し、存続か廃止かで激しい議論の中に立たされてしまった。とりあえず平成19（2009）年度は存続すると決めて、監督署からの是正勧告の履行を済ませると、私は今後、税の投入はしない条件での存続をひとまず決断した。つまり報告書にも提言されていたが、税金の投入が予測される状況時には直ちに競輪事業から撤退すべく第三者機関に競輪事業のチェックを毎年実施するよう、その検証委員会を設置するとともに、この際に法律改正により可能となった競輪事業の主要事務につき包括委託を民間にすることを決めた。こうして離職餞別金相当の金員の支出につき市議会の承認議決を得て支払い、2008（平成20）年度以降、従事員の雇用関係を解消し、今日に至っている。この事業見直しに関しても、従事員組合のみならず関係業者より廃止反対の陳情を受けるも、見直しを敢行して今ではナイター競輪を重視して収支赤字を回避できればと思っている。ところで私にしてみれば、12年前に市長に当選（あの大逆転の選挙で）した直後に、市内大手企業経営幹部役員から、こんな言葉を呈されたことを今も忘れることができない。

「市長さん、貴方はいつも地元企業を

守り育てることこそ市政の最重要課題の一つと言われる。しかしやっていることは正反対で私たちを苦しめているではないか。」

「いや何のことですか」

「四日市競輪の従事員さんの給与、処遇がよすぎて、私たちの会社のパート従業員確保に大変苦しんでいる。競輪開催日になると予定しているパートさんがごっそり欠勤される。その理由を調べると向こう即ち四日市けいりん場に行っているではないか。結局毎年競輪開催日は大量のパートのパートを探して確保せねばならない。何とか改めてくださいよ。」

12年目にしてやっと果たせた改革でした。220人から時には240人に達する従事員の削減は電算化の推進でも実現できないのが実情とは自己の非力を詫びるのみである。

9　市役所組織にメスが入る

　逆転発想の総額管理枠配分予算編成はこれまでの市役所職員の意識そしてこれまでの市役所組織体系にいわば内科的改善ではなく外科的根本的治療のメスを入れることとなった。ケチケチ作戦による倹約努力にはそれはそれなりに財政健全化へ貢献することを否定しない。しかし、行政の各部がかかえる悩み、とりわけ減収を前に事務事業の展開に立ちはだかる大きな壁を前にして、自分たちの立っている基盤さえも見直す、自分たちが進めてきた事業そのものを原点から見直すことを求められたのであった。こうした視点は何も役所の総務部や財政部に限らず、道路整備に奮闘する建設部や汚水処理へコツコツと地をはう如くインフラ整備に汗をかいてきた下水道部にも浸透していった。新しく道路を作っていく作業はアリの歩みの如くその進展はのろい。交通渋滞の状態の解消は声こそ大きく叫ばなけばれるもその解消は難題である。日ごとに増加する自動車それも産業用のトラック等も入り混じっての交通量はとめることは不可能である。そこからせめて交差点の渋滞を少しでも解消できないのかという観点から交差点改良に全力を傾けることとなる。急にここにきて急いでやろうとするのかを諄々と説いて地権者を説得し、また事業の選択と集中をどう市議会で説得するか、さらに各地区からの土木要望会の中心が道路整備であってみれば彼らをどう説き伏せるのか、この高いハードルを越えるため、工事屋と呼ばれる職員も業務棚卸表つくりにはげむこととなる。次々と市内交差点の改良工事を始めることとなった。渋滞解消のための交差点改良事業も早いもので2年、長引けば4～5年の期間をかけて、市道に8箇所をそしてその間に0.5～1.5kmの新道や拡幅建設に精を出し12箇所を完了していく間に、市内渋滞最難所で名高い国道・県道・市道の5差

路交差の金場（かねば）交差点改良事業にまで手を伸ばし遂にその完成をみることとなった。この間残業の抑制と人員削減を実行しながら、役所の機構改革で都市計画部と建設部が都市整備部に統合され、一方では傘下の外郭団体も統合していくこととなった。一方、教育委員会の所管である学校建設とりわけ校舎の改築に関しても、昭和30年～昭和40年代に建てられた校舎の改築急増期に入り、遅々として進まない建て替えに対し厳しい非難を市議会より浴びる中で、迫りくる巨大地震への対応は待ったなしの状況である。こうして、耐震補強工事の前提となる耐震強度調査を先行させ、補強工事を可能な限り先行させる。そして一方ではPFI（プライベートファイナンシャルイニシアティブ）方式による建設手法を検討し改築が避けられない市内小中学校の4校まとめての改築を断行する事業の集中と選択を実施していくこととなった。補強工事は順調に進み体育館や市施設にまで及び遂には市役所本庁舎ビルの免振工事も完了し、市は公の施設の耐震（免振）工事率はほぼ100％に近い施行実績となった。いたずらに新築や改築に走らずに、少ない財源の効果的な使い方が財政の窮状の中から生まれるということとなった。そして気がつけば、マスコミが中国・四川省の地震による校舎倒壊と児童の死亡を前に、日本の学校の校舎の耐震性をにわかに取り上げ、その耐震工事の施工率の低さを大きく報道する事態となった。お先に当市は失礼しましたといいたい。これもわが職員の誇れる成果である。

10　下水道事業と上下水道局統合

真のマネージメントが市役所の各組織に現れ、成長していく流れは下水道事業にも大きく現れることとなった。多くの問題を抱え、下水道普及率も各家庭や事業所に現実下水管が接続されての実績は一向に伸びず、幹線の下水導管のみがその布設実績として延びているという悩みの中で、経営体として100％に近く整備され自立している水道局と比較されると、その起債による巨額の負債がいつも市議会決算委員会でたたかれるのが日常のことであった。浸水対策事業と公共下水道対策事業の両方で立ち遅れを解消せんと努力した結果が、双方500億円の起

市役所

債残高を残しておりますと答えると、市議から「しかし、普及率は60％台を脱していないではないか」と追求される。執務場所も下水道部職員は本庁舎に構えて、水道局とは離れている。合計1000億円の起債残高はやけに目に付く数字である。一方その事業費は毎年巨額であり、導水管布設工事のみならずポンプ場建設の巨費事業が順番待ちの状態である。こうして下水道部が水道局と統合、一体となる計画は、賛否両論の間に険しい雰囲気も漂っていた。市職員内部での反目である。しかし、予算編成の緊張感は一般会計予算と特別会計予算ともいえる企業会計予算の壁を乗り越えてしまった。人件費の問題をはじめ、厳しいチェックの目があったのだ。

農村地帯で農林水産省所管の集落排水事業を補助金行政の下で市も採用して市内最西部地域で順次導入実施し、また環境庁所管の小規模集落での汚水処理事業のコミニティ・プラント事業と呼ばれる汚水処理事業も市の中西部地域で実施してきた。しかし、これらは民家が点在する集落で水田や畑の連なる地区であってみれば、受益と負担のバランスもかなわず、効率行政への棚卸表の数値は一目瞭然、結果は姿を消すこととなり、急増する合併処理浄化槽への助成が進む中で、遂に2005（平成17）年4月、上下水道局となって、下水道部はその中に統合された。大型機構改革の波に飲み込まれたともいえようか。

この統合は、結果として、2008（平成20）年～翌2009（平成21）年にかけて高利回りの起債残高の借り換え（償還）による財政改革を呼び込み、人員も271人から210人への職員減（その間、隣接町合併による増員もありながら）という行革効果をもたらした。もっとも、幹線導水管より住宅、事業所への接続管未了以前の問題であるヤミ接続という一大不祥事をも明るみになるという結果も生んだが。そして依然といて巨額負債の解消のため毎年一般会計よりの繰り出し金額も大きく市の財政運営に影を落としている。これらの課題は後述する。

11　ラスパイレスと職員給与

私が市長に就任して以来、退任までの12年間はデフレ経済の時代で、バブル崩壊後の失われた10年という期間を引き継いできた時代であり、職員の給与も下降こそすれ上昇はなかったといってよい。その間、正規職員の削減から種々の特殊勤務手当の見直しによる廃止や削減さらに残業時間の圧縮も強烈で、職員にとって私は黒船来るという事態であったといえる。人事院勧告もその甘い内容に対して、しぶしぶと従うという私の対応に彼らの内心は決して穏やかではなかったであろう。市職労の私の方針への徹底的抗戦も無理はないとその多くは思って

ケチケチ市長と呼ばれて～市民と進めた財政健全化～

いたかもしれない。しかし、それでもなお、私は給与カットの断行を考え、そのときを待っていた。2004（平成16）年夏に恒例の国家公務員、地方公務員の給与比較の指数が発表され、依然として四日市市のそれは高止まりのため、順位も全国ワーストテンに近く高いところに位置するものであった。市はこれまで自分のところと同格都市と勝手に選んでその基準数値があったのだ。そして秋に入り冬になると人事課の職員から2005（平成17）年度は市の給与がラスパイレス（国家公務員の標準基準値100としてそれとの比較指数）をまだ大きく上回り高いとの心配があると聞かされた。それは、総務省から指摘を受けた地方自治体の中には給与改定に手をつけて四日市市より低位に滑り込むところが多く現われることから本年度は相当上位で発表される懸念があると言って来た。そこで私は遂に時至りと、すぐさま給与の3％カット交渉に本格的に入るように指示を出した。今こそ不退転の交渉と声を荒げた。

遂に公表された2005（平成17）年の給与表で四日市市は102.8のラスパイレス値で、これは全国2位と出たのだ。こうして、にわかに市職労との給与交渉も白熱化し、たまたま同年2月に隣町との編入合併により、市職労と異なる別の市職員労働組合が結成された。彼らは良識派の団体と声を大にしていた（ただし、加入職員は少なかった）こともあって、財政窮状化の中で、向こう3年間一律3％カットを断行すると通告し、その交

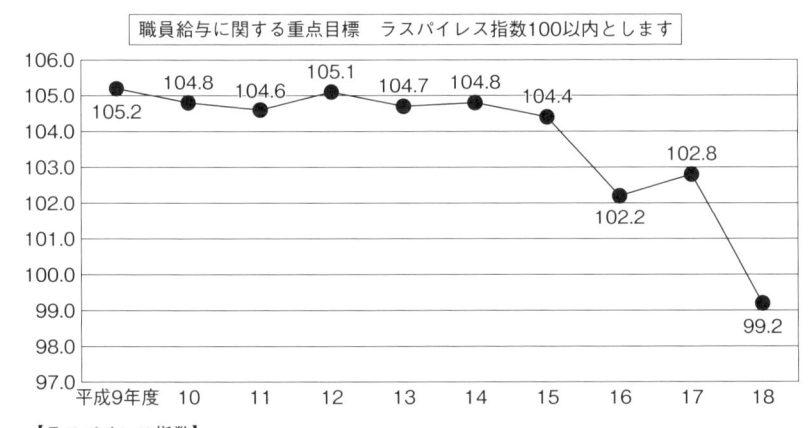

【ラスパイレス指数】
地方公共団体の一般行政職の給料額と国の行政職俸給表（一）の適用職員の俸給額とを、学歴別、経験年数別にラスパイレス方式により対比させて比較し算出したもので、国を100としたもの。

ラスパイレス指数の推移

平成9年度	105.2
10	104.8
11	104.6
12	105.1
13	104.7
14	104.8
15	104.4
16	102.2
17	102.8
18	99.2

職員給与に関する重点目標　ラスパイレス指数100以内とします

渉の妥結を求めていた。結果、紆余曲折はあったが向こう２年間つまり平成18～19年の２年間、3％カット条例が市議会で議決を得た。給与表が一表制を変えることができずやむをえない措置と説明するほかなかった。

　小泉内閣の構造改革の波に乗ったからといわれるかもしれない。しかし私にしてみれば、必死の想いであった。そしてその結果市職員給与も初めてラスパレス指数で100を割って99台に入った。これは後に平成20年～21年にかけての上下水道局のかかえる高利子政府借り入れ分（年5～7％）の償還、借り換えが認められる根拠となって、その財政改革を大きく進めることができた契機となった。これは市民利益を最も重視する私の市政運営での成果と自画自賛している。もちろんこのとき私は他の助役、収入役とともに自身の減給条例改正案を上程しその議決を得た。

12　市立病院経営にも予算編成の波は押し寄せる

　市長に就任して初めて市立病院の経営に関与するところとなった私にとって、その驚きは大きかった。財務状況の説明を受け、やおら私は大幅な赤字となっている、これをどのように改善するのか聞きたいと口を開いた。返ってきた返事がこれは「よい赤字です。これからも努力していきますが」であった。よい赤字とは聞いてあきれると思った。自治体経営の公立病院ではそのほとんどが赤字経営である。一方四日市市立病院では赤字の少ない順位の高い病院ですといいたかったのであろう。市民の評判もまずまずで職員のモチベーションも良好だと。「もうよい。もうよい。」と私は言ってしまった。弁解は聞きたくない気持ちで怒りを抑えるのに一生懸命であったのだ。これが総額管理・枠配分予算編成で変わっていった。ここで付言すると市立病院への住民の関心は当然ながら極めて高い。市内には県立の総合病院が南部丘陵地に、社会保険庁の羽津病院が市内北部にそれぞれあって、夜間、土日曜日の救急指定病院にこの３つの病院と市の医師会が運営する応急診療所がある。したがって市議会でも市立病院の経営状態や運営に関する市議の質問も実に多く毎回の定例市議会には病院長も出席、答弁を求められることがしばしばである。

　しかし、よい赤字の質問はとんとない。もっと市の補助率を高めよ。そして最新の医療機器を購入せよと迫られる。こうした中で私は赤字脱出を病院長をはじめ病院各部職員と財政部の職員をまじえ議論を重ねることになった。病院長と市議会対市長・財政部職員の構図の中で、事務長として派遣されている職員が挟み撃ちになっている。こんな話も伝わってきた。私の熱心な応援者がたまた

ま入院して看護婦さんの世話を受けることになった。毎日血圧計での測定である日、上手に計測できず何度も繰り返した挙句、ケチな市長さんで新しいのが購入できなくてと口走ってしまった。何を言っているのか、市長は頑張っているのにと言い返されてしまったと。

まず救急センター棟を作ってほしい。電子カルテも導入したい。時代遅れとなった6人部屋を解消し個室を増やしたい。看護師の要員確保に看護系4年制大学がほしい。さまざまな要望事項が病院長をはじめ幹部職員よりでてきた。私はこれを頭から否定せず、かえってこれら実現に向けて努力しよう。そのためには病院の市よりの独立自立度を高めて自らの努力でこれら改善策を実現しようではないかと説いた。折しも予算編成も自立度の高い（しかし人件費も枠内ですよ）中で頑張ってくれ。それにはアドバイザーとして経営の専門家をいれてもよいと指示もした。こうして彼らは本気になった。2003（平成15）年、刷新された救急センターが完成し、市民への安全体制が大きく前進し、さらに2006（平成18）年市内の学校法人暁学園との公私協力型の四日市看護医療大学が実習を市立四日市病院とする下で、開校した。しかし、2006（平成18）年1月に市立病院薬局長が汚職事件で逮捕された。またも不祥事の発生であった。毎年末にちょっとした紛争が起きていた。納入薬代金の精算をめぐって製薬納入業者が司直の取り調べを受け、収賄事実が明るみに出た事件であった。これを機に私は医薬分業制の全面導入に踏み切った。

医療過誤事件が発生するとそれが判明に至るプロセスがすこぶる不透明でその結果マスコミに取り上げられるときには刺激的報道になり、市民の病院への不信感は大きくなる。この悪循環を断つには、一定規模以上の過誤事案が発生のときは自動的に公表するシステムを私は作り上げてきた。これも情報公開の流れの一環であり、また換言すれば危機管理体制の整備であると考えてのものである。そして経営改善努力も順当に実り、市民からも信頼度も高まって、次の改善目標に移行できると思っていた矢先の不祥事であり、薬局長は刑事訴追され懲戒解雇となった。ところで、医療過誤事案の発生の最大は薬剤投与の過誤事案であり、一方で地域の薬局が規制緩和の波にもまれて廃業が続いていた。将来の大災害が

四日市看護医療大学

万一起きたとき、市内にスーパーはあれど薬局が皆無となっては安全安心のまちづくりの面で問題だとつねづね考えていた私にとって医薬分業制は重大な関心を持たざるをえなかったのであった。しかし、病院幹部とこの問題を議論しても常に院内調剤システムが最適と私は突っぱねられてきていた。この不祥事の際にそれまでの13％の院外調剤率を80％にまで高めよと初めて専門外の私が指示を出した。この指示には市内の薬剤師会はもろ手をあげて賛成し、この体制への協力を全面的にしてくれた。こうして一挙に80％を大きく超える院外調剤体制つまり医薬分業が市立病院で実現された。しかし、いざふたをあけると病院の薬剤スタッフの減員はなかった。私は驚いて指摘すると、入院患者への薬剤指導の万全を図るため現有人員でも少ないのですとの返事であった。返す言葉はなかった。道は遠いのだ、行財政改革の道は国の改革しか道はないのだと嘆息するばかりであった。

13　広域行政へも見直しのメスは

市は隣接の桑名市と鈴鹿市の三市で昭和50年より市内南部の河原田地区に北勢地方卸売市場を設立し市が中核（設立管理者四日市市長）となって経営している。

この市場は、その北部地区人口は約65万人と広くしかも産業のみならず農業漁業も盛んな地域であり、その経営にかげりはないと信じられてきた。しかし、時代の波は流通経路の規制緩和等による激変や少子高齢化社会の波にさらに国の産業政策の影響をも受けて、このところ衰退気味である。青果、水産の売上も伸びず、三市の負担も次第に納税者の目が強くなって厳しい経営環境のもとにおかれてきた。こうした中で私も管理者となって副管理者以下22人の職員体制を次第に減員して、近時三つの市よりの派遣職員も12人前後の体制にまで人員削減を主に経費削減を図ってきた。しかし一方では食品の安全性や表示制度も厳しくなり、一方で輸入食料品の増加と消費者の意識の高まりからか、老朽化した施設の改良の必要も出てきた。こうしてそのあり方を検討するところとなって、四日市市が主導する形で民営化への移行の検討に入ることになった。卸売業者の統合と中卸その他関係業者との協議そして一部事務組合での三市の市議との論議を経て、2010（平成22）年4月業者主導の民間経営にすることが了解事項となった。その間に施設改良費に三市は巨額を投じて完了するとともに、これまであった民間の売買代金清算会社に3ヵ年の暫定経営と三市の協力支援体制をつくりあげた。こうして広域行政分野にも効率行政の波は押し寄せるところとなっ

た。2010（平成22）年4月民営化の予定はこれまで順調なプロセスを歩んでいる。

この波は当然ながらさらに広域での農業共済事業の民営化にも現れた。これは関連法の改正により、民営化された農業共済事業への国の助成は可能となるも、行政主導の経営でのそれには助成を打ち切る趣旨の法改正がなされたことも大きくひびいて民営化への後押しをした。地方自治体にとっては好ましい改革である。3市6町の広域行政の改革である。15人の職員による行政主導の農産物収穫へのリスクに対し損害補償組織（共済という保険システム）の世界もまた変革を避けて通れない時代で、地方分権の波の加速を伺い知ることができよう。しかし、日本の農政の活力の喪失の中でこの改革は最後の下駄をはくまで不安が残る。

食品安全と地方自治体の改革で言えば市には往時より畜産公社（正式には三重県四日市畜産公社という株式会社）を持っている。鮮度のよい、良質安価な豚肉牛肉の提供を市民へ供給する使命をもって営む、畜産公社もBSE問題が出て、施設改良に追われる一方で市の一般会計よりの繰出し支出と職員の派遣もまたその負担である。こうしたときに内臓処理・販売をめぐって従来の慣行の是正が叫ばれる中で新聞報道で不祥事と騒がれて漸くその透明化を実現することとなった。行政の有効性と効率性の波はその波及が止まることなく、今後も続くことであろう。

14　第三セクターの廃止や改組

北勢インフォメーションサービス株式会社を吸収合併（1998（平成10）年4月）した三重ソフトウエアセンター株式会社は三重県と四日市市とがそれぞれ13％と14％相当の株式保有の第三セクターであるが、IT時代も熟成期に入り民間会社林立の中で次第にその存在意義を失って顧客確保の目途が立たず、業務縮小をやむなくされて今日に至ってきていた。そこで代表権のある社長・会長の民間経営者と協議のうえ2007（平成19）年に廃業の清算手続をとることとなり、2008（平成20）年6月定例株主総会でその決議の賛成を経て、同年10月廃業に至り、その清算手続も終了した。建物は市が買い取ることになり、株主へは7割配当を維持でき、ひとまず私もほっとした。また、市の国際課のもとにあった国際交流協会、そしてレジャー施設協会を既に吸収合併を済ませていた霞ヶ浦振興公社さらに都市整備公社と市の文化会館運営を行っている四日市市文化振興財団の四つの財団法人を統合して四日市市まちづくり振興事業団という財団法人の統合を2008（平成20）年5月に果たし

第 5 章　行財政改革　ようやく着手

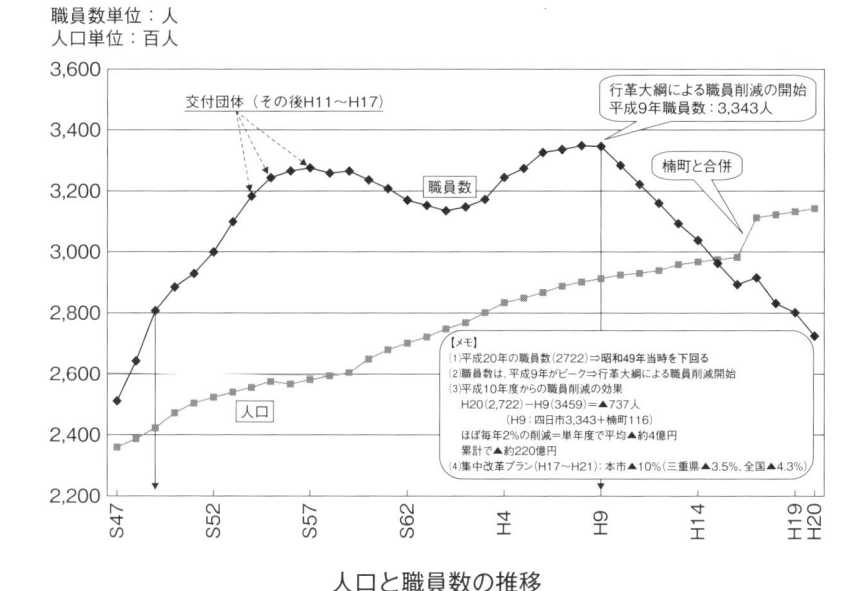

職員数単位：人
人口単位：百人

交付団体（その後H11～H17）

行革大綱による職員削減の開始
平成9年職員数：3,343人

職員数

楠町と合併

人口

[メモ]
(1)平成20年の職員数(2722)⇒昭和49年当時を下回る
(2)職員数は、平成9年がピーク⇒行革大綱による職員削減開始
(3)平成10年度からの職員削減の効果
　　H20(2,722)－H9(3459)＝▲737人
　　　　　(H9：四日市3,343＋楠町116)
　ほぼ毎年2％の削減＝単年度で平均▲約4億円
　　累計▲約220億円
(4)集中改革プラン(H17～H21)：本市▲10％(三重県▲3.5％、全国▲4.3％)

人口と職員数の推移

　た。これは地方自治法改正（平成18年）により公の施設の運営を民間法人に委ねることが可能となりこれをさらに推進すべきとなって、市も次々とその施設を民間法人に指定管理者制度推進要綱に沿って実施した流れの中で、市の文化会館さえもこの制度の流れの中に置くこととなり、前記四つの財団を統合しその事業団体の経営能力の改善、向上に資するべくいわば強化に乗り出したわけであった。
　この財団法人の統合には市議会の論議も呼ぶばかりか、内部でもその賛否をめぐり激論があった。しかし時代の流れに遅れをとってその結果にいったい誰が最後に責任を取れるのかという議論で実現されることとなった。しかし、こうした

北勢公役市場

流れの中にあって、終始、行財政改革大綱に早くから示され、方針もかざしながら遂に最後まで実現をみなかったのは、市地区市民センターの統合と市内橋北地区の小規模校化を強く受けた東と西の両小学校統合問題であった。前者の見送り

93

の原因は自治会役員と住民への説得に失敗したことに加えて市職労の抵抗にあったと思われる。さらに、地域マネージャー制導入の成果もでてこなかったことにある。後者の場合は、実現の可否の議論のみならず地域の活性化とか住民の総意といった教育と児童の育成とは別の課題との混在で、結局は地元住民の理解を得られず、これが壁となって実現を見送らざるをえない事態に至ったことは返す返すも残念であり今も悔を残すこととなった。

第6章　事業の選択と集中

　市の財政窮乏の中で厳しい財政運営を迫られている私も行政サービスの低下を招かないことが当然に求められているばかりか、一方では懸案の事業計画の早期実現によるまちづくりの進展もまた課せられている。いくら行財政改革を進めてみてもそれは何のためかと尋ねられれば、有効かつ必要なまちづくり事業への財源をより多く得んがためであり、捻出された財源の効率的活用こそ私に期待されている。そのマネージメント能力の発揮であってみれば、ケチ市長などという渾名は褒められた勲章ではない。冷やかな言葉と視線を浴びせられるだけである。市長就任以来、私は市民からの道路渋滞の苦情を毎日の如く寄せられて、この有効な財源の活用として市内道路の交差点改良工事に邁進し渋滞解消に努めてきた。さらに迫りくる巨大地震のおそれから安全安心というキーワードが必至となりつつある社会情勢の中で公共施設とりわけ小学校、中学校の校舎などで耐震補強工事の進捗を急いできた（当然ながら市内60校の校舎、体育館等の耐震調査を先行させて）がこれら一刻の猶予も許されないものであった。しかし交差点改良や耐震補強工事さえ努力していれ

ばそれですむかといえばそうでない。住民の満足度ははるか高く、活気ある元気な四日市のまちに早く戻してほしいと途方もない夢の実現を迫られる毎日である。失われた10年といわれるほどに、日本の経済は不況の真っただ中にあっても、住民の願いは変わらないのである。いやそれどころかかつて石油化学コンビナートのまちで栄え、また古くは商業都市として天然の良港である四日市港を擁して、昭和11（1936）年には国際博覧会も開催したことを今も自慢げに語る市民のなかにあっては活気あるまちづくりに間断なく努力するすなわち都市形成事業に全力で突き進む市長の姿を私に求められる。こうして1996（平成8）年末、第15代市長に就任した私の眼前には二つの大きなプロジェクト事業の推進が立ちはだかってきた。一つはJR四日市駅周辺地区活性化事業であり、さらに一つは市内北西部のごみ焼却場の日量150t処理能力を誇る計三基の焼却炉取り替え（隣地山林買収による工場の移築）工事事業であった。これは前者が総額実に762億円の事業費の工事であり後者は見積予測で約350億円の巨額事業であった。

1　事業の選択と集中
（その1：凍結）

戦後いち早く市の中心市街地となったJR四日市駅周辺地区は近畿日本鉄道名古屋線がJR線（関西本線）とこの四日市駅で交差していた。しかし、昭和31（1956）年分離して近鉄諏訪駅を移築のうえ新しく作られた近鉄四日市駅はJRの駅より西へ約1kmの新天地に移動し、さらに昭和48（1973）年には近鉄四日市駅の高架化事業を終えて、名古屋線でのS字カーブの解消とレールの広軌道化を敢行したことにより大幅なスピードアップを図り名古屋線の大量輸送の実現から四日市市の中心市街地はいつの間にかJR四日市駅周辺地区から近鉄四日市駅周辺地区に移っていった。こうして衰退著しいJR四日市駅周辺地区の活性化が市の懸案事項となり、昭和62（1987）年9月住民や市商工会議所等の熱い視線の中でその活性化事業の検討が求めら

JR四日市駅

れ、三重県、四日市市そして鉄道事業者（国鉄からJRとなったことから旅客のJR東海と貨物のJR貨物）2社の間で具体化に至ったものである。1994（平成6）年11月には三重県とJR東海の間でその立体交差事業化（いわゆる高架化）に関して覚書まで交わされ、①貨物駅の移転（貨物ヤード移転を含む）②鉄道路線の高架化（連続立体交差事業）③国道23号線道路の重層化そして④駅周辺地区土地区画整理事業の4つの事業内容が確定することとなった。そしてまず新貨物駅移転事業が先行するとして1996（平成8）年7月には市内北部霞ヶ浦緑地西隣に位置する羽津古新田の水田の買収に市土地開発公社が市の委託を受けて着手することとなった。地権者との間で買収価格の協議がついたところから順次買収が進められていった。まさに市民が待ちに待った大規模事業着手がなされ、マスメディア報道もあり、いよいよ旧市街地再開発事業が始まりその本格化も待ち遠しいと市民の期待が集まる中で、1996（平成8）年末に私が20年ぶりの市長選挙で大逆転劇の末当選を果たして市長に就任したのであった。この土地買収は2000（平成12）年までに当初予定地の約55％に当たる計42,071m^2（その費用は利息や経費も含めて総額28億6千万余り）となった。折しも市財政は窮乏しつつあり、私が買収事業へのブレーキをかけたこともあり、加えて新貨物

への通路線が旅客線との共用を前提とするとそれまでの列車ダイヤの変更（減少）が避けられないことが判明したからであった。JR二社の協議を経るもその解決策が得られないことが事業の進行をさらに遅らせていた。こうしてこの事業は着手されながら事業全体の再検討が関係者の間でなされる中で、2001（平成13）年6月の定例市議会で私は連続立体交差事業（前記②をさす）の着工整備についての国への採択申請を見送る旨の苦しい答弁をした。そして翌年に入ると全体の事業そのものを一時休止する旨表明し、「市は財政難からJR四日市駅周辺地区活性化事業を凍結」と新聞で報道されるに至った。事業推進への弱腰の姿勢と市議会からは激しい非難を浴びる中で、市の財政負担額241億円の捻出に私は苦慮するばかりか、新貨物駅移転についてはJR二社ばかりか、その荷主を含む関係機関の間に円滑な意思疎通を早期に得ることも現時点で困難と苦しい見解を表明するばかりであった。その後の事業の再検討の結果、この事業内容は以下の内容と判明するに至った。

　①JR四日市貨物駅移転事業（市内三滝川から千歳小生線道路間の延長2kmの鉄道高架化）
　②JR四日市貨物駅移転事業（新駅用地約7haと三重橋垂坂線道路その他関連施設用地約3ha）
　③JR四日市駅周辺地区区画整理事業（計画面積13.9ha、おもな都市施設として四日市中央線道路の延伸と駅前広場）
　④都市拠点施設整備事業（街区面積約2ha、おもな都市施設として多目的広場（人工地盤想定）で生活文化交流拠点機能を持つもの）

事業全体の一時休止を市議会でも諮り、また事業主体が三重県であったことより、その了解も得て、ひとまず安堵するも束の間、2004（平成16）年に入って再び大きな難題がこの休止事業にふりかかってきた。それはすでに買収を終えていた用地（現況、耕作放棄地）であった。2001（平成13）年度より前述したが市土地開発公社の第一次健全化策で2005（平成17）年度までに総額150億円を超える市の買い戻し事業を進め、この最終年度には羽津古新田の本事業用地を買い戻さねばならない事情にあったからである。市議会では、もともとこのJR関連の都市再開発事業について私のとった一時休止措置は本心から納得していたものでなく、財政難から無い袖は振れぬとの私の方針にはその反発を抑えたに過ぎない。ここにきて再び反発の芽がはえ出したのか、一時休止を解除しない限り、買収用地の土地公社から市への買い戻しを認められないとの声が上がった。私にしてみれば、土地公社のいわゆる塩漬け土地のうち、市よりの買収委託を受けての保有土地はこの際に買い戻し

て土地公社の健全化を進めねばならなかった。まして今回の第一次健全化の方針決定は三重県を経由して国の認可を得てのもので、ここで挫折させるわけにはいかなかった。しかも健全化の指定の条件では、買い戻し土地で未利用地は10年以内に活用しなければならない。この難関を具体的な利用策（港湾関連用地）を示すと共に、事業の一時休止の解除表明を私は決断した。苦しい答弁であったが、議会はこれをあっさり了解した。こうして42,071m^{2}の買収用地の買い戻しを2005（平成17）年度に終了した。用地の活用は10年の期間があれば道路敷用地を含め打開の道はきっとあると思ったが今もその考えに変わりはない。

2　事業の選択と集中（その２：大変更）

ごみ焼却場をめぐってはその排出有毒ガスとりわけダイオキシン問題がにわかにクローズアップされる中で四日市市も市内北西部にある清掃工場の焼却炉の改築問題を抱えてきていた。既に築炉20年を経過している第1号炉の機能も毎年劣化により低減して早晩新しい炉に作り替えねばとの庁内決定がなされていた。私の市長就任前にこの改築計画は既に作られていたのだ。処理能力は一基当たり日量150tのものが計三基保有し、その劣化の中で一基ずつ休炉させながらいわばフル操業であった。一方ではこの工場に搬入される焼却ごみは生活レベルの向上もあってか毎年増加し続け、1996（平成8）年には9万4,000t余、翌1997（平成9）年には10万tを超えていた。一方焼却できず埋め立て処理のごみは市内南部事業所に持ち込まれ、その量は1996（平成8）年5万2,892t、1997（平成9）年5万3,132tとこちらも増加していた。早晩埋立処分場もその処理能力（余力）を超える見通しで、他に処理場を考えなければならなくなっていた。こんな情勢の中で焼却工場の建て替え計画は、隣接する南側の山林を買収して敷地を確保の上で新しい3基の焼却炉を築造する計画でその総額は見込額350億円であった。市長に就任してほどなくしてまず担当職員からそろそろ用地取得と築炉準備のために地元自治会との事前了解交渉さらに地権者との売買契約に先立つ協議の場を作らないといけない旨の説明を受けたことは言うまでもない。

ゴミ焼却場

第6章　事業の選択と集中

ところが三重県よりまったく別の話が持ち込まれてきた。ごみ固形燃料（RDF）発電施設の建設計画への参加の話である。県は既にRDFの焼却と発電施設による電力エネルギーの獲得という一石二鳥のごみ処理方式を取るべく立案、準備中で四日市市といういわば大口需要先を確保せんと就任直後の私に誘いをかけてきたのであった。従来のごみ焼却による処理に比べてコストも弊害も少なくその上電力まで得られるとまさにおいしい話のようである。財政難にあえぐ私にとっては耳よりの話のように思われた。きけば、環境庁の指導によりダイオキシン規制にも大丈夫順応できるという。真面目に検討しようと担当職員を呼ぶと彼らは私の所に渋々やってきた。「市長うちは既にこの話について検討しました。そしてその結果採用しない旨回答しました」との説明であった。どうしてか、その理由を聞きたいと、すると新方式の安全操業それにコスト縮減さらにダイオキシン対策はいずれも、にわかに承服しがたいという。それにすでに決めている改築計画をこの段階で変えるわけにはいかないという。私は十分な納得を得られず、このために思い悩む毎日となった。三重県からは矢のような催促が来る。茨城県鹿島市、石川県志賀町や福岡県大牟田市も検討中のようだとの情報もあり、新時代のごみ焼却処理方式の寵児になるかもと説明される。私のところ

のストカー方式は昔からの安定操業でこれを踏襲するいわば安全策も350億円の巨額支出と地元の了解と土地買収のハードルが難関に思えてならない。こうしたとき、正直にいえば私の持っていた不十分、不正確な知識と経験とはいえ、サラリーマン時代の経験が直観的に私を前に押した。現在の炉を作り替えるのではなく、今の炉壁の新規取り換えと集塵装置の改良などによる飛灰等回収でそのまま少なくとも向こう10年間稼働させられないかという案であった。これが可能ならば、少ない費用捻出でこの急場を乗り切ることができると。早速、専門家の検討、調査をあおぐこととなり、事態は意外な展開を見せることとなった。特殊鋼製造会社の工場勤務を新入社員としてわずか1年半勤務した私であったが、製鋼現場での工程管理係員の経験から素人ながら高温燃焼の窯の中は超高質耐熱煉瓦で覆われて幾種類もの特殊合金（鋼材）を鋳造するものであり、ダイオキシンの根源は飛灰に最も多く含まれるということから、窯炉耐壁改修と集塵装置の改良型が装着されれば、現在の炉をそのまま使用できるのではないかと考えた。そこで、専門家による技術鑑定を経て、この考えが採用されることになり、環境庁からも異論も出ず補助金の交付も可能となった。早速従来の築炉計画を延期、先送りして、1998（平成10）年より同14（2002）年3月までの4カ年の改修工

事計画が策定され、ただちに実行に移された。その見積額も350億円でなく、総額60億円弱おまけに国庫補助もその40％超が認められた。これはしめたものと私は内心思い、これならば向こう10年間の延命も保証、さらに費用対効果の面でも市議会の了解も得られると確信した。ただし4年間の改修工事期間のあいだ、常時1基ないし2基の炉の操業を部分的若しくは全面的に休炉させての操業休止が必須条件となる。この難題を果たして解決できるかが次の課題となった。

3　ごみ減量大作戦

　ごみ焼却炉の現有施設の大改修工事を円滑に実行するためには必須の条件、それは市民が排出する生活ごみのうち焼却ごみの大減量である。これが失敗すればこの改修策は途中で頓挫するかもしれない。失敗の許されない大作戦の実行であった。やるしかないといさんで担当職員は知恵と工夫の出しどころとなった。まず広報の徹底である。そして民間業者が焼却工場へ搬入する際の受入手数料の値上げである。聞けば隣接市町のそれよりもこれまで四日市市ははるかに安いようであった。これが増大傾向に拍車をかけているのかもしれない。こうして改修工事が避けられないことおよび市民へのごみ排出の減量それも大幅な減量を求めることそして業者への手数料値上げの通告となった。広報の事前準備期間も十分あったと言えない中で市議会への質問の答弁を含めて担当職員は必死であった。しかし、当時はダイオキシン騒動とまで言われようにごみ焼却に関しての住民の関心は高く、財政難もあって改修工事に取り掛からねばならないとの市民へのアピールは思いのほか住民の理解するところとなり、大幅な削減という輝かしい実績を市民は示してくれた。工事期間中、焼却ごみと埋立ごみを合わせて従来の実績の実に32％強の減量を実現したのみならず、工事完了して新しく改修後も今日に至るまで1996（平成8）年度及び翌年度の実績を大きく下回る好成績を維持してきている。その一方で搬入業者の反発はすさまじかった。しかし、財政難の中で緊急やむを得ない非常時策とばかり、担当職員ばかりでなく市幹部職員まで一丸となって説得を続け、かろうじてこの反発・抵抗をも凌いだ。ダイオキシン対策も今日では、連続高温（最低800℃）処理を続けることで大部分その発生を回避できることや飛灰対策を十分に施して、そのうえ常時調査による計測値を公表することで市民の理解を得てきている。付言すれば、2002（平成14）年12月に多度町（現在の桑名市多度町）内に三重県が建設、稼働開始となった三重固形燃料（RDF）処理・発電施設は、2003（平成15）年8月19日RDF貯蔵タンクでの二度目の爆発事故を起こし、

第6章 事業の選択と集中

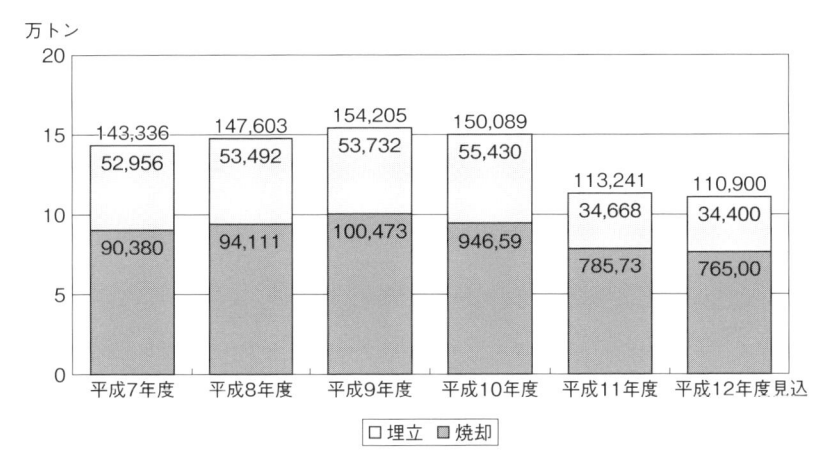

```
万トン
20 ┤
     143,336  147,603  154,205  150,089
15 ┤  52,956   53,492   53,732   55,430   113,241  110,900
                                           34,668   34,400
10 ┤  90,380   94,111  100,473   946,59
                                           785,73   765,00
 5 ┤
 0 ┴  平成7年度 平成8年度 平成9年度 平成10年度 平成11年度 平成12年度見込
                        □埋立 ■焼却
```

ごみ処理実績推移

消火作業中の消防士2名の殉職という痛ましい結果をもたらした。何が幸いし、何が災いするか、分らない。世の中一寸先は闇とはよく言ったものだと思った次第であった。

4 焼却改修工事とその事前計画の検証

　市のごみ焼却場改築計画は現有の三基の焼却炉をいずれも改修工事により延命を果たしかつ財政負担を大きく軽減できた。しかもごみ減量作戦が見事に成功し、現時点でもごみ排出量は減量を続け、改修炉の寿命はさらに伸びることも十分予測される。これは思わぬ幸運であろう。そしてこの改修工事後、三重県は四日市市を含め他市町より集められた焼却灰をさらに燃焼させ大きく減量の上で県の埋立ごみ処理場にて処理する施設（廃棄物処理センター「ガス化溶融炉施設」）を竣工させ操業中である。この結果、四日市市はその埋立処分場の処理能力温存の面でも好結果が得られている。ちなみに焼却灰は飛灰とともに現在ではまだ埋立処理ごみであるから。しかしながら今後プラスチック系のごみ処理についてはその増大傾向の中で埋め立てより焼却へ変更している自治体が増えてきている。埋立処分場の能力の限界論のみでなく助燃材としての活用面からでもある。灯油の値上げによる経費増の心配は助燃材への関心が高くなりつつある。焼却灰の処分方法の変化や焼却の形態も技術改良によっては今後変化も出てくるようだ。コスト改良もあるやもしれない。技術革新は日進月歩である。四日市市の焼却場改築構想も今回の改修工事で今は

休止状態にあるがその再始動はいつまたどのような形でなされるべきか、真剣な検討がなされなければならない。これにゴミ減量で市民力を大いに発揮した市民の参加もあるかもしれない。近鉄四日市駅の北隣は近鉄川原町駅であるがその中間に二級河川の三滝川がり、さらにその北隣が近鉄阿倉川駅でその中間に二級河川海蔵川がある。上流で二つの河川は合流し（分流調整のため）しているが、両河川を渡河する近鉄鉄橋と両河川堤防の強化が地震・洪水対策から喫緊の課題となって、急遽近鉄川原町駅連続立体交差事業が計画・着工されてその完成も遠くいない。事態は刻々変わるのだ。

5　大規模プロジェクトとその徹底的検討

こうして私は就任直後、突きつけられた二つの大規模工事案件につき、休止（凍結）と変更により窮地を凌ぐことができ、財政健全化への道のりを遠回りすることなく前進できたと思っている。しかし果たしてその場限りの窮余の一策でしのぐことができたと表現してしまってよいのであろうか。いや決して良くない、むしろなぜ途中で休止しなければならず、なぜに大変更を迫られたのか、徹底的な検討（検証）こそしなければならない。考えてみるとJR四日市駅周辺地区活性化事業では新貨物駅の移転と、そして貨物ヤードの跡地の区画整理事業こそ誤算の始まりといえるのではないか。

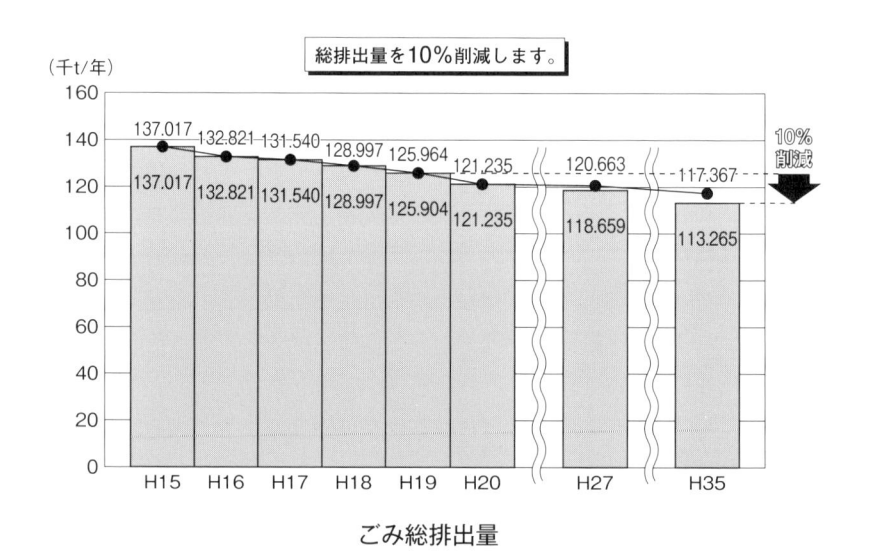

ごみ総排出量

年度	総排出量（千t/年）
H15	137.017
H16	132.821
H17	131.540
H18	128.997
H19	125.904
H20	121.235
H27	118.659
H35	113.265

総排出量を10％削減します。
10％削減

第6章 事業の選択と集中

そしてこの事業の中核は中心市街地の再開発による再生であったと思われる。中心市街地とはこれまでの実態からそして四日市市の実情からいえば交通の中心地で商業施設の集積地である。多くの個店が密集状態で集まって商業活動での賑わいのまちのことを指す。この意味での中心市街地は、前述の如く、近鉄名古屋線の移転と高架化により近鉄四日市駅周辺地区に既に移っていたのである。その新しい中心市街地さえも2001（平成13）年に百貨店の松坂屋四日市店が撤退したのは、進出して10年間頑張ってきたが、黒字経営の店になりえず、無念にも撤退したのであった。JR四日市駅周辺から近鉄四日市駅周辺に中心市街地は移り、新天地に勇躍進出した松坂屋四日市店も、撤退を余儀なくされたのが2001（平成13）年であった。この事実はまた1997（平成9）年待望の近鉄四日市駅から国道1号線までの中心市街地の地下に500台収容を誇る大型地下駐車場が完成をみるも、中心市街地の衰退空洞化に歯止めをかけることができず、その経営に苦しんでいる事実（「ディア四日市」という株式会社の経営難という事態を指す）はいったい何を物語っているのか。かつての中心市街地であったJR四日市駅周辺地区の活性化事業とりわけ貨物ヤード跡地の土地区画整理事業に基づく商業地の再開発事業に明るい展望を持ちえないことはそもそも無理からぬことで

なかったのか。むしろ未着手の段階で思わぬ障害が現われて、実行を見合わせたにしろ全体の休止は賢明な判断ではなかったのか。かくしてこの再開発事業について再検討に至ったことは決して責められることではない。では中心市街地活性化策はないのか。いや四日市市の中心市街地（これを一つのゾーンととらえる見解もあろうが）の活性化は四日市市の都市構造の変容とその今後の在り方にかかわる問題で、これを真正面から検討を要するものである。JR四日市駅にもにぎわいがなくなって駅舎も古色蒼然としいかにも衰退のシンボルと化してきているにしても、最近の新聞報道では「JR関西線、近鉄と競合区間の名古屋～四日市の客足好調」との見出しで、特集記事になっている。近鉄四日市駅の乗車人員は景気悪化が深刻化した2008（平成20）年11月より以降引き続き減少傾向にあるのに反して、関西本線は2007（平成19）年11月の実績を上回り乗客増が続いていると報じられている。（絶対数の差は依然として大きいが）2006（平成18）年5月、従来のまちづくり三法といわれる中心市街地活性化に関係する三つのすなわち都市計画法をはじめとする法律も再び抜本的な改正がなされ、これを改正まちづくり三法と呼んでいる。国も全国の中心市街地の衰退を前に頭を悩ませ、関連法律の改正作業に追われるほどに困惑している。わずかにシャッター街

ケチケチ市長と呼ばれて～市民と進めた財政健全化～

化を免れた少数成功例が過大紹介されていると皮肉の声さえきこえてくる。人々の生活態様の変化とくるま社会の急速な進展は大型商業施設が郊外に次々と進出する中で、地方都市の中心市街地がほとんどすべて衰退、空洞化して悲鳴をあげているのが実情である。四日市市もその例外ではない。しかしその対策の具体的な手はうたれてきた。松坂屋撤退の跡地は、中心市街地への進出事業者に奨励金を交付する「中心市街地活性化促進奨励金交付要綱」を2004（平成16）年施行し、商業施設（スーパー、ホテル、映画館その他）への固定資産税、都市計画税の減額を実施してこれらの入店、入居を図り、さらにジャスコ四日市駅前店跡地も高層マンションが建設されるなど誘導策が功を奏している。居住者の呼び込み策でありまた中心市街地での生活利便性を再評価する方向での流れを作る努力を続けている。幸い四日市市の場合、市役所、市立病院、図書館や公園等が中心市街地ゾーンから移ることなくとどまっていること、さらに公共交通機関もその機能を従来より果たしてきていることから、居住者の増加は今後十分に期待できよう。中心市街地及びその周辺にこれら公共施設がとどまり、暮らし、働き、学び、遊ぶ場所の機能を発揮する限り物品販売でのかつての賑わいが薄れても、高齢化社会での中心市街地は生き残れるのではないか。買い物難民などという新語

が飛び出してきている今日、新しい中心市街地の誕生こそ求められていると思う。市立病院の改修工事による機能向上策も郊外等への移動策をとらず、現在地での救急医療センターや総合病院としての医療体制の一層の充実が図られていることも重要なポイントである。これまでの日本の都市づくりの傾向は施設にしても作りかえ（取り壊して新しく作る）が至上とされ、まちづくりにも生産や商業の活動と労働の場所という要素が重視されてきた。しかし、暮らし続ける場こそ即ち暮らし、働き、学び、そして遊ぶ場所づくりこそ重視されなければならない。四日市市では中心市街地内に昔から諏訪公園（西には鵜の森公園や市民広場もあるが）があり、この中に位置する旧図書館（昭和4（1129）年地元実業家により建築寄贈された赤煉瓦の洋館）も、現在の図書館が建てられて以降、取り壊しの声もあった。しかし、2003（平成15）年8月その歴史的景観に沿う改装のうえ、すわ公園交流館として再生した。時代の変化そしてその流れを先取りしたまちづくり策と言えないだろうか。近鉄四日市駅から湯ノ山温泉までの湯ノ山線（菰野町）も走りさらに市内南部丘陵地までの内部・八王子線も狭軌道電車ながら走っている。これら公共交通機関もバス路線とともに大切な中心市街地の構成物といえよう。まさにコンパクトシティへの先行まちづくり策である。鉄道連続

立体交差事業の面ではどうか。

関西本線の乗客も、完全複線化が未了で、このところ名古屋〜四日市間の乗客数は減少から増加へ転じているも、貨物車両の専用路を別にするほどの経済効果を引き上げることは近い将来でも困難であろう。となると貨物通路線もその経済効果を独自にあげることは容易でなく、結局この事業計画は見直しを避けられない。

6 民間事業者の開発事業と市の対応について

中心市街地の再生が地方自治体のまちづくり事業の中で最重要課題の一つであることは誰も異論はない。しかし、これと同じく重要な課題に、土地活用と民間事業者の開発事業への対応がある。工業団地の開発事業等はどこもかしこも、土地開発公社を設立して自治体はこれに対応してきたが一方では大型商業施設等の郊外進出では開発許可行為で県のみでなく市の役割も大きい。とりわけ地方分権が進む今日では一層増大している。前述のまちづくり三法もその後10年を経ずして改正まちづくり三法と変遷もめまぐるしい。市にとってまさに重要な政策課題である。市議会でも質疑の回数は実に多い。一部議員からの利権にまつわる質問かと思わせるものもないとはいえず、担当職員は二重、三重に悩み多い仕事である。四日市市はこの課題に対し如何なる対応をしてきたか。特に私が市長就任して三期12年間は地方自治体の土地利用に関して激動の時代であり、それまでの方針の大変更を迫られた時代でもあった。しかもこの課題は中心市街地の課題と隣り合わせなのだ。

さて1998（平成10）年5月、まちづくり三法といわれる都市計画法、中心市街地活性化法そして大規模店舗立地法の改正があった。世に騒がれた商店街との調整がつかない限り、大型ショッピングセンターも狙いの地域に進出できないという「商調協」の関門を外す大改正がなされた。2年間の経過期間があったにせよ、これまでの規制が大きく緩和されたとしてマスコミも賑やかな報道となった。商店街の人たちはそのはるか前より既に買い物客が中心市街地に現れず郊外にどんどん進出する大型ショッピングセンターに自動車に乗って買い物を楽しんでいることに気づいていた。商店街との事前調整がない限り進出はできないと法律になっていても現実には世の中のくるま社会への変容（それは急速な日本経済の発展が生活レベルの向上をもたらしたことから起きていた）から進出の流れは勢いを増すばかりであったからだ。しかし、困ったことが起きてきた。中心市街地の空洞化にストップはかけられず、郊外の農村もしくは旧農村地帯に突如小さな市街地が現れたのである。押しかける

自動車、騒音とごみの山、それは人・物・金の乱舞が静かな郊外地に突如現れるのであるから、さまざまな混乱を起こす。とりわけ緑と水のそして日本の原風景を残していた市街地調整区域といわれる土地が荒々しく宅地開発され、風景ばかりか農業用水路まで変えていくのであった。こうして市職員も様々な苦情を市民から受けることになり市内の市街化調整区域の土地利用にからむ開発許可申請とその対応に追われる中で次第に苦悩を増していった。

7 都市計画マスタープランづくり

　1998（平成10）年の都市計画法の改正は地方自治体が定める都市計画の基本的な方針は市町村で決めてよい、いやむしろ市民と一緒にまちづくりの総合的な整備指針を作りなさい、そしてこれを県に通知しなさいとの規定が盛り込まれたのである。市職員は20年先いや30年先をにらむ市のまちづくり構想が自分たちで作れると若手職員は特に元気づいて、その素案づくりを始めた。これが2002（平成14）年7月策定となった四日市市の都市計画マスタープラン（全体構想）の始まりであった。もちろん今以上に突然に市街化調整区域にバラバラと大型の商業施設が現われては困る。これを抑制したいと考えてのことだ。そうでなくても、近鉄四日市駅周辺地区に進出した松坂屋や従来より中核となっていたジャスコ四日市駅前店も苦戦著しく、さらに既存の個店も大型地下駐車場（ディア四日市）も開設されたにもかかわらず客足は伸びず、空洞化を止めることができない。シャッターを閉める者は増え続ける。こうして1999（平成11）年に入ると市内を既成市街地の再整備とその有効活用へ誘導したいと願う区域（都市活用ゾーン）と市街地を取り巻いて森林や里山、水辺などの豊かな自然環境を残す郊外地を自然共生ゾーンと名付けその開発抑制に努める地域に分けて、このまちで暮らす市民は暮らし、働き、学びそして遊ぶことができる生活者の視点での土地利用でなければならないと考えてのことだ。そして、そのために市民と市の両者の適切な役割分担や良好なパートナーシップのもと、共通の目標に向かってまちづくりを進める方針を盛り込んだ素案を作り上げた。このマスタープランの素案は関係地元住民との懇談会、公聴会（市内に勤務する人や団体を含む）さらに市民代表からなる市民円卓会議にも討議の場を設けてあしかけ2年もの間、議論を尽くし、修正後の素案を最後は市議会に議決を求めるべく上程し、2002（平成14）年7月承認議決を得た内容で市の方針として策定した。これが市都市計画マスタープラン（全体構想）である。そして市街化区域内の旧東洋紡績㈱富田

工場跡地にはジャスコ富田店が進出するなど、都市活用ゾーンにスーパーや大型商業施設が交通整備さらに騒音対策と産業廃棄物対策まで終えての進出を誘導した。一方で、2004（平成16）年9月にはそれまで出されていた郊外地及び農業振興指定地（市街化調整区域を含む）内での大型商業施設等の開発申請を三件いずれも認めず、これらを退けることとなった。

8　四日市市都市公害対策マスタープランについて

　新しい四日市市都市計画マスタープランの策定（2002（平成14）年7月）は、ひとり都市計画法の1998（平成10）年改正のみが影響を与えたのであろうか。いやそうではなく、四日市市はそれまでの都市計画法による基本方針が時代の変化についていけず、その破綻が出ていたからである。他の地方自治体に比べてそのほころびはさらに大きく、傷口もひどいものになっていたのだ。この間の事情をふれないで前へ進むことはできず、以下四日市市のまちづくりの戦後の変遷を概略たどることにする。四日市市は石油化学コンビナートで富み栄えてきた工業都市ではあるが、一方では大気汚染による産業公害で住民の一部が健康被害を受け、四日市ぜんそくと名付けられたほどに有名となり、遂には住民がコンビナート企業の一部を訴えて裁判になり、四日市公害判決が出されたまちである。この二つの特筆すべき特徴は今日でも全くその様相は変わっていないのか。いや大きく激変しているのだ。昭和30（1955）年旧海軍燃料廠跡地に昭和四日市石油が進出を決め、昭和34（1959）年に三菱グループとシェルグループの提携により設立された三菱油化がエチレン製造設備を稼働させ、日本最初の石油化学コンビナートが四日市市に誕生した。（このプラントは2001（平成13）年、その操業が停止されたが）そして昭和36（1961）年には市内午起海岸に第二コンビナートさらにその後、市内霞ヶ浦海岸先に第三コンビナートが形成され、全国に一躍工業都市として富み栄える町となった。人口増と住宅団地そして上下水道、学校、道路整備等都市インフラ整備は急激に進み、活気溢れる都市形成は当然の帰結であった。日本の復興のシンボルでもあった。しかし、一方では産業公害のまちで、四日市公害裁判で有名となって、小学校の教科書にも紹介されたまちでもあった。そこで、市は従来の都市計画の大変更を迫られた。昭和43（1968）年の都市計画法の改正に先立ち、四日市市都市公害対策マスタープランが昭和40（1965）年に策定され、都市構造については①工業を主とした地域、②大気汚染（公害）の及ぶ地域、③郊外の及ばない地域の三つに地域を分けて、それぞれの地域のそ

ケチケチ市長と呼ばれて ～市民と進めた財政健全化～

れぞれの土地利用計画を定めた。その概要は、居住地を臨海地や中心市街地から隔離して、郊外の新市街地へ誘導するものであった。そして臨海工業地と市街地を緩衝する防災緑地の設置、鉄道沿線を活用した団地開発、これを支援する都市基盤整備の進展であった。近鉄四日市駅がJR四日市駅の西約1kmに移動し、その周辺の区画整理事業（線路高架化を含む）も昭和50（1975）年に完了したのも、この流れの中でのことであった。この間、市の土木工事費の膨張、学校建設の急増による投資の急騰は郊外集中投資をもたらした。そして農業用地は宅地開発へ、そして第二次産業の雇用の増大は、多様な作物の栽培から一転稲作への集中と変化していった。（作家丹羽文雄の作品では故郷四日市は菜の花畑と表現されるところが多くある）そして潤沢な市財政のもとでの都市インフラ整備も進み、大気汚染をはじめとする環境問題も改善されてくると、市民の生活は豊かになり、かつての悪評も暮らしやすいまちへと変化していった。しかし、経済危機とバブルの崩壊、国の緊急経済対策への追随に伴う過大な債務を抱えて、市の財政は窮乏する一方で、土地開発秩序を失った事態は様々な矛盾、不調和を引き起こし、従来の都市計画の基本方針の変更が焦眉の急となった。こうして新しい都市計画マスタープランは生まれるべくして産み出されたともいえよう。市内の

事業所とりわけ石油化学コンビナートは経済のグローバル化の波をまともに受けてその構造改革を迫られる一方で市役所も財政構造の転換を余儀なくされ、一方では土地利用での秩序ある利用への道が模索される。市民参加のもとでの都市計画すなわちまちづくり基本構想を作れとの法改正は四日市市にとって待望の改正であったといえる。行政と企業と市民の努力の結果、大気汚染をはじめとする環境の改善が見られたことは、1995（平成7）年5月国連開発計画より、その成果を確認されたのが、グローバル500賞で市はこれを受賞している。さらに、団塊世代が定年を迎え始め年金生活者の急増が見込まれてか、年金生活者にとって日本の都市のどこが最も暮らしやすいかを調査した婦人グループの調査結果が単行本として出版された。（わいふ編集部編 学陽書刊「年金で豊かに暮らす日本の町ガイド」での42自治体の紹介参照）これによると、東京都八王子市、千葉県鴨川市、静岡県沼津市、宮崎県日南市そして三重県四日市市がベスト5であると。便利な交通機関、安くて豊富な食糧品、温暖な気候、移住者にやさしいまち、いざというとき子供や親戚のものが容易に駆け付けられる。質の高い病院や医院が多くある。老人ホームが近くにあるといった利点のポイントが大きいと私が市民の集まりで紹介すると、市民はまるで鳩が豆鉄砲を喰らった顔をする始末であ

第6章 事業の選択と集中

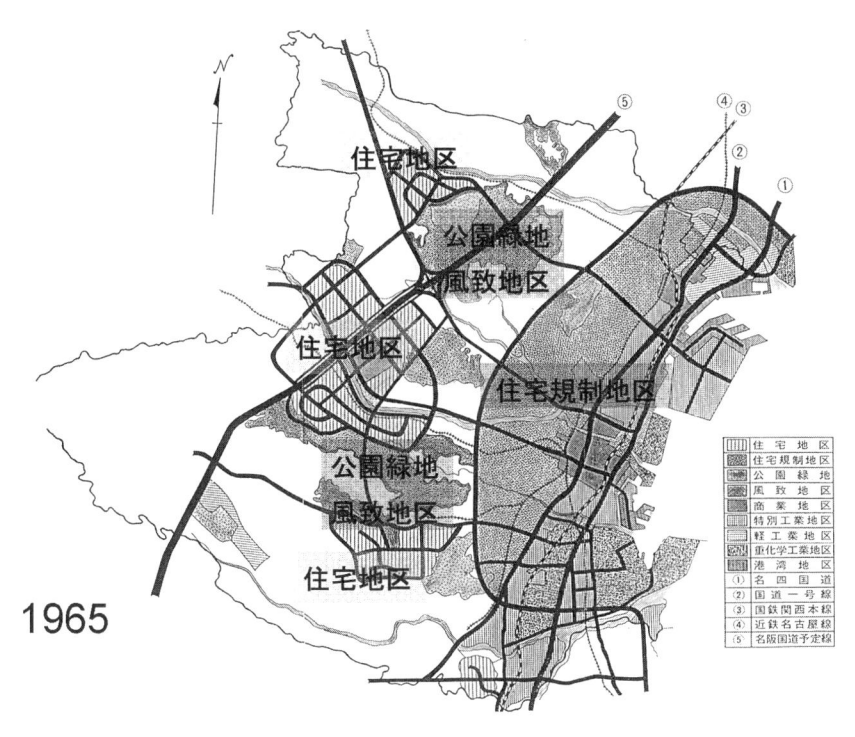

四日市都市公害対策マスター・プラン

る。マーサーという世界の調査専門会社による世界の都市のランキング表でも、四日市市は外国人の移住、滞在の面での安全度合いは極めて高位で、オーストリアのウイーンやスイスのジュネーブとの比較では劣るも東京や大阪等の大都市よりはるかに高位に茨城県のつくば市とともにランク付けされていると聞く。こうなると市民はこの暮らしやすいまちに孫子の代まで住み続けたくなるものだ。市民の満足度も持続可能なまちづくりのための都市計画マスタープランとなればその答えは自明であろう。

9 四日市市土地計画審議会へ答申を求める

立派な都市計画マスタープラン（全体構想）はできてもこれを運用するときにまたも役所主導でまちづくりを勝手に進めるのではないかと関係者、業界からは苦情が寄せられる。一方では、市民からも絵にかいた餅にならないと誰が保証できるのかとの批判も出てきた。そこで、

2005（平成17）年7月20日、私は四日市市都市計画審議会を開催し、市街化調整区域の土地利用制度の提言を求めた。市の都市計画審議会は昭和44（1969）年から活動していたが、新しいテーマでの検討委員会を立ち上げたのだ。

人口減少、地方分権時代の潮流に対応した市街化調整区域の土地利用制度のあり方とその制度の運用のあり方をめぐって専門家を含む検討委員会であり、その中間答申と最終答申を求めてのものであった。都市計画の基調は既に拡大の時代（開発の時代）から縮小、安定均衡型社会での再開発・再整備・保全の時代に大きく転換している。既存のストックを有効活用したコンパクトな都市づくりと市民主体のまちづくりこそ目標とされなければならない。良好な自然環境と優良な農地が広がる市街化調整区域では秩序ある土地利用と耕作放棄地の的確な対策を取っての保全こそ急務である。こうして市では2006（平成18）年3月に出された中間答申そして最終答申（2007（平成19）年3月）の提言を入れて、公正さがそして透明性も保障された土地利用制度を策定した。ちなみにこの審議会のメンバーは市議会議員4名、学識経験者として学者のほかに市農業委員会委員、市商工会議所さらに私鉄会社代表の3名を含む6名そして地元自治会と市まちづくり円卓会議の代表者の2名の計12名からなり、さらに専門家検討委員会も内部に持ってのものであった。この市の土地利用に関する制度と運用の設計は2008（平成20）年3月の市議会定例会へ三つの条例の制定議案として上程された。都市計画まちづくり条例、開発許可等に関する条例そして景観条例の三本であった。もちろん三重県にいずれも通告の手続もとられてのものであった。

この市都市計画審議会にわざわざ市街化調整区域での土地利用を巡って検討委員会を2005（平成17）年7月20日どうして立ち上げたのか。それは前年9月市内業者等より出された三件の開発許可申請への却下の措置であり、その直後執行された市長選挙での私の三期目の当選だった。てっきり開発申請は許可されるとみていた業者やその関係者と市が1999（平成11）年より検討し、2002（平成14）年7月に市議会で承認議決を得た市都市計画マスタープラン（全体構想）から当然に不許可とする私の認識に大きな乖離があったからである。私はこの三期目の市長選挙に四日市市の次の世代への市長としての大きな使命と責任があり、これを実行する、その実現に道筋をつけることを公約として臨んだ。それは10年、20年先を見越してのまちづくりの実現で、第一は市財政の健全化であり、第2は住んでよかった、そして住み続けたくなるまちづくりを掲げたのであった。私の周囲の人たちは必ずしもこの公約に賛成ではなかった。あまりに地

第6章 事業の選択と集中

味であり、また消極的アピールだろうと考えてのものである。それがため、これまでの支援から手を引く人たちも現れた。そして相手の候補者は私とは正反対の公約を掲げ、まさに大規模プロジェクト構想をちりばめた活力ある四日市のまちづくりをアピールして私に迫ってきた。こうしてかつての支援者が対抗馬側に鞍替えする人たちも現れて苦しい選挙戦であった。この戦いの中で私はこのマスタープランを基にするまちづくり構想への強い不満と抵抗があることを知り、従来の市都市計画審議会に、特に市街化調整区域での土地利用に関する市の基本方針に関して検証とさらに明確な方針及び制度づくりを託したのであった。ひるむのではなくさらに前進するために設立したのが検討委員会だったのだ。そのため翌年（2006年）3月に中間答申を求めた。それは検証の結果の答申である。そしてその頃より一層の地方分権の推進からか国は1998（平成10）年に改正したまちづくり三法をさらに一歩も二歩も前に進めるべく改正の動きが始まっていた。そして国会審議を経て2006（平成18）年6月にまちづくり三法がさらに改正されるに及んで、2007（平成19）年3月にこの検討委員会の最終答申を得て土地利用の制度の改正と運用での公正性と透明性を確立して市民の支持を得るばかりか、反発、抵抗する人たちに答えをだしたのである。将来の人口増加等により必要な市街地面積が今後確実に増大するという前提はもはや崩れ、市街地拡大につながる大規模な宅地等供給の必要は小さく、市街化調整区域における市民の暮らしを維持するに別途必要な適正規模の利便施設のみが立地可能となるように、つまり市街地の居住区に隣接した市街化調整区域では良好な住環境を保全し、この保全に影響を与えるような工業、物流系の大規模開発は抑制する必要があると最終答申は語っている。また農地の耕作放棄地化や蚕食する沿道への都市的土地利用の抑制が自然災害を予防し、また景観を維持してこそ持続するまちづくり政策の重要な柱でもあるという。そしてこの答申をふまえての2007（平成19）年12月市議会定例会での議決を経て開発許可等に関する条例、都市計画まちづくり条例そして景観条例の各制定、翌年施行となった。もちろん既に制定運用されていた市民の意見を聴くパブリック・コメント手続条例に基づいての公聴手続も済ませてのものであった。実はこの条例施行前より、JA三重四日市による郊外も含めての産地直売所づくりにもこれを推進支援をして、市内八か所に「四季菜」と名付けられる小規模小売施設がつくられてもきていた。また、市内里山と呼ばれる市街地後背地には景観や治水の面でも良好な環境保全機能が期待される中で次々と市民緑地が市民の力で作られ、市民緑地制度として定着の段階にきてい

111

る。耕作放棄地の拡大や荒れる里山が地権者の協力のもとで立派な里山緑地として復活している。こうした中で、自然との共生ゾーンに新たに大きな工業用地の造成の話が持ち上がったのである。既存の市街地の再整備と有効活用を都市活用ゾーンとする一方で開発抑制の自然との共生ゾーンを定め、バランスのとれたまちづくりに努めている矢先の事態発生であった。それは私にとってこれまでにない強い緊張感を与えるものでもあった。東芝四日市工場の件であった。同工場は2001（平成13）年それまでの8年間順調に操業してきた半導体メモリーDRAMの製造から突然撤退した。パソコン等への需要増を抱えるDRAMと呼ばれるメモリーの製造を中止して鳴りをひそめてしまった。しかし、NAND型フラッシュメモリーと呼ばれるデジタルカメラ、携帯電話そして携帯用音楽プレーヤーで汎用度を飛躍的に高めている半導体メモリー製造に転換して以降、増産そして2004（平成16）年第3棟さらに2007（平成19）年第4棟と増投資を繰り返してその結果四日市市にとって今や法人市民税と償却資産税（固定資産税）の増税収の筆頭株に昇りつめている工場の求めであった。

10　東芝四日市工場第5棟用地開発許可の件

　産業都市として発展してきた四日市市の近代はわが国の成長とともにあり縮図ともいえるが裏を返せば、今日の多くの都市が抱える課題のほとんどを抱えているといっても過言ではないだろう。四日市市が評価されることは難題に敢然と立ち向かったことである。地域社会を持続するために成長管理システムともいえる「市街化限界線」という概念の導入のもとに市域を大きく「都市活用ゾーン」と「自然共生ゾーン」に区分し、自然環境の保全も含めた開発志向に対する歯止めと土地活用の鈍りとともに憂慮されるメンテナンスの都市計画を意識した都市づくりへの転換を図ろうとしている。しかも様々な市民参加のもとに、市民の議論、意見を経て立案されただけでなく、市議会の議決を得て計画が承認されており、市民と行政が共有して新たな都市づくりに挑戦する姿勢は他都市にも類を見ない。（書籍「実学としての都市計画」編集実学としての都市計画編集委員会、ぎょうせい P43 コラム欄参照）このように褒められたそのときに市ではこのマスタープランで定めたゾーンの一部変更と大型の開発許可という新たな問題を抱えることになったのだ。

　ゾーンの一部変更の当否そして新しく定められた条例に則った手続きによる開

第6章 事業の選択と集中

発許可これはまさに従来から進められてきた市の都市計画マスタープランの当否が試される試金石そのものであった。一方、東芝四日市工場第5棟建設にかかる課題、それが半導体事業活動にあるところからその計画の実施、実行はスピードを問われるものであった。2010（平成22）年には用地造成を経て第5棟工場建築着工して一部操業開始、2012（平成24）年完成の目標稼働時期より逆算されての工事進行が絶対のもので、これを先に延ばすことは認められない。このことは企業の担当者から言われる前から私には分かっていることである。東芝は四日市工場に従来からの第1棟（1992（平成4）年操業開始）及び第2棟（平成7（1996）年操業開始）そして2004（平成16）年から着工完成した第3棟に次いで2007（平成19）年完成した第4棟でのフル操業の形で稼働してきていた。NAND型フラッシュメモリーの生産をさらに飛躍的に増産せんがために第5棟を建設操業する意思を固めて、市にその工場敷地を現工場の北接の未造成の山林敷地約18ha余を希望することを表明した。これに対して三重県も了承し市への全面的協力を促してきた。既に岩手県北上市の工場（敷地は確保済み）や九州大分市や北九州市の工場も候補地にあげていたからであった。こうした中で当然ながら三重県と四日市市はともにこの誘致活動を積極的に続けてきたこともあっ て、県の市への督励はいわば当然の帰結であった。

ところで、東芝四日市工場の増産の柱となる第5棟の建設は四日市市にとってどれほどの重要な事柄かを考える要素を概略拾ってみよう。かつて同工場で生産されていたDRAM型半導体メモリーは2001（平成13）年に突然製造を中止されていた。これは世界市場での市況を考え、その先行きの懸念から生産の撤退を決断させたのだ。過剰生産化での競争に対する懸念からであった。しかし、その後東芝ではこの撤退は強い反省材料となった。そこで、その後の取り組みの柱となったNAND型フラッシュメモリーの生産では、世界の強敵である韓国サムソン電子社へ一歩も引かない強気路線での追随、追走し、見事に肉薄し追い越すことも視野に入れるほどになっていた。その秘密の一つはアメリカ・カリフォルニア州のサンディスク社の資本参加を得て、豊富な資金力と技術力で東芝の半導体事業の躍進が始まり、三重県四日市工場がその主力工場になってきたのであった。この工場の所在環境は、日本の真ん中にあるだけでなく、東名阪自動車道の四日市東インターチェンジ出口より直近でかつ四日市港からのかつての有料の高速道（今は無料）富田・山城線沿いにあるからで、その優位性は会社事業の戦略的展開の大きな支えとなっていたからと思われる。こうして四日市工場の第5棟

建設問題は、東芝が買収する用地の予定地区（萱生町、中村町及び平津町）住民への開発と工場建設への意向調査（最後は同意）を行うも、地元の反対はほとんど出なかったようであった。そこで市も都市計画の区域の一部変更決定のため、市議会にこれを諮った。これが2008（平成20）年3月市議会定例会である。朝令暮改でおかしい、認めるべきではないとの意見も当然ながらあった。しかし、隣接地を新工場用地に求めるのは無理からぬものであり、しかも当時既に5000人余りの従業員数を抱えて世界最先端の半導体製造工場の増産案件であってこれにより巨額の設備投資（9千億円を超えるとの報道もあり）への期待と1200人以上の新規雇用をもたらす事業のために都市計画区域一部変更の議案であってか、大きな支障もなく市議会では承認可決されたのだ。こうして東芝は90人にものぼる対象用地の地権者との売買交渉に入ったが、思わぬ障害がそこに現れた。売買代金のもつれではなく、対象地の西約100mに位置する山林（一部畑地を含む）約1.8haの土地の件であった。

11　係争山林の市による身代わり購入

市内中村町所在の約1.8haの山林は地権者18人の工事残土埋立地で外観ではまるで小さな丘のような盛り土の山で

あった。丘とはいえず、以前は深い谷と畑に囲まれた土地であったが、2006（平成18）年頃より建設会社の工事残土が大量に遺棄されてあっという間に小高く残土が積み上げられ、地権者らが搬入業者に激しく抗議しその撤去を当該業者らに求めてきていた。しかし、無断投棄の事実を争いこの撤去に応ぜず、しかもその間に業者代表者が急死し、倒産状態に至ったためか、地域の自治会代表者らも抗議の相手方に戸惑っていた山林であった。こうして係争地は地元警察署や監督官庁である三重県を巻き込んで地権者の代理人弁護士は相手方業者（有限会社）及び関係者への告訴・告発と原状回復及び損害賠償請求の刑事・民事裁判を準備中の物件であった。そして東芝が買い入れ交渉中の対象土地の地権者のうちなんと18人（約20％）が本件係争地の地権者でもあったのだ。こうして用地交渉はもつれざるを得ず、タイムリミットは刻々と近づく状況の中で、市へその善処の申し入れがなされるに至った。善処の方法も考えつかない事態だ。新聞報道に市は使用目的のない土地を購入するのかと叩かれる始末である。係争案件はこれから刑事・民事の司法手続きに入っても短時間内に解決するとはとても思えない事案である。誰がこんな火中（いや渦中か）の栗を拾うことができるか。地権者側は人の弱みに付け込んで私欲を求める。これに行政は手を貸し税金を投入す

るとは言語道断、認められないと市議会は騒然となる。まさにお手上げであった。しかし、この事態はまたも思わぬ展開を見せたのだ。もちろん東芝も地権者も折れることない中で調べていくと、無断投棄されたという残土（推定15万m³）の中に約1万m³の工事残土が市役所本庁舎耐震（免震）工事で掘り出された残土であるとのことだ。早速、この耐震工事担当会社を呼んで、追跡調査をさせる（工事完了直後であったことから追跡は容易であった）と間違いないことが判明、工事会社は撤去を表明した。しかし表層の残土か深層部の残土にも含まれるのか、直ちには判明しない。こうして私は当初予定していた本件用地の造成に並行して市の負担工事であった進入道路の交差点改良工事と河川整備工事に加えて、約1.8haの本件山林の購入予定額（約2億5千万円）を盛り込んだ予算案を2008（平成20）年6月市議会定例会に4億円の補正分として上程、議決承認を求めることになった。集中審議の委員会開催の中でも喧々諤々の議論であり、承認可決の自信も日に日に薄くなる5日間となった。窮余の一策である。苦渋の中で選択であると弁解しても、額から汗が出る。よくあることだが、無断で不法投棄との点も一部地権者の承諾書があるらしいとか、有害な成分を含む残土はないらしく、地元警察署も三重県も森林法上の届出を追加提出させる。そしてまたそれで産業廃棄物の処理及び清掃に関する法律に違反する事項も違法性が軽減されて微罪処理も考えられるとの妥協案を一時は双方に示したこともあった等という噂も耳に入ってきていた。しかし、私はこの種の情報の信憑性は薄いと取り合わなかった。結局、工場完成時には緑地公園として活用する、そのために市ばかりでなく地権者、住民や東芝もこれに協力支援することと、そして地権者と東芝との売買契約が成立することを条件に、市が適正価額で買い取ることで折り合いをつけての補正予算の上程であった。しかし、相変わらず激しい非難の議論展開が予算委員会でも続いたにもかかわらず、採決日の本会議では反対少数で可決承認された。聞けば、市商工会議所の人たちが熱心に本件で市議と意見交換をし、かつ議会傍聴も続けたとのことであった。

こうして用地買収も終えて開発許可の事前協議の説明に東芝はとりかかった。一方市では地区計画（土地計画マスタープラン（全体構想）でのゾーン一部変更に必要）決定案（道路計画等を含む）を縦覧手続きに付して関係する農業委員会その他の機関との協議に入った。そして市都市計画審議会にこれまでの地元への説明経過と内容さらに縦覧手続きの結果等を示してその承認を得て漸く東芝より開発許可申請を受けて開発許可を出すに至った。

12　開発許可等に関する市条例や都市計画まちづくり条例さらに景観条例での公正性と透明性は確保されたか

　東芝第5棟建設にかかる土地開発の件に関してその実現の直前に制定施行された四日市市のいわゆるまちづくり三条例で確保せんとした、公正性と透明性は果たして期待どおり機能したかを検証しなければならない。後述するが、四日市市は市内産業を主軸として自主財源比率を高め（現時点でも既に70％を超えているが）一方では住み・暮らしやすいまちづくりを自然環境とりわけ緑と水を守りながらその保全に努めなければならない。今回の開発許可に至った案件では市民との協働に基づくまちづくりの面でも、さらに自然環境を守る面でも適正手続きの中で公正性も損なわれることなく実現されそのうえ市内産業の維持に大きく貢献しうる整備を果たしたといえるのではなかろうか。なるほどひとたび定められた自然との共生ゾーンに本件開発予定地が位置していて敢えてその一部変更をしてまで開発を認め、工場建設を容認したことを、市議会でも激しく非難し市政での矛盾と叫ぶ市議もいた。しかし、地方分権が進む中で経済は一層グローバル化して人口減少の成熟社会である日本とりわけ東海地方で有数の産業都市であるわが四日市市にとっては、持続するまちを目指す中核となる産業支援で、東芝第5棟誘致の実現に大きく一歩を進め得たことは公正性と透明性を確保する中での事務事業として評価されるものと私は思っている。もっとも土地造成工事に着手しその工事をほぼ終える段階になって東芝は2008（平成20）年9月15日発生したアメリカのリーマンブラザーズ社の破綻を契機に起こった世界同時不況のため翌年早々に第5棟工場建築予定を延期する旨発表した。これを受けて口さがない市民は東芝は半導体事業から撤退する、以前もそうだった、四日市の土地開発は一体何であったか、と早くも噂する。しかし、こんな噂にびくびくしていてはまちづくりは進まない。新聞報道では、韓国サムソン社がアメリカ・サンディスク社を吸収合併の動きを見せるも、失敗かえって東芝はサンディスク社との提携を強化するといった記事に接し私は意をますます強くしたものである。都市計画マスタープランは20年、30年先を睨んだまちづくりの大方針の支柱であり、しかも分権型社会での四日市市の自立性を一層高めるべく市政経営のもとでの大黒柱である。全体構想に続く各地区域構想が次々と市民の参画の中でうちたてられていくことを大いに期待しなければならない。

第7章　コンビナートの再生

1　2001年ショックにさらに追い討ち

　平成11（1998）年8月28日、私は市長室で朝刊紙面に接して、あっと驚いて一瞬声も出ず唖然とした。それは愛知県豊田市が企業誘致条例案を市議会の9月定例会に上程し、すぐさま10月1日より施行するという記事であった。活字は躍る、豊田市30年ぶりに企業誘致の条例案施行へ。それは自動車のトヨタにおんぶに抱っこされない新たな産業政策へ。コンピューターのソフトウエア開発（デザインも）、情報処理やバイオテクノロジーといった新規産業への税の優遇策を内容とする企業誘致条例である（豊田市産業立地奨励条例）。既存産業の市内における設備投資の誘発と21世紀の活力源となる新規成長産業の誘致のためのもので、製造業は投下固定資産の総額が5億円以上（ただし、中小企業は1億円以上）、一方新規産業は投下固定資産総額1000万円以上で該当する。そして市へ納めた毎年の固定資産税、都市計画税及び事業所税の全額を完納後、同じ年度内に奨励金として還付する。しかも5年間その上限額（還付）はなんと10億円であった。これは実質投下固定資産総額の5％に当たる額である。さらに豊田市は旧挙母市の当時、工場誘致奨励条例を制定していた（1954年～1970年）が、このときから30年ぶりの英断と続き、全国で千葉県成田市、愛知県碧南市、神奈川県厚木市に次いで財政力指数1.46（1998年度実績）の第4位にランクされる豊かな都市であると讃えている。実はこのような内容の企業立地促進条例を早急に制定しないと先行きは暗く行き詰るとの庁内議論は既に私のところでも始まって、数回のミーティングも経ていた。しかし、全国有数の活気ある富裕市の豊田市に財政窮乏に苦しむ四日市市が先を越されてしまった。これこそ笑うに笑えない喜劇というものだ。

　四日市市企業立地促進条例を直ちに上程、議決を得て2000（平成12）年4月1日、施行に至ったことは言うまでもなかった。そして、この施行により従来からの四日市市重点整備地区整備促進条例が1991（平成3）年以降執行されてきたがこのときに廃止された。しかし、財政力豊富な豊田市と1999（平成11）年より普通地方交付税不交付団体から交付団体へ転落してその財政力指数も0.9点台

に入った四日市市では、同種の企業誘致条例制定であってもその内容はまさに天と地の違い、明暗をくっきりと分けるものであった。新しく進出する企業への奨励金額そのものが、固定資産税、都市計画税及び事業所税の合算額を毎年納める企業へ全額還付される。しかもその適用期間5年間、上限額10億円の豊田市と比較して事業所税制をいまだ持たない四日市市のそれは固定資産税と都市計画税の合算納税額の2分の1を向こう3年間に限ってしかも上限額も5億円という内容であった。なんと情けない条例内容かといわれるが、これも今の四日市市にとって精一杯の努力の結果であると私は自ら言い聞かせるしかなかった（もっとも後年5年間上限10億円に改正されたが）。

2 燃える幹部職員たち

しかし職員の中には、この屈辱にも意気消沈することなく、逆に奮起を誓う幹部職員が出てきた。私へのアピールの代表格の2例をそのまま紹介する。「豊田市の発想はすばらしい。市の将来を見通した大改革である。四日市市がもたもたしている間に先を越された。これは大変なショックである。さらに豊田市は今までのようにトヨタ自動車におんぶに抱っこされてやっていけば、十分裕福な都市として発展し続けるのではないかという世間一般の常識を覆してこのような生き残り策を考えた市職員の意識改革にも目を見張るものがある。本市においても132項目の行財政改革を掲げて四日市市の生き残り策を進めているが、豊田市のようなスピードがない。職員の意識改革についてもなかなか変わってこない。職員一人ひとりが行財政改革と意識改革、発想の転換に市の生き残りをかけて情熱を燃やし、もっとスピーディに取り組む、このことが重要である。そのリーダーは部長であり、職場の管理職である。豊田市には大きく遅れをとったが、改革を進めるリーダーの一人として、自らの血と汗を流して四日市市の生き残り作戦を進める必要があることを痛感している。」とあった。別の部長からは以下の書面であった。「今回豊田市が奨励金を10億円という高額に設定したことではなく、全国のトップクラスの財政力を誇る都市がこのような制度を創設したこと、しかも世界の大企業のトヨタ自動車を持つ市がこのような制度を採用したことに大きな驚きと危機感を覚える。本市でも石油化学産業依存の産業構造から脱却を図るべく様々な施策を行ってきたが、豊田市のような財政のゆとりのある都市までがこうした施策をとり始めると、本市のような財政力の弱体化しつつある都市にとっては脅威となる。今、我が四日市市が採るべき道とは依然として本市の基幹産業である石油化学産業が世

界的な競争・再編の中でいかにスムーズに転換し生き延びていけるかを業界とともに市としてできる方策を検討すべきである。ただし、どのような方策を採るにしても先立つものは財源であり、いよいよ都市間競争は財政力競争になりつつある。一日も早く行財政改革を実のあるものとして、豊田市と同じ土俵の上で戦うことができなければ、本市は負け組みになってしまいかねない。職員一人ひとりが危機感をもって、ほんの少し努力さえすれば、今の閉塞状況は容易に打ち破れるはずである。そのためには今進めている行財政改革の実現は必要最低条件であり、自ら生き残りを賭けて必死に取り組んでいる多くの民間企業の事例に学ぶならば本市の行革は軽々と実行できなければならない。」私はピンチをチャンスに変える芽生えを痛感し、震える手を押さえて手紙を読んだ。市長に就任して第1期目の折り返し点を過ぎて、行財政改革は一向に進展せず、しかも普通地方交付税の不交付団体から交付団体へ転落し、中心市街地の駅前百貨店も撤退の噂もあり、市内大手企業事業所が低迷に漂うまさに大きなピンチに立たされていた。ケチ市長来ると市議会で冷笑され、一方で財政運営に必死のやり繰りをするも、迫りくる巨額債務の返済に確たる目途も立たず、職員給与等人件費の削減もままならない中で、福祉等の民生費は年々着実に増加を続けるのを横目で睨み、身動き

とれない状態になっている。目を潤ませながら二度も三度も読み返す始末であった。立ち往生して進退窮まる私に対して、うちの市長は相変わらず改革、改革とお題目を唱えるとばかりに思われているのではない。危機感をもって燃える職員が意外にいることは突破口があることを教えてくれ、勇気付けてくれたのだ。私はこうして市内に事業所を持つ会社訪問を本気で考え始めたのであった。

3 市長のトップセールス始まる

　毎年年の初めには東京の本社より四日市地区に事業所を持つ企業のトップである社長、専務といった人たちが年賀の挨拶に市役所を訪問される。聞けば各事業所の恒例の従業員への挨拶まわりであり、その際での県知事、市長への年賀挨拶であった。私は、これを逆手にとり、毎年1月末より2月初旬にかけて東京へ上京するたびに、本社への訪問の開始であった。もちろん市長に就任して、その就任挨拶に既に赴いたことは当然であるが、市の現況報告を持参しての本格訪問であった。中には行財政改革に手間取る私へ最新の行革指南書を準備され、私がこれを恭しく頂戴するという一幕もあった。四日市市の現況はよく理解しておりますよ。頑張ってくださいとのサインであった。破れ鍋に綴じ蓋とあきらめては

いけないと私への強い叱咤であった。1999（平成11）年秋には、私は随行1名とともにドイツ国へ飛んだ。市内に事業所を持って世界に名の通ったドイツに本社を持つ化学会社の訪問の旅であった。それは三泊五日の辛い旅で終わった。市には国際課があり、アメリカ、カリフォルニア州のロングビーチ市、そして中国の天津市はそれぞれ姉妹・友好都市として永年交流を続け、また四日市港ではオーストラリア、シドニー港とも友好関係を維持して、その関連の窓口であるが、企業誘致のための課ではない。そこで財団法人国際交流協会の事務局長に永年大手民間商社に勤務し豊富な海外経験を持つ人を迎えていたことから、彼を私の随行者に選んで、通訳と道案内を兼務してのつつましい旅であった。フランクフルト空港から自動車で40〜50分のところの世界で首位を競う会社をまず訪問した。アジア担当重役がパワーポイントを巧みに使い、会社の現状と四日市事業所の余剰地に目下投資をする計画は皆無で、中国南京市へは進出の計画を持っていると淡々と説明をしてくれた。私の期待は見事に外れてしまった。翌日はこれも世界有数の化学会社訪問であった。フランクフルト近郊の本社ビルを訪ねると担当重役は「わざわざ日本の四日市市から市長のご訪問を受けて誠に光栄です。残念ながら当社の四日市事業所では現在体制を維持することで精一杯で、さらに投資の計画はございません。」との返事だ。折角こちらへ来られたことだし、どうかゆっくり旅を楽しんで帰ってくださいと慰められてしまった。合点がいかない私であった。通訳をしてくれる私の随行者は英語、ドイツ語に堪能で、その上四日市を出発する前にそれぞれの四日市事業所での社内事情の説明を受けての訪問であったからだ。このように2社とも完敗の結果に私は納得行くものではなかった。見事期待はずれでゆっくり旅を楽しむどころではなかった。もっとも両社は近くのレストランにて旨いドイツワインの夕食を誘ってくれたが。しかし、後年、この私の倹約の旅は大きな成果をもたらしてくれたが、市議会では早速にドイツまでまさか観光の旅ではなかったでしょうね、145万円も使ってと皮肉交じりの質問を受ける始末であった。当時市内事業所を持つ企業の本社では洋の東西を問わず、事業の選択と集中

の真っ只中にあり、地元事業所の責任者にとっては本社の意向の掌握に必死であるも正確な情報まで把握しかねていたのであろう。市内事業所の増設（投資）の件であるとき偶然にベルギーの工場に決まるのか四日市の事業所に決まるのか微妙なときです。市長さん、ちょっと挨拶に言ってきてくれませんかといわれたこともあった。もちろん私はこのような社内事情を知らない顔で上京したので挨拶に来ましたと言って立ち寄ったこともあった。一方では、私は上京の度に機会をとらえて四日市事業所のトップにいた人で東京本社や系列会社に栄転していった所長クラスの人たちに誘いをかけて2～3人で夕食を囲むことにも精をだした。もちろん割り勘でお願いしたもので勝手、無遠慮な申出であったが、彼らは私をいずれも歓迎してくれた。真剣勝負の気持ちは通じていたのではないかと思われる。さらに市内に研究開発の技術交流拠点（後の三重県高度部材イノベーションセンターのこと）を設立せんとする時期には、全国の高名な大学教授の訪問の旅もあった。教えを請いあるいは協力支援をお願いする立場で、今日は東へ明日は西へと大学や研究所のキャンパスの営業活動である。やはり細かく辛抱強く訪ね交流を重ねることこそセールス活動の真髄でありそれは営業マンであれ、市長であれ変わりはないことを教えてくれた貴重な体験であった。

4 産官のプロジェクトチーム

　2001（平成13）年5月、四日市市臨海部工業地帯再生プログラム検討会が三重県の提唱で立ち上がってきた。事務局担当として県職員とチームワークを組んで、このプロジェクトによる検討に本腰を入れることとなった。これは四日市地区にある臨海工業地帯の石油化学コンビナート企業が全体としてのコンビナートでも、個々の事業所でも一様に海外勢力との競争で劣勢の場に立たされ、一方で設備の更新や一新もできずに、衰退やがて撤退の危機に瀕していた。経済のグローバル化の中で汎用製品にあってはたとえ中間素材のメーカー工場群であっても中国をはじめとする新興国や原油産地の中近東諸国の勃興によって次第に追い詰められていく、この流れの真っ只中にあった。こうした中で四日市市周辺に立地する自動車、電気、液晶などの事業所と連携して石油化学分野もその構造転換ができないか、その狙いはより高度で付加価値の高い機能性に優れた石油化学派生製品の開発に向けての官、民あげての検討チームの立ち上げであった。三重県、四日市港管理組合、四日市商工会議所そして四日市市の官側に、14社（当初10社）の事業所を持つ企業群との混成チームであった。ミーティングを定期的に重ねていくと、次第に民間企業の人たちから、本音の声が出てきた。それは

ケチケチ市長と呼ばれて〜市民と進めた財政健全化〜

石油化学コンビナート等災害防止法（石災法と略称）のレイアウト規制が厳しすぎて、プラントの改良や取り替えが事実上困難、それに加えて元来住宅地に近接して設置されての工場敷地面積に余裕がほとんどない。このままいけば他に転出するしか方策はないとの不満の声であった。緑地規制も厳しく、大気汚染も改善されたにもかかわらず規制の緩和は一切ないと。縦横無尽に張り巡らされているパイプ配管とタンクの集合も、長期間の操業停止なしに更新や改良ができないと。（長期操業停止は他地域での増設の方が経営的に得策となる）当時失われた10年といわれる経済不況の中では、設備の更新もままならず、国内の茨城県や岡山県等後発コンビナートにも勝てるわけがなく、早晩撤退も心配される事態を前にして私はこれが三菱化学のエチレンプラントの操業停止の本当の理由と変な納得にたどりついてしまう。まさに深刻な事態の勉強会になってしまった。四日市のコンビナートは今やその耐用年数が来てこのまま沈んでいくのか、そうだとすればわが町はどうなるのか。沈痛な雰囲気の中で会議は進められていった。こうしたとき2002（平成14）年5月、思わぬ情報が飛び込んできた。国は特定地域で規制緩和の特例措置を採用し、もって地域の活性化即ち再生を図るべく検討に入ったと、例の岩手県遠野村のどぶろく酒の規制緩和による村おこしで騒がれることとなった特区構想であった。四日市市のコンビナートの再生にこの特

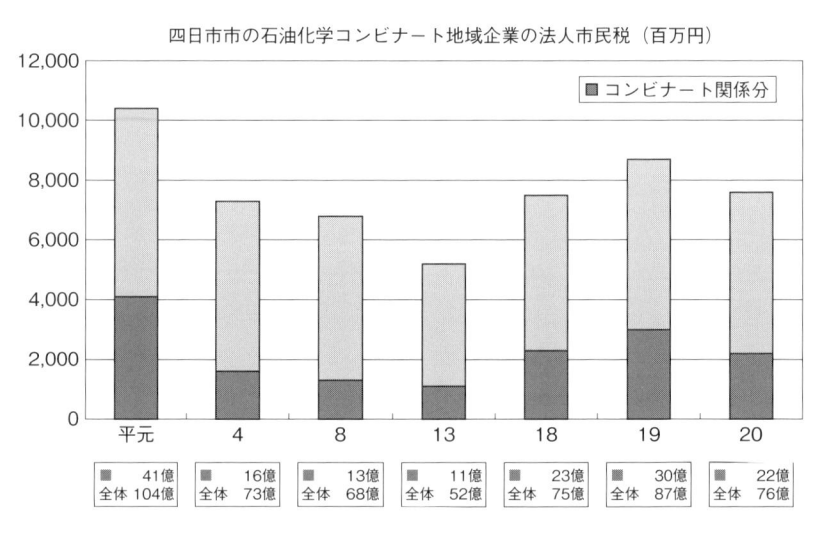

四日市市の石油化学コンビナート地域企業の法人市民税（百万円）

年	コンビナート関係分	全体
平元	41億	104億
4	16億	73億
8	13億	68億
13	11億	52億
18	23億	75億
19	30億	87億
20	22億	76億

コンビナートの法人市民税の税収

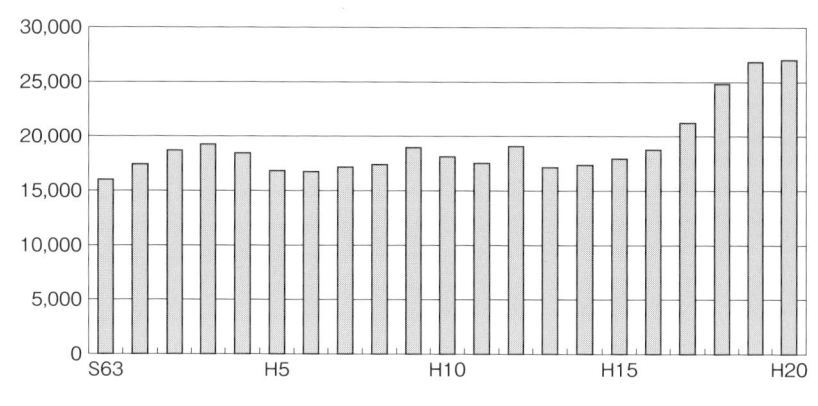

四日市市の製造品出荷額等（億円）

区構想に該当させることはできないか、いやこれしか脱出口はないとばかりに、この検討チームは特区推進プロジェクトチームに衣替えすることとなった。にわかな衣替えである。

5 技術集積活用型産業再生特区認められる

　衣替えのチームは目的も定まり時間も限られることから少数精鋭のチーム構成でなければならないと企業からの参加者も三社に限って、幹事会構想であった。そうすると石災法の規制緩和に絞り込むより、実現可能な方策としては四日市地域内での企業の再生の観点から目標設定する必要があると早くも議論は沸騰する。早速、政府の内閣官房構造改革特区推進室を訪ねて構想の概要を知り、石災法のレイアウト規制の緩和、四日市港の港湾規制の緩和そして今後の新産業として注目を集めている燃料電池の研究活動での規制緩和の三つの項目に絞り込んでの推進プロジェクトによる検討となった。連日連夜のミーティングであり、官民一体となっての活動である。しかし、14社の企業群から三社の幹事会チーム員の抽出は企業間の遠慮や実現への遠い道のりを懸念してか、名乗りも現れずやがて私のセールスの旅となった。市長、三社のトップに直接お願いしに行って説得してほしい。11社の方は自分たちで説明して、引き続きの協力、支援は確かなものとするからといわれれば私が飛び出すほかない。このとき以前より訪問の積み重ねが助けとなったことは言うまでもなかった。さらに若い市の消防署の職員が大いに働いてくれたことも成果につながった。それは道路（工場内構内道路）下に埋設する導管に水を張り、万一事故

（火災等）発生の際に無数の穴から水や消火液が湧出して、水幕状となって他のパイプへの類延焼を防止する。この設置によってパイプ配管での配置規制の変更を可能とした知恵であった。さらに、コンビナート災害でも最も危惧されるのはタンク火災であるが、巨大なタンク群での出火の消火（鎮火）は極めて難事であり、これには高射砲による大量の泡消化剤を瞬時に放出しなければ空気（酸素）の遮断膜は作れず、したがって泡消化剤の大量の備蓄による保安体制が必要となる。こうした災害防止にかかるタンクや配管等配置規制（レイアウト規制）に対する新しい技術や装置の導入さらに安全配慮策の検討が消防庁との間で何度も重ねられて、2003（平成15）年4月15日内閣より四日市地域への三重県技術集積活用型産業再生特区は認定第1号として承認された。石災法でのレイアウト規制の特例措置と四日市港の港湾規制の特例そして燃料電池の研究開発での規制緩和の三項目である。北海道苫小牧市での出光興産の原油タンクが地震により44時間も火災、燃焼を続けた2003（平成15）年9月の事故では、四日市市より早速備蓄の泡消化剤が隊員とともに送られ、鎮火の一助になった。これは企業のみならず市の消防にも備蓄していたからであった。この特区の認定を受けてすぐさま市内の昭和四日市石油四日市事業所は従来の石油精製プラントの改装工事に着手す

ることとなった。ときの政府（小泉内閣）の規制改革担当大臣が直接この工事現場を訪れた際、工場責任社員が、このたび特区による特例措置によりプラント改修工事期間中操業を止めた期間はわずかでほとんど操業中のままでの工事であった。このため、終了時に判明するが、予測工事費用は従来の想定額の20～25％で可能となったと胸を張って説明していた。大小、長短のパイプとその間に林立するタンク群、それらの配置にかかる安全上の規制の適宜・適正が四日市のコンビナートの再生のカギを握っていたのである。こうして特区推進プロジェクトチームは目的を遂げ、再び新しい検討事項の目標に向かってスタートすることとなった。

6　地元大学教授のリーダーシップ

官民一体のプロジェクト検討チームに一人の大学教授が加わった。四日市大学総合政策学部の教授である。この人は日本の大手電機メーカーの副社長職を退任して故郷に帰ってきた正真正銘の技術者であり、経営者であった。他の追随を許さないほどに製品開発技術の内外の事情に明るく、会社経営の眼力も高く、検討チーム内でも卓抜な意見を臆することなく披瀝し、この検討チームを強く引っ張っていった。折しも市内コンビナート

企業群もようやく社内の事業の選択と集中の作業を終えてか、投資の動きも出始め、一方長い低迷から脱し始めた日本経済の流れの中でいち早く機能性の高い石油化学素材や液晶関係のフィルム分野で他社の追随を許さない製品開発に成功した事業所そしてさらに新規製品の製造に新しいプラントを立ち上げる事業所などが現われてきた。この地域でやっと高度部材の産業クラスターの形成に緒がついたといえよう。ところで当地域には工業系の大学はないし、今後も急には期待できない。しかし、日本の主要製造企業の事業所は世界経済の中にはめ込まれそのグローバル化は一層加速され、国の経済のみならずこれを支える企業の体制そのものが国際企業化の中にある。そして日本の企業では製品で世界での競争に互角にいやそれ以上に競争に勝ち残って、貴重な外貨を稼いでいくのは、第二次産業であり、先端産業を含む製造業である。この業種での技術研究と製品開発能力は企業の命運を握る必須のもので、市内の事業所もそのほとんどすべてが既に開発された素材を製造するところばかりである。そうであるからこの先、研究と開発の拠点を作らない限り、単に汎用製品の製造工場であり続けることはとうてい不可能である。しかし、研究と開発の拠点づくりとはいったいどうして作れるのか、まさに難題で私にしてみれば途方に暮れるばかりである。国保教授は比較データをあげ諄々と私を諭す。奈良県天理市にあるシャープ天理工場を視察した。一目瞭然であった。工場と研究所と社員マンションが同じ敷地で同居しているのだ。製品の開発研究は基礎研究の成果をもとに多くの研究者の手を煩わされてやっと完成する。ただちに製品製造ラインの工程に乗って日夜の稼働で生産され出荷されていく。しかし、競争の激しさは次の開発研究にただちに着手することとなる。いやそればかりではない。ひとたび開発され製造ラインに乗った新製品もさらに改良されてコスト削減と品質向上への技術開発も日夜なされ、軌道に乗るまで試行が繰り返される。四日市型の工場とまるで違う。茨城県つくば市へも視察に出かける。こちらは日本の誇る研究学園都市である。国公立の工学・理学系の大学も14校あり、国の研究所も40を数えるという。そして民間企業の研究所が立ち並ぶ。壮観な眺めに見惚れる私に、つくば市長は「井上さんの四日市市がうらやましい」と口にする。工場に隣接する研究所の姿を思い浮かべてのことだ。工業系の大学はなくても、横断的な研究者の集まるそして多様な産業分類にまたがる事業所や中小企業の工場さらにそこに大学の研究所のスタッフとタイアップした開発への取り組みこそ21世紀型の事業所群とそれを取り巻くまちづくり、石頭の私も次第に頭に入ってくる。国保教授とカナダへの燃料電池研究

機関の視察の旅、そしてドイツミュンヘンへの共同研究機関の官民協働の在り方を視察した旅、これらはいずれも四日市市臨海部のコンビナートをはじめとする市内事業所の構造改革への道筋を探る旅であり、また市の将来を見定めるまちづくり再生への視察の旅であったのだ。特区認定で喜んではいられない。特区はほんの入り口であり、特例措置も1年2年経過すれば、全国共通の規制緩和の法律改正となるのだ。地元高等学校の先輩にあたる国保元愷先生こそわがまちの救い主であったのだ。

7　民間研究所立地奨励金交付事業

私は2000（平成12）年以降企業立地促進条例を制定して、企業の進出、投資の誘導に努めてきたが、2003（平成15）年4月より、市内事業所の高付加価値型事業への転換や次世代産業の展開を促進するために特区構想に沿った事業分野における各企業の新たな研究開発拠点の形成を支援するべく、民間研究所立地奨励制度を創設した。これは条例によるのではなく市の要綱形式でスタートさせた。市内の既存事業所や新規立地が先進的な研究開発を進めるべく新たな研究施設、設備の新・増設を行うときは、市は奨励金を交付するという制度である。奨励金交付額は上限3億円で、研究施設（建物及び償却資産）取得価額2億円以下では、10％また2億円を超え20億円の投資では5％、さらに20億円を超える投資には1％の割合の奨励金である。事業所の研究者という普段接触の薄い人たちから市への問い合わせが一時殺到したと聞く。2003（平成15）年度以降2008（平成20）年度までの5年間の適用実績をみると、投下固定資産71億1000万円、奨励金額4億1116万円となっている。さらにこれに続いて研究者集結奨励金制度をやはり要綱方式で導入した。新たに研究者が市内に異動のときは研究者1人につき金100万円を雇用企業に奨励金として交付する（派遣社員の場合は金50万円）交付上限額1億円の制度で、2008（平成20）年度研究者5人の異動があって2社で適用となった。この制度を説明すると国の担当者は目を丸くして、やりすぎではと私に言った。また企業立地促進条例の奨励金交付制度での実績をみると2000（平成12）年度以降2008（平成20）年度まで、固定資産投資総額は実に7329億円余で奨励金交付総額は25億円を上まわる。しかもこのうち2007（平成19）年度分を見ると投資総額3183億円余で奨励金交付総額が6億円をはるかに越し、実に大きな額となってきている。世界同時不況に見舞われて2009（平成21）年度以降の動静は不明であるも、市内事業所の構造改革は着実に進んでいることを裏付けていないだろうか。さら

四日市市企業立地促進条例による投資実績
年度別　指定事業件数・投下固定資産額

年度	指定事業件数	投下固定資産総額（百万円）
平成12年度	8社　14事業	13,718
平成13年度	9社　9事業	8,569
平成14年度	8社　14事業	23,839
平成15年度	6社　7事業	28,555
平成16年度	10社　12事業	15,791
平成17年度	11社　15事業	280,526
平成18年度	11社　15事業	13,691
平成19年度	15社　19事業	318,364
平成20年度	10社　11事業	29,327
合計	47社　116事業	732,380

に市内に新しく進出あるいは設備の増強計画は市への届け出や紹介等も今もって盛んであり、一時的に延期があっても次々と奨励金の交付が続くと思われる。そしてこれから企業立地促進等での優遇措置に対し2008（平成20）年7月、政府は特例として交付金も出す制度を発表した。四日市市も10県12地域の選抜に入り向こう3年間この特典を受けることになった。努力するものが報われるのだ。

8　市内産業、事業所の構造改革

市内産業の事業所群それは第一から第三地区までの石油化学コンビナートに象徴される、その外観はまさに壮観である。これに内陸部の工場や食品化学工場が連なり第三者からは立派だ立派だしかし公害はなくなったかと言われる。工場群の夜景が被写体として珍しく書物にまでなる今日、四日市のコンビナートはその美しさと壮大さで評価が高いと言われる。しかしその内実は大きな弱点を抱えていた。川上産業から川下産業まで石化事業のあらゆる事業所を擁し、かつてはゴジラという怪獣映画で日本の産業を破壊する巻で伊勢湾から四日市に上陸し襲撃を受けるシーンがあったが、今や存亡の危機にあるのだ。教授は説く、四日市市を中心に三重県北勢地域は従業員300人以上の事業所しかも大企業の工場の集積がきわめて高く、その生産活動実績を製造出荷額でみると三重県内の3分の2を占める。しかし1991（平成3）年以降10年間をみると事業所の閉鎖は約20％666の事業所が、また就職者の15％2万人が失業したのもこの地域であると。この原因は成熟品の量産（単純）工程を主体とした事業所ばかりで集積率は極めて高いも、汎用製品の施設ばかりである。

したがって、経済のグローバル化をまともに受けて海外進出の結果が今の姿である。新規開発製品の製造につながる企業の研究所・研究室はいずれも東京を中心に関東圏にあって四日市の事業所は淘汰を静かに待っている。肝心の技術研究と製品開発の集積がない、そのうえ企業間や大学等との連携もなく、自律的発展の基盤もないと厳しい。約30社の事業所のデータをもとに、指摘され最後は行政は怠慢とお叱りを受ける。しかしその分析は続く、この地域の中小企業とりわけ製造業について、この地域の中小企業の事業所群はすこぶる裾野が広くかつ様々な業態に分かれ、日本でも有数だという。下請企業といっても部品の製造で図面支給と製造方法の指導を細かく受けるタイプ、そして独自技術をもって部品加工業務を受け持つが、鋳造、板金、溶接、樹脂加工などの分野で特許さえ持つところもある。そしてこのタイプの中には、自社ブランドを持ち最終商品を製造する第三のタイプの中小企業もある。その占める位置はアメリカに比し、いや日本全国の中でも、割合も高く、生産性の格差も大きくないと諄々と説かれる。急いでこの北勢地域に大企業が持つ東京・関東圏の研究開発機能の集積を移さないといけない。そして、既存事業所の改築、改装を含め、製品の開発、改良工程を組み込んだ事業所体制に一刻も早く変えねばならない。そのために行政は開発機能を備える部材企業や中小企業が大企業の事業所の製品開発工程を支援することができるよう、新たな拠点づくりを目指し、さらに団塊の世代が到来するこのときに大企業の事業所の退職グループが中小企業の事業所で再度技能を発揮できるような制度づくりも行政の仕事ではないかと叱咤激励される。中小企業の事業所で働く人たちへのレベルアップのための研修講座の開設も急がねばならない。こうして市内中心市街地内の地場産業振興センター内にいち早く、三重大学工学部の先生らの協力を得て人材養成講座を始めた。

9　三重県高度部材イノベーションセンターの設立

製品の開発に基礎研究によってもたらされたいわば研究室の成果を土台に、商品販売にたどりつくプロセスはそこに死の谷が存するといわれるぐらいハードル

高度部材イノベーションセンター

第 7 章　コンビナートの再生

は高い。これまで企業は優秀な研究員を集めて長年にわたる製品開発への努力をしてきた。その費用は企業規模が大きければ大きいほど膨大であり、ひとたび経済不況ともなればその研究開発費用は大幅に削減される。こうした中でこの開発に資する場所づくりを行政は急いで考えろと、要するに懸案の課題の解決へ大きな助けとなるソリューションセンターを立ち上げなさいとの要請である。企業の研究者たちがあるいは大学の研究室にこもる研究員たちが企業・大学の垣根を越えて情報の交換や意見の出し合いで、さらに大型コンピューターや精度の高い業務用電子顕微鏡さらには検知、検査機器等が自在に自由に使用でき、成果をただちに確認、検証できる、そんな場所づくりをせよ。これは難題である。カナダに視察に行き、ドイツで見て聞いてきたといえども、市内のどこにどれだけの費用で設けることができるか。現有の建物ではどうか。すぐ思いつくのは市内西部鈴鹿の山の麓ともいえる桜地区にある国際環境技術移転研究センター（通称：ICETT）のある地域だ。ここなら空いているビルもあり敷地もある。しかし苦い経験がよみがえる。市長就任直後当時の北川正恭三重県知事と誘致に奔走し見事に失敗した経験だ。国際連合の環境大学院とも言われた国連環境研究機構の日本の拠点誘致活動に最後は慶応大学神奈川湘南キャンパスに負けたのだ。その敗因を選考委員の女史から私は優しくしかし厳しい評価内容を告げられたのだ。「市長さん、研究者も妻も子供もいます。毎日の研究生活は癒しの場所もいります。風光明媚もよいですが街へ出るのに10kmも20kmもかかってはね」と競争にならないことを告げられたのだ。ある職員から私に近鉄名古屋線の急行停車駅より徒歩4～5分、事業所集積の中心地にある三菱さんの事務棟は最適ですよねと耳打ちされた。瞬間とんでもないと首を横に振った。盛業中の施設を開けて貸してくれ、ここは一等地だから。そんな虫のいい話は出来っこないよと私は言った。しかしよくよく考えてみれば、まさに一等地である。空気はきれいになった。便利は良い。近くに赤ちょうちんの店もある。郊外に住居を構えれば奥方も名古屋、京都に近くそのうえ中学、高校の環境も悪くない。二度と同じ失敗はしたくない。恐る恐る三菱化学四日市事業所長に酒の勢いを借りて口火を切った。とんでもないと怒りの返答だ。彼は執行役員でもある。しかし、ここであきらめる私ではない、県知事も加勢してくれた。粘り強く何度も機会をとらえて懇願する。2007（平成19）年8月3日、マスコミは「高度部材開発拠点、三菱化学四日市に拠点」と報道した。県は付加価値の高い特殊な素材や部品の高度部材を軸とした開発研究機関のソウリュウショセンターを四日市市東邦町の三菱化学四

129

日市事業所内に設置する方向で検討に入ったと。契約がまとまれば来年1月から運営開始を目指すと。飛行機部品や液晶、半導体の材料等、最先端技術により「高度部材」は中国やインドなど経済発展著しいアジア諸国に日本が対抗できる分野で、高度部材の製造に携わる化学メーカーや自動車、電気関係企業が北勢地域に集中することに着目しての計画だと報じる。国から2億円、県から1億5千万円そして市から1億円の拠出で出来上がった。この拠点を使って企業や大学がプロジェクトチームを作り自由に研究開発することで高度部材の研究拠点となることが期待される。なお、このセンター内にて中小企業のモノづくり支援も実施の予定と記事は続く。開設以来海外とりわけ欧州からの視察団が数多くやってくる。大変嬉しいことである。三菱化学のトップを含めその英断のおかげであるが、同社は時を同じくして同敷地内に顧客と協働しての新製品の開発をするべく「四日市未来創造館」と名付けた研究所を立ち上げ、続いて顧客への技術紹介

AMICの3つの主要業務

❶最先端部材の研究開発
・地域企業の高度部材研究開発テーマ発掘
・テーマに応じたユーザー企業探索、連携斡旋
・最適な大学・研究所の研究者、技術者探索、斡旋
・経産省、文科省、NEDO資金導入支援

❷中小企業の課題解決
・コーディネーターの中小企業訪問、課題発掘
・企業、大学、研究所、企業OB紹介、課題解決
・開発、生産、販売、経営手法、資金の支援
・AMICの部材評価機器開放、評価作業支援

❸技術人材育成
・企業の設計・開発中核技術者の実学、基礎再教育
・製造現場管理者の品質、コスト、納期管理教育
・組込ソフト、メカトロ技術専門者育成
・高度部材開発過程でのスーパーエンジニア育成、実践、教育

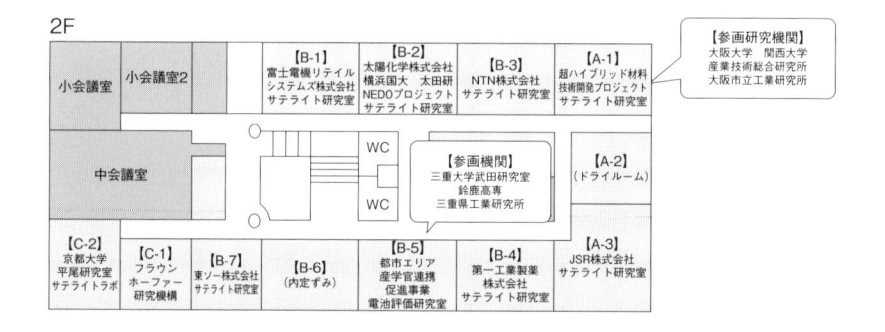

2F							【参画研究機関】大阪大学 関西大学 産業技術総合研究所 大阪市立工業研究所
小会議室	小会議室2	【B-1】富士電機リテイルシステムズ株式会社サテライト研究室	【B-2】太陽化学株式会社 横浜国大 太田研 NEDOプロジェクトサテライト研究室	【B-3】NTN株式会社サテライト研究室	【A-1】超ハイブリッド材料技術開発プロジェクトサテライト研究室		
中会議室			WC WC	【参画機関】三重大学武田研究室 鈴鹿高専 三重県工業研究所	【A-2】(ドライルーム)		
【C-2】京都大学平尾研究室サテライトラボ	【C-1】フラウンホーファー研究機構	【B-7】東ソー株式会社サテライト研究室	【B-6】(内定ずみ)	【B-5】都市エリア産学官連携促進事業電池評価研究室	【B-4】第一工業製薬株式会社サテライト研究室	【A-3】JSR株式会社サテライト研究室	

第7章　コンビナートの再生

と提案をして共同開発中の製品評価まで可能となる「ケミストリープラザ」という研究所まで設立した。四日市事業所はもともと数百人の研究スタッフを抱えていたこともあり、この行政が民間事業所建物を借り上げそっくり改装して開設したセンターに隣接する研究所が並び立つところに4月のフランス、5月ドイツ、さらには12月のイギリスの官民からなる視察団の訪問を受ける素地が整えられたといえる。一方市内の事業所には我が国の合成ゴム製造で国策企業とも言われたJSR（旧社名：日本合成ゴム）の主力工場もある。ここではその研究開発努力が実り合成ゴムの製造からファインケミカルと呼ばれる光学材料、液晶表示材料やディスプレイフィルムなどの製品の製造に転換し、矢継ぎ早の新工場建設と研究所の立ち上げがなされ、その研究実績と研究室は充実度合いを一層高めている。こうなると他の企業の事業所も黙ってはいない。従業員は社内の事業の集中と選択の競争に打ち勝って、四日市事業所の増設や研究所の設立で活気づく。東ソーの山口県南陽事業所から一転、ハイシリカゼオライトとジルコニア粉末の新規プラントの四日市事業所内の建設である。連鎖する活況で立地促進事業や民間研究所建設への奨励金交付は繁盛の一途をたどっている。ありがたいことである。

10　児童・生徒の理科離れ対策に国保教授またも頑張る

最近の小中学校の児童生徒たちへの教育で心配されていることに理科離れ現象があげられる。四日市市でも事情は同じだ。これは教師の授業力にも問題があると辛辣な批評もあるがなにしろ子どもたちは部活に塾通いに忙しい。そのうえ、理科の教材にも革新がない。時間がかかりすぎて意外に退屈だとの声も聞かれる。そんな私の愚痴に国保先生は早速行動開始する。四日市の事業所に働く研究者には工学部などの大学院修士、博士課程の卒業者がいっぱいいる。かれらの応援を得ればなんでもないよと私にささやく。こうして2007（平成19）年5月22日市内中学校2年生245人を講堂に集めての「工業の大切さ─理科・数学の大切さ」を国保教授に担当してもらった。続いて7月5日やはり中学2年生74人に対して「手のつなぎ方で様々な性能を発揮する高分子」と題する企業のドクターに教壇に立ってもらい、11月20日中学2年生179人には「働くということ」と題し、既に東京本社に転任した事業所長がわざわざ里帰り授業をこなしてくれた。このような講堂に集めて特別授業形式では12月18日中学1,2年生71人を集めての小規模校で「環境とエネルギーについて」との講義を企業人がやはり担

当した。一方理科授業として10月11日中学1年生82人に対して「ガラスの中で光が曲がる」という授業をガラス製造大手企業の事業所が担当し、10月23日には市内中学（選択理科）の31人の生徒に対して「電気回路の自動車部品への応用・プロに学ぶ職業観」と題する工業高校受験生への授業を展開してもらった。そして好評の結果11月12日には市内中学3年生172人に対して「手のつなぎ方で様々な性能を発揮する高分子」の授業を再演し、12月1日には電力会社の事業所から市内小学校6年生の161人の児童に対し「電気を作ることとその仕事」と題する理科授業の展開をみている。もうここまでくると来年つまり2008（平成20）年以降は正式のカリキュラムに載った授業スケジュールに組み込まれることとなった。理科離れ対策というより企業市民のまちづくり参加である。まちづくり参加といえば、市内事業所の従業員みなさんに力を借りての1級河川鈴鹿川下流河川敷の清掃活動や市内河川の河口の干潟保全活動さらに市内西部の市民マラソンや自転車競技大会会場周辺の植樹活動等一般市民と事業所の方々によるまちづくり事業の展開は年々活発となって頼もしい限りである。しかしこうした朗報ばかりではない。それは市内コンビナート企業の事業所で最も古く戦前から市内で製造業の事業所で確固たる地位を築いてきたチタン製造で最有力企業の四日市事業所がその排出産業廃棄物の放出・埋め立て処分問題で東海地区の自治体より厳しい非難を受け、覆土地帯より掘り返し撤去を次々と迫られるという深刻な事態を招いてマスコミからも厳しい追及を受ける。そしてまたもや市議会からもだ。折しも私はまちに青空が戻り空気はよく、住みやすい四日市になったとPRに努め2007（平成19）年12月17日東京・経団連会館で開催された「企業立地促進フォーラムイン東京」では四日市市は「頑張る市町村20選」に入ったことや2006（平成18）年9月8日やはり東京都内ホテルで開催されたアジア太平洋経済協力会議（APEC）の構造改革ハイレベルシンポジウムに報告者として招かれ、アジア諸国の出席者を前に石災法でのレイアウト規制の特例措置を国より受け、これを活用して市内コンビナート企業の構造改革に手を貸し、その再生を果たしつつあることを報告してきたところであった。そのうえに、隣町との合併により市内臨海部第一コンビナート地区にすきとおる湧き水（伏流水）が出て毎年ゲンジボタルが乱舞するところから、これを一枚の合成写真にとり、コンビナートのプラントからわずか4kmの地点でホタルが舞う、四日市市は公害を克服して活気あるまちへの足固めを着実にしていますよとキャンペーンを展開した。そうなるとマスコミも黙ってはいない。市内西北部の大矢知地区に日

第7章　コンビナートの再生

本最大級の産業廃棄物の捨て場が現われて、市民から撤去せよとの声も日増しに高まる中でとんでもない能天気な市長だ、かつての公害裁判では原告住民の訴訟代理人弁護士まで務めていたことをどう思っているのかと、再びマスコミでの渦中の人となってしまった。あれもこれも私の不徳の至りですと言うべきであろうか。

きらめく自然　ときめく四日市

133

第8章　躍動する市民パワー

1　新興団地の住民による夜間パトロール

　伊藤嗣也（43歳）会長は、その夜恒例となった町内の夜間見回りを終えようとして小公園の前で西村副会長と愛用の自家用車を止めた。その屋根には青色回転灯を装着していたが、そこへ顔見知りの警官が近づいてきた「伊藤さん、ご苦労様です。ちょっとお話したいことがあるのですが。」「私にですか。もう夜の10時を過ぎていますが。私のことですか、話というには。」すると「いや、皆さんたちのことです。」では「西村君と一緒でいいですか。」こうして薄暗い一室で若い警察官はぽつりぽつりと用件について語り始めた。「実は困っております。あなた方の夜回り活動は大変ありがたく、空き巣や車上狙いの被害もこの地区では激減し、私たちも高く評価しております。しかし、署長から言われました。本部から遂に取り締まれと指示が来ました。道路運送車両法違反の青色回転灯を点滅しての町内パトロールをこれ以上見逃すことはできない。回転灯を自粛してやってもらうわけにはいきませんか。回転灯を装着しての違法運転は検挙する。無視して続けるならば取り締まらねばならない。こんな言われ方はないとあなた方は思われるでしょうが。」西村はすかさず若い警官に尋ねる。「おまわりさん、先ごろNHK総合テレビ「ご近所の底力」で全国放映されたからでしょうか、私たちのパトロールが。」と尋ねると、彼はそうですともそうではありませんとも答えず、初めて二人の顔を見ながら、「困っているんですよ。こんな辛い話を私にせよといわれて」と答えるのみであった。実はこの新興団地は市内南部の丘陵地、大手開発業者が広大な農地（茶畑その他）を区画整理事業にて一部を住宅団地に整備して売り出し、旧市街地や隣接市町に住む若い世帯が買い求めいっせいに待望のマイホームを建てて移り住んできたところであった。悠彩の里と気の利いた名前のバス停があるが、昔から別山地区といわれて、別山団地と呼ばれる200軒弱ばかりの団地である。現在もどんどんと住民が増え続けて今では500世帯約1500人の住む新興団地である。夫婦二人と子供二人やっと手に入れたマイホームで喜色満面の毎日と期待していたが、このところ暗いニュースばかりが続いていた。連日連夜、発生する空き巣

第8章　躍動する市民パワー

や車上狙いの被害であった。自治会長の伊藤は顔もまだ覚えきれない住民たちからの被害の訴えばかり持ち込まれて、いつも最寄りの交番に足を運んでいた。そして我が家もとうとうやられてしまった。もっとも現金の被害はなくも、戸、障子は傷つけられ、損害を受けたばかりだ。「こんなに被害が出て、もう黙ってはおれません。今日は大勢でやってきました。何とか、泥棒を捕まえてくださいよ。あなた方の仕事じゃいないですか。」と口から泡を吹かさんばかりに訴える伊藤に対し、懸命に努力しておりますが、なにしろ相手はプロで手口も巧妙で困っております。いや皆さんのお怒りは分かりますよ、十分に……。当方も凶悪犯が増えていて、手薄な人間でこれを追いかけて窃盗犯にまで手が回りかねているのです。いやつい愚痴をこぼして申し訳ない。」と答える担当警察官。そんな馬鹿な話しがあるのかと怒って、勝手に帰ってしまう自治会役員もいた。これではお手上げと自宅に帰って、みんなため息ばかりである。

　しばらくして伊藤は役員とともに徒歩であるいは自転車に乗って夜間見回りに出るようになった。しかし、雨が降る日は集まりも悪く、一人で回ると夜10時頃ではかえって伊藤が不審者と間違われる始末であった。こうして声を掛け合って自転車で懐中電灯をかざして夜間パトロールに精を出すも、真冬の夜更けは厳しい。40歳を過ぎたおやじグループも顔なじみとなったが、体力的に限界である。何とかして楽しく見回りが続けられないか。愚痴交じりの会話ばかりだ。相変わらず、見回りを始めても空き巣、車上狙いの被害届はたいして減らない。電気工事に明るい人から、車の屋根に赤い色や黄色の回転灯を点滅してパトロールできないかなあと突拍子もないアイデアが出された。真剣に考える顔と顔。そして青い色の回転灯を愛用の自家用自動車に装着して点滅しながらパトロールすることになり、早速、揃って電気店に物色に行った。

　いざ実行してみると、回転灯のハロゲンライトの光は強力で1km位離れたところからも判別できる自動車の走行に、装着と着脱も意外に簡単で仲間の参加も増え、雨天も心配がない。夏も冬も楽しみながらパトロール、いつの間にかあれほど続いた窃盗被害もこのところ聞かないばかりか、周辺の自治会の人たちから問い合わせも出てくる。警察署へもこのところご無沙汰である。マスコミの取材記者もやってきた。聞くともなくこの青色回転灯の点滅パトロールは法律に触れるのではないかという役員の声も気にもかけずパトロールを続ける。こうしたときに駐在さんからあまり派手にやらないでと言われた。伊藤たちはすぐさま言い返した。なに言うの、派手にやらなきゃ意味が無い、何しろ私たちは泥棒を捕ま

えるためにやっているのではないですよ。彼らにこの町へは盗みに入れないと思わせることができればそれで十分ですからねと答えていた。そして2003（平成15）年12月年の瀬も押し迫ったある日NHK総合テレビの全国放送にてご近所の底力の紹介コーナーで、この伊藤らの自衛パトロールが見事成功と報道されたのだ。そして遂に2004（平成16）年1月正月早々伊藤に四日市南警察署へ出頭するよう通知が届けられた。

2　道路運送車両法違反で自粛通告

　正式に青色回転灯の点滅による夜間の町内パトロール活動につき法律違反であることから自粛するよう通告を受けた伊藤会長は重い足取りで自宅にたどりついた。待ち受けた妻は事の次第を詳しく聞いて口を開いた。「お父さん、続けてください。何も悪いことはしていない。罰金なら払ってあげます。それより泥棒に入られて被害を受けるのはもうたくさんです。それに町内の人たちはみんな近所付き合いもよくなって、子どもたちも一緒に登下校するようになったんですよ。大人に言われる前に自分たちでね。」と。
　みんなも心配して、おやじクラブ（自分たちで勝手にこのように呼んでいた）は集まった。そこで、伊藤は妻の話をした。仲間は既にこのとき、自治会の役員ばかりでなく、どんどんと増えていった。青色回転灯で評判になり、周囲の人たちから注目されている。そして何よりも被害がこのところない。さすがにドロボーさんも近付けない。楽しくやろうの思いは変わらない。頑張って続けようと衆目一致した。一方では市役所や関係先の人たちに自分たちの運動について安心して続けることができるよう相談に行こうとの意見でも誰も反対する者はいなかった。そこで市役所に相談に行くことになった。市長の私もこの訴えを知った。せっかく住民が知恵を絞り、泥棒被害から立ち上がったこの行動を抑え込んではならない。よく事情を聴いて対策、いやよい妙案はないか相談に乗ってやるべしと担当職員を説いた。なにしろ、2003（平成15）年4月政府より、技術集積活用型産業再生特区の第1号認定を受け、一方で市民活動への支援策としてファンド支援機構の立ち上げをさらには個性あるまちづくり支援事業も起こして、その市民力の発揮を待ち望んでいた私にとっては、警察署も頑固だと思った。交通事故とか実被害が出ていないではないか、青色の回転灯を自家用自動車に自費で装着して町内域を夜間に走り回っているだけの行動なのにと思うばかりであった。しかしこのまま放置できない。すぐさまこの活動自粛の通告を撤回してくれるよう県警本部にも警察庁へも陳情活動を考えていると、地元警察署も

担当者が東京への住民たちの陳情に同行していると聞く。四日市地域だけに限って何とか特例措置で認めてほしいと訴えるも、この種の規制はそのようなものでは本来ないと冷たく突っぱねられて、むしろ自治体で認可を受けた警備会社に安全業務委託の事業を考えてみてはといわれた。こんな報告を受けて私は唖然とするばかりであった。一方、地元ではこの別山団地の安全パトロールに刺激を受けて、あちこちで自警活動が立ち上がってきていた。夜回り隊による町内のパトロール活動だ。市への助成の声もどんどん上がってくる。ヘルメットに懐中電灯そして警棒まがいの守り棒を購入する費用に補助金がほしいと。警察庁の動きも、着脱自在の回転灯は認められないが、固定式の回転灯による点滅パトロールならば法改正をして認めてもよいのではとの意見が主流になるとの情報も入ってくる。また一方では、市で施行中の四日市市安全なまちづくり条例に基づいて、四日市市地区防犯協議会の傘下の組織が次々と立ち上げられ2004（平成16）年7月には13地区の市民活動組織間の連絡協議会も立ち上げられた。もちろん別山地区の伊藤のところではその音頭とりでNPO法人別山安全まちづくり推進委員会が自治会組織と分離して作られ、代表の会長に伊藤、副会長に西村が就任した。市内三つの警察署の生活安全課長も市の市民部長と連絡協議会設立総会に

は参加することとなった。オブザーバーといったところか。

3 地域再生特区で晴れて青色回転灯パトロール車走る

　2004（平成16）年12月1日、伊藤会長（NPO法人の）らは晴れて堂々と隊列を組んで青色回転灯を点滅しての町内パトロールを再開した。左腕にはぴかぴか光る腕章を巻いて「防犯活動推進員」の活動である。従来どおり着脱自在の回転灯だ。愛車の同じハンドルで、市長からもらったばかりの委嘱状もフロントガラスに光り輝いている。当時市内の13団体が「四日市市地域防犯協議会」に加わっていたが、任意団体が多く、その活動実績等の総合判断から4団体の22人の活動員に限って防犯活動推進員と認め委嘱する。そして彼らの登録自家用自動車に限って着脱自在の青色回転灯の点滅走行が許可されたのであった。これは事故もこれまで起こさず、安全走行に不安がなく、点滅走行のルールを守って防犯活動に専念する「人とくるま」ですよとのお墨付きの授与であった。これは四日市方式といって一般には固定式回転灯で限られた車両への点滅走行を認めるものであるが、まさに地域限定での特例措置であった。伊藤会長の所属するNPO法人では、その実績評価から14人の「人とくるま」が推進員の腕章を手にして晴

ケチケチ市長と呼ばれて～市民と進めた財政健全化～

れ晴れした顔でパトロール活動を再開した。その後、市では活動実績を積んだ人たちを次々と推進員に委嘱して、いまや50人を超えようとしている。一方で、市の中心市街地での繁華街対策の面では住民たちの徒歩見回りの地域防犯活動も出てきた。四日市市も他市と同様（東京渋谷の繁華街ほどではないが）、風俗営業といわれるところで「立ちんぼさん」による客引き行為が目に余る。さらに派手な立て看板も取り締まれないかといった苦情が多く、市も警察署と頭を悩ます毎日であった。家族連れで夜の散歩ができず映画館への足も遠のくとの苦情も多い。そこへ地域の人たちが立ち上がり、時間帯をみていっせいに青いジャンパーに身を包んで徒歩のパトロールをする。そこへ県条例も改正され、繁華街の角々に立つ電柱に防犯カメラと防犯電話が設置され、安全なまちづくりへの市民活動は次第に活発になっていった。また、夜遅くゲーム機の集まる店へ幼児や児童を連れた大人達を発見するとすぐさま母親グループの活動員が注意して帰宅を促す。喰って掛かる人が現れるとすかさず警官が出てきて諭すというシステムも定着しつつある。市内事業所の経済活動でのカンフル剤となった経済特区に続いて今度は安全なまちづくり、とりわけ防犯での市民活動でカンフル剤となった特例措置は、政府の地域再生計画としてさきの内閣官房の構造改革特区推進室が地域再生推進室を兼ねていたと知ってびっくり仰天の私であった。2005（平成17）年7月1日、国から市は市民活動による地域再生計画の認定第1号を得た。続いて2006（平成18）年度では市内の8つのNPO団体の連合体が四日市大学と連携して団塊の世代の人材活用等のシステム構築計画が内閣から地域再生計画として認定を受けた。私はひとりほくそ笑む。もちろん市内のイベント、ありとあらゆる集会に顔を出し、激励と笑顔を降り注いだ。さらに調子に乗って生活改善グループそれは従来より消費者の被害対策も含め活発な啓発活動を続けてきた婦人グループの恒例のリニューアル衣料展示会でのファッションショーに自ら出演を買って出る一幕もあった。まさに活き活き市民力によるまち（地域）の再生なのだ。

青色灯パトロール乗車の筆者

4 活き活き市民力の活動
　―まちに生活バス走る―

　市内北西部に三重交通㈱の路線バスが走っていた。近鉄四日市駅から垂坂団地までの通勤、通学のドル箱路線だ。しかし、国道一号線を途中で経由し、まさに交通渋滞の難所を潜り抜けるこのバスに定時定刻の運行の期待は薄れるばかりだ。くるま社会の進行は遂に廃線の通告をもたらした。道路運送法の改正（2002（平成14）年）はそれまでの免許制が届出制となり、新規参入もその扉は開いたが、廃線も同時に自由だ。2002（平成14）年5月末で廃線となったことで、地元の人たち、とりわけ老人と主婦たちははたと困ってしまった。病院への通院と近くのスーパーへの買い物の足を奪われてしまったのだ。それまで市は廃線は避けようと通告される以前に地元自治体としてはバス運行事業者にひとまず補助金を出して頑張ってほしいとお願いしていたが、遂に万策尽きたのであった。民間企業を退職して実家に帰り、自家製の米や野菜づくりに精を出していた人らが立ち上がった。民間で廃線となったこのバス運行を再開できないかと、市の住民アンケート等の資料を細かく分析して国道一号線を通らない、途中の近鉄霞ケ浦駅（急行も停車せず）と公共交通の不便な市内大矢知地区までの9.5kmの間、土曜・日曜は運休のジグザグ運転によるバスの運行である。36分間走行、途中の停車場は地元の要望に応じます。平日5.5往復、1回乗車賃均一の100円、月間の乗り放題は月1000円の料金だ。運輸局との交渉も市職員の助力を得て、NPO法人が主体で三重交通㈱より小型バスと専用運転手をレンタル契約そして市より年間360万円の補助金で2003（平成15）年4月スタートして早くも満5年を超え盛況のうちに経過している。四日市生活バスの運行である。NPO法人代表の西脇良孝の頭の回転は長年勤務した民間企業の頭である。おじいさん、おばあさんの病院通いの足であるから、病院、医院やクリニックの玄関先でバスを止めよう、雨の日も傘要らずだ、寒い日も玄関の中で待ってください。その代わり院長先生、協賛金をください。ちゃっかり総合病院、医院、そしてクリニックでランク別の協賛金表を示す。そして次のお客さんは家庭の主婦だ。電車に乗り継いで、時には四日市中心市街地や名古屋市へ出たいが、また平日は近くのスーパーに行きたい。郵便局へも。そこで終点は市内大手スーパーの大矢知店として、途中はどこでも停車しますと、9.5kmの沿線に30箇所以上の停留所を設けている。もちろん協賛金もがっちり抜け目なく頂戴する。この「四日市生活バス」事業は地元のニーズに応えた。2007（平成19）年6月26日にはNHKテレビ全国放送の「おはよう、日本―特

生活バス

集：公共交通をどう再生させるか—」で放映されたから、たまらない。ひっきりなしの問い合わせだ。彼は次々とアイデアと工夫をこらす。お客さんの気をそらせまいとサービス精神は旺盛である。春夏秋の行楽バスそして年末にはお買い物ツアーバスを走らせる。豪華な観光バスを借り切ってだ。さらにスポンサーにも愛想よく訪問する。スーパーサンシではポイント制をバスの乗り降りにまで導入して、またこれが人気となる。年間乗客数も当初の２万人から今や３万人に迫ろうとして、地元の交流サロンと化している。それでも最近の経済不況で彼の顔色はくもる。赤字への懸念が消えないからだ。（協賛金の集まりがこのところ悪いのだ。）

5 河川の浄化も市民の手で
—EM菌による清流づくり—

2002（平成14）年10月29日地元新聞は、市内に流れる堀川の沿線の三つの小中学校生徒による「堀川EMジャブジャブ」作戦の実施を報じた。これは環境をテーマにした授業の校外実習であったが、NPO法人イーエム市民広場（代表者、小川敦司）指導支援による有機微生物群のEM菌の発酵液約１トンを生徒たちが上流域と中流域に分かれて橋の上から投入の風景写真を伴う記事である。２級河川の海蔵川支流である堀川もこのところの生活雑排水の放水で水草や魚介類も次第に追い詰められ、まして子供たちの遊び場にもならない状態だ。川底を洗う作業も昔の農家の出会いと呼ばれる自主慣行もいつしか消えて、下流の河口付近では汚泥のたまる悪臭の元凶となっている。市役所も毎年夏季になると付近の住民から苦情が寄せられ頭の痛いことだ。いや堀川だけではないのだ。市内中心市街地の真ん中を流れる阿瀬知川の汚染はさらに進行していた。はるか以前より苦情をかわすように３年毎に河口の汚泥の除去作業に業者の出動で税金の支出を強いられていた。財政難の折に大きな出費で頭が痛い。こうした中で2000（平成12）年、小川代表は私に面会を求め、当時琉球大学比嘉照夫教授の開発したEM菌による微生物群の活用技術をこの阿瀬知川の下流で試してみたいと要望してきた。私も以前、比嘉教授には直接お会いしてその効用を聞き知っていたこともあり早速にこの実験申出に

同意した。彼は仲間を連れ橋の上からペットボトルに入れた発酵液を投入し、さらに子供たちを誘ってEM団子を投げ入れた。次第に効果が現れ始めた。何しろ毎日人どおりは多く、通行は絶えない。いつの間にか澄んだ流れと化していくと水草が顔を出し、小魚が泳ぐ姿もはっきり分かる。こうなるとしめたもので、自治会長も重い腰を上げる。ますますこの活動は活発になり、大規模となって遂に下流は改善された。しかし、中流で家庭雑排水が上流では農業用水からの農薬交じりの排水がと喧々諤々となった。こうして土木工事それも河川の汚泥除去までも市民活動のおかげで助かっておりますと私が市長報告すると市民は目を丸くするばかりだ。2008（平成20）年10月27日東京日本橋の三越日本橋本店・三越劇場で名橋「日本橋」保存会とNPO地球環境共生ネットワーク主催の環境フォーラム「よみがえれ！　日本橋川」が開催された。川の健康を取り戻す市民たちの活動と題して映像とナレーションによる河川浄化の活動の紹介がまず始まるやなんと公害のまちとかつて言われた四日市の阿瀬知川が見事によみがえった河川のトップバッターを務めたのである。このEM（有機微生物群）の善玉菌は安全で安心そのうえローコストで汚染物質を分解する自然の摂理の技術ですと得意げに説明する自治会長の顔は汗びっしょりであった。

阿瀬知川

6　耕作放棄地や荒れる里山対策に救い主が

　市内の耕作放棄地は拡大の一途をたどっている。四日市は工業都市でなかったのですか？　とよく尋ねられるが、市域の205km^{2}のうち農耕作の田畑は意外に広い。豊かな田園地帯は大小の河川に恵まれて住みやすい地方都市の典型である。しかし、農業、漁業の担い手は減少の一途をたどり、その結果は広大な耕作放棄地となる。そして丘陵地帯も公害対策からの都市計画で次々と大規模住宅団地が作られて、その結果人手の入らない荒れはてた雑木林が広がる一方である。これは災害防止の面でも放置できない。このところの地球温暖化現象からなのか、集中豪雨（最近はゲリラ豪雨とマスコミは呼ぶ）による被害への心配は一日も安心させてくれない。こうした中で地域の市民たちは邪魔者扱いとなった竹林

に地権者の了解をとって伐採に入り、竹炭窯を築いて竹炭や竹酢を作って汗を流す。あの里山もこの竹林もどんどん地域の人たちのボランティア活動は広がる一方で個性あるまちづくり支援事業の予算も毎年膨らむばかりである。こうなると市民活動の立ち上がり期の支援は年10万円の基準で適用してよいが、組織拡大と活動充実期を迎える団体へは年50万円の新基準が必要だ。毎年多くの応募者の説明（事業活動のプレゼンテーション）にも市の担当職員のみが独断で判断するのは如何かと第三者選定員会の立ち上げとなる。さらに市の推進目標を明確に掲げての市民活動の誘導も必要と「市民緑地」推進事業が政策課より出されるに至った。既に活動してきている市民農園づくりの活動団体や里山づくりの団体もある中で市の方針として耕作放棄地や荒れ果てた山林（民有林）に目をつけての市民緑地づくりである。そこには自治会の役員の人たちが活動の中心になるところ、一方で民間会社を定年退職した人たちによる同好会がさらにはそれらの混成部隊がと、様々な出生の違いがあるも、嬉々として作業は進行してその景観も一変する。市内に毎年1～2個所の立ち上げで、私の休日はそのスケジュールに頭を悩ますほどになっていく。そんな中で、10年間こつこつと梅の木の植林を続け、市内南部丘陵地の「日永梅林」を復活させる会の里山活動は称賛に値するものと私は自慢する。その代表を務める堀光一先生は地元の中学校長を最後に退職すると地元の人たちに戦前つまり昭和13年頃（私の生まれた年でもある）には最盛期を迎え、約9千本の梅の木が咲き誇る市内有数の景勝地であった話を切り出す。戦争激化で薪となり最後には丸裸となった丘陵にコツコツと住民一人一人の手で梅の木を植えようと活動を開始した。そして2008（平成20）年までに実に2100本の植樹を終え、さらに隣接の城跡を登城山復活にまで拡大し新たなる里山つくりに励む。毎年2月の梅見の会は近隣の人たちで賑わうばかりか、餅つき大会やアトラクション、にわか屋台やフリーマーケットまで出店の中で梅シロップを振りまく堀代表の姿に私は頭を下げるばかりである。このように良き指導者に恵まれる限り、このまちは再生に心配なく9千本までの道のりも安心して歩めると思う次第である。少子高齢化社会、いや日本は人口減少社会に入っているとまで言われる中で、地域の再生にはその主役は市内事業所であり市民の活動であり、まさに活き活き市民力であるとの私の確信はゆるがない。

7 そもそも市民活動とは、まちの再生の主役になりうるか

近年、少子高齢化や環境、教育、防

犯・防災など、地域社会の課題が複雑かつ多様化してきており、これらの課題に従来の行政サービスだけでは十分に対応できないケースが多くなってきています。また自治体を取り巻く社会環境は一段と厳しさを増しており、財政的、人的制約の中にあって、行政は市民ニーズを的確に捉え、効率的かつ効果的な公共サービスを実施していく必要に迫られています。その一方で市民が備えている潜在能力を発揮して、自主的に課題解決に取り組むNPOや地域活動団体など、公益的な市民活動も活発化してきており、こうした市民活動団体と行政とが協働することにより、行政だけでは難しかったきめ細やかで柔軟な対応、新しいサービス、有効な取り組みが可能になると考えられます。これが行政側の一応の認識、極めて常識的な議会答弁であろう。もちろん市民協働の流れに行政や地域が柔軟に対応しきれていないという現実は厳しく認識していると弁解をしての上であるが。こうした基本認識は当然ながら従来よりの行政の役割を補完する既存の団体の存在を前提にしてのものだ。それは自治会（701団体）であり、その連合体組織の28の連合自治会である。加入世帯も9万9000を超え住民の自治会加入率も85％であれば、広報連絡事務委託費を支出し組回覧からポスター掲示、災害時の罹災の取りまとめや公共工事の周知等が委託事務とされ年間5300万円前後

の支弁を市も負担する。このほかに防犯街灯の設置への補助金や設置後の電灯料補助金さらにコミュニティ活動拠点としての集会所の建設費等の補助金もある。そして地域福祉課題の解決のため連合自治会のほかに地区社会福祉協議会を有して保健体育、文化、青少年健全育成、環境、広報等の面での地域福祉の推進を図る（地区運動会は典型事業か）。そして市内24の地区市民センターには住民が主体的に取り組む活動の事務局機能を果たすべく団体事務局を2003（平成15）年度に各地区市民センターに設置してきた。そして忘れてはならないのは各地区の消防団の活動である。市職員の消防（常備消防）と絶妙な連携を果たしている。こうした体制をさらに住民の市民活動団体が活発に活動できるようにと、前述してきた市民活動ファンドを2000（平成12）年度に約1000万円の市職員らの任意の拠出で原資を作り、公益信託というかたちで助成する制度を作った。さらに、2004（平成16）年度より個性あるまちづくり支援事業の制度も立ち上げて一層の厚みを重ねてきている。そして多くの市民活動団体の誕生を前にしてNPO法人のネットワークづくりとこれらをサポートするNPO（中間支援NPO）の役割にも注目してその設立も実現されている。こうした市政の補助機関ともなっている市民活動団体から自主的に設立されその活動も自律の精神のもと独自

に活動する市民団体（NPO団体も含む）までその裾野は広がる一方である。そこで活動団体の課題や方向づけさらには地域の再生いやあるべき地域づくりにおいての役割（期待と実情）も含めて考察を試みたい。しかし、学術書でなく、私が市長の立場で眺めてきた上での考察にすぎないことをあらかじめお断りする。

8 青色回転灯パトロール活動から市民緑地づくりまで

これまでいわゆるNPO法人（非営利活動団体、ボランタリーセクター）と自治体との協働即ちパートナーシップを論じられるとき、必ずといってもよいほどに、政府の失敗や市場の失敗にふれられての展開が多い（補完性の原理からの論稿もあるが）。NPO法人の活動だけがこの「失敗」から顕れる市民活動と言い切れないので、私は活き活き市民活動とひとまず表現する。今や地元の自治体は危機にあると声高に叫ばれるも、それは一様に財政難の下にあってやり繰り運営でその行政サービスも低下の危機にあり必死に維持せんとする状況の中から、そのほころびに自然発生的に現れる市民の活動であってみればこれが政府の失敗あるいは市場の失敗からの誕生と写るのであろう。四日市市の青色回転灯も生活バスもいずれもそのように見えてくる。そうしてそのユニークさと確かな成果が

NHK総合テレビの全国放送に至っているのだろう。阿瀬知川の汚染からの脱出や市民緑地づくりや日永梅林を復活させる会の活動もやはり「失敗」からの誕生であろうか。自己決定・自己責任の原理に基づく分権型社会を目指す時の流れにあって、住民により近いところに存在する市民活動（NPOを含む）は「失敗」からでなく、住民の公共心の覚醒からでないか、その引きがねとなる原因は何かこうした疑問を改めて考えるところである。私は黒澤岳博氏の論考（城西大学経営紀要、自治体とNPOパートナーシップ）を読む機会があり、サラモンの主張の引用にふれて納得するところが多くあった。青色回転灯のNPO代表伊藤嗣也は「泥棒を捕えるためにパトロールをやっているわけではない。窃盗犯人が入りたくとも盗みに入れない街を作りたいだけだ」との言葉は政府の失敗を否定する。契機にはそれがなったが、本来は"おやじグループ"の楽しくやろう会なのだ。だから彼は朝まわりは老人、そして昼まわりは主婦、さらに夜遅くのパトロールが自分たちの番でポプコーンの街路への植樹にも最近は励んでいるという。これまでと異なる住民側の意識改革（これを前述論稿では「パラダイムの転換」と表現されるが）が現れてきている。市内にはNPO法人「体験ひろば、こどもスペース四日市」（水谷孝子代表）がある。子供たちが全人的に成長するために

文化芸術体験をはじめ様々な体験ができる機会を創り、子供たちが「たった一度しかない子ども時代」を豊かに過ごすことに寄与することを目的として立ち上げられ、今や10年の年月を超えようとしている。これは政府の失敗でも市場の失敗でもないだろう。『一元的な政府によるサービスでは賄いきれない多様性を持つ公共サービスもNPOなら部分的・分権的に供給することが可能である。またサービスを消費者が簡単には評価できない場合（情報の非対称性）、供給者は高い価格で粗悪品を消費者に売りつけることが可能となる。このような供給者に対する消費者の信頼欠如により、市場メカニズムがうまく機能しなくなる状況も「契約の失敗」と呼ぶ。このように「情報の非対称性」が存在するときに、供給者に対する消費者の信頼は営利企業よりもNPOを選択する。NPOが利益分配を禁止されていることから、営利を目的としない分だけ消費者から搾取する機会もインセンティブも少なく、それ故にNPOの方が消費者の受託に忠実であると考えられるところから生じるものである』と黒澤論文は語る。そして政府の失敗からボランタリーセクターの活動が生まれのではなく、ボランタリーセクターの活動の失敗から政府はこれを補完すべく乗り出すのだとサラモンの問題提起を紹介している。それは政府が活動するためには①公共性が認められ②公務員に情報が与えられ③法令が作成され④国民一般によって認められ⑤プログラムが実行される。この間に多くの「取引コスト」が必要となるが、NPOが活動するには少数の個人が自ら行動するか、または外部からの支持を得られれば足りるからであると。しかし、政府が非営利セクターの失敗を補完する判断基準となる「NPOに固有な限界」について十分わきまえてその有効な機能をもたらすことが重要即ち政府の役割であると強調する。この固有な限界とは要約すると①十分で確実なサービスを提供する資源を生み出す能力の不足②組織的対応はできず、テーマ的地域偏在重複が起きる③裕福なメンバーの嗜好によって組織の性質が形成される④アマチュアの活動に依存していくと専門化を促進する傾向を抑止してしまう。このNPOに固有な限界を見逃す危険をあげているのだ。我が国の現行NPO法の欠陥をここで指摘することが本稿の目的ではないので、以下省略するが、私が現場を眺めてきてみると住民自らの公共心の覚醒は目を見張るものがある。そしてだからこそ、活き活き市民活動の本当の力量はそこから湧き出てくると確信する。行政の下請機関といわれる自治会や既存の市民活動団体の役割を決して過少評価する気持ちはない。しかし地域の抱える諸課題への脱出口にこうしたボランタリーセクターの活動があることはどうしても否定できない（政府や市場の失敗

からではなく）。

9　自治体の地域再生計画は

2003（平成15）年6月に地方自治法の改正があった。指定管理者制度の導入である。公の施設の管理委託は従来外郭団体や公共団体に限られていたのを、民間の事業者やNOP法人に門戸を開けたこの改正は住民のサービスの向上と経費削減の一石二鳥を担ったものである。四日市市も早速この制度の導入を図ったことは言うまでもない。しかし、その現状はさまざまな課題も顕れてきている。これからの改善を期待するほかない。しかし、サラモンの指摘は目を醒まさせる。まさに目からウロコが落ちるように。四日市市の少なくとも私の市長の時代12年間を眺めてみると活き活きとした市民活動のどれもが光り輝いている。いや学者の指摘するNPO法人の欠陥はどれもこれも該当する。さきほど紹介した黒澤論文の固有な限界も間違っていない。とにかく人員、人材も少ない。財政基盤となる資源も少なく心細い、そして事業報告書や会計報告書の類もお粗末なものが多い。しかし、その活動は生き生きとして住民の信頼は高い。「情報の非対称」を引用するまでもなく、地域にしっかり根付いている。行政からの補助金に依存する傾向にリーダーたちは一様に悩んでいる。それは第三者からガバナンス（民間企業の株主総会による統制か）は見られないと言われて。しかし、だから政府（中央・地方を問わず）による公共サービス体制がよいといえるか。地方都市にあっては市民参加（いや市民参画とも最近は言われることも）のまちづくりは拡大の一途をたどっている。そのうえ、このところ司法の分野でも裁判員裁判制度の導入で国民の司法参加まで実現しマスコミの報道もまことに賑やかである。さらに消費者庁と監視の役目の消費者委員会も今やスタートしている。政治も賢い消費者の目線でないとよい政治は行われないといった声すら起きてきた。本当に必要そして最小限度の仕事は地方政府の責任であろうが、住民へのサービスは本来住民がやるべきではないか。住民が公共への参加こそ本来の姿で、これがうまくいかないとき即ち失敗もしくは失敗しそうなときに政府はこれに代わるあるいは加勢する仕組みこそ原点ではないだろうか。そこで識者は言う。NPO法人を支援するNPO法人組織が必要で、この育成こそ急務だと。市にも既にこの中間NPO法人である「NPO法人市民社会研究所（代表：松井真理子四日市大学総合政策学部教授）が設立されて活動中である。広く市民及び市民社会と関係を持つ者に対して市民自らが主体となる市民社会の発展に関する調査研究や学習、討論、研修の場の提供等の事業を行い、もって市民社会の健全な発展に寄与する

第8章 躍動する市民パワー

市民が盛りあげる夏まつりで

ことを目的に四日市NPOセクター会議も主宰している。強固なネットワークと人材づくりに全力を傾けているが、ここでもやはり財制基盤の課題が立ちはだかる。NPOの資金調達が難しいのは寄付文化が育っていないからと指摘され、それが下請けとなっていることへの免罪符にも使われているがこの課題へは政治的決断が必要なのかもしれない。しかしNPO法人が確実に生まれ育ち、そして中間NPO法人も十分な足場を作っていくと考えるとき、四日市のまち（地域）の再生は、今まさにスタート地点に立っていると思われる。最後に市内旧中心市街地に位置する納屋学習センターに触れておこう。ここは、四日市で最も古い小学校（納屋小学校）の校舎であったが、最も早くに小規模校になり、統合の結果移転した。移転後残された旧校舎は取り壊されて、そこに第二文化ホール建設の計画が持ち上がった。しかし、私の市長登場でハコモノ建築は見送られて、一部撤去の上、改修されて、納屋学習センターと体育館となった。現在、ここでは市内NPO法人の活動拠点でもあり今後のまちの再生に大きな期待のかかる拠点でもある。

第9章　負の遺産の清算

1　市土地開発公社の借入金の清算

　既に第3章情報公開と外郭団体で詳述した四日市市土地開発公社（以下「市土地公社」という）は昭和47（1972）年に制定された公有地の拡大の推進に関する法律（以下「公拡法」という）に基づいて、市からの出資を得て設立された市の外郭団体である。私が市長就任時代、とりわけその前半は日本経済のバブルが崩壊（1992年）して、失われた10年と言われたときでありそれまで異常なほどに高騰した土地代金が暴落しかつ不動産取引が凍りついてしまった真っただ中にあり、市土地公社のすでに取得していた土地は身動きできずいわば塩漬け状態にあった。しかも地方自治体としての市はその外郭団体等が金融機関から借入の場合その連帯保証の契約締結を一般法で禁止されているが、前述の公拡法はこの原則を例外措置として連帯保証を認めていたことから、市もまた土地取得代金のほぼ全額を銀行などよりの借入金で賄っていた市土地公社の借入金につきその元本・金利の支払責任について全額の連帯保証契約を締結してきていた。市と市土地公社とはまさに一蓮托生の関係にあった。そして私が前市長より市長職を受け継いだ1996（平成8）年12月24日には市土地公社の金融機関への借入金総額は400億円に達する額であった。この400億円という数字は当時の年間の市税収入総額（市民税や固定資産税からたばこ税までの合算）が510〜540億円であったことからみるとき、巨大な債務ということになろう。したがって私の市長としての課題に中にはこの巨額の借入金を背負う市土地公社の保有土地それは長年処分されずに持ち続け金利がかさむ塩漬け土地を相当量含まれる土地をいかに早く処分できるかいや早く処分しなければならない緊急課題であった。しかし市財政の窮乏の下で、通常の業務の処理運営にもやり繰りをしてケチ市長とまでいわれて苦しんでいる中では本来道路用地等既に公共用地として供用に付していながら買戻しを遅らせている土地も多くあり、まさに心痛の毎日であった。しかしこうした事情は全国のほとんどの自治体が同じで（心痛の度合いはそれぞれに異なり四日市市はその度合いはすこぶる大であったが、）私も今は我慢の時と思っていた。こうした中でこれも既に述べてきたが

2001（平成13）年度より向こう5年間で全国の土地開発公社のいわゆる塩漬け土地への救済策が政府より提示された。自治体がその所管の土地開発公社より買い戻しをしたいのであれば、そのための資金借り入れ（起債と呼んでいる）をみとめる。そして借入金利の半分は特別交付税で国は面倒をみるという内容である。総務省の通達による土地開発公社第1次健全化団体指定である。四日市市はこれに飛びついた。2001（平成13）年度より2005（平成17）年度までの5年間に市は少なくとも合計150億円分の塩漬け土地を含む公共用地を買い戻し、その上この5年間に売れるものは極力売っていく努力をした結果2006（平成18）年3月末の時点で、176億円の市土地公社保有土地の簿価を減らしたのであった。私にしてみれば一息ついたのである。2001（平成13）年当時の373億円からその簿価残高は平成17年度末で197億円になったのだから、緊急課題としては処理を済ませたと言える。もっとも向こう10年間で起債として借り入れた負債は市が当然返済していかねばならないが、しかしこうした段階に至って私にはまたもや大きな心配が出てきたのだ。それは何か。197億円の借入先の銀行等の動静にあった。静かに大きな変化がそこに現れていた。

2　爆弾を抱える市土地公社

市の懸案の緊急課題を解決した市土地公社にあってみれば銀行等金融機関は従来よりも一層安心して融資金を貸し続けることができるようになったにもかかわらず、市土地公社への貸し渋りが出てきたのである。平成18年度末（平成19年3月31日）で市土地公社の金融機関の借入金は187億8800万円であるが、その内訳は短期借入金（借入利率0.13〜1.2％、借入期間1年間）130億1600万円とそして長期借入金（借入利率1.875％借入期間3年間）57億7200万円となっていた。1年ものと3年ものの2種類の借り入れは各決済日ごとに入札による応募手続にてもっとも低率の利率で借り入れてきているが、応札金融機関に都市銀行が参加しなくなってきたのだ。それはなぜか、第一は2006（平成18）年7月14日の日本銀行のゼロ金利システムの解除にみられるように金融庁の全国銀行等への監査・監視体制の強化である。貸付先の債権も元本の返済がなく、借り換えのみの貸付先の抑制である。市土地公社への貸し付けはなるほど各期末に元本も減らす、そして利息も返す体制には残念ながらない。そうなると3年ものはまだよいとしても、1年ものでは監督官庁の目をくぐることは難しい。第二は、平成18年6月17日の北海道夕張市の破たんである。これは全国の自治体が

ケチケチ市長と呼ばれて～市民と進めた財政健全化～

とりわけ公社や第3セクターを抱えているところはそのほとんどが財政難のもと財政運営に苦しんでいることを天下に晒した事件であった。これが引き金となって総務省（旧自治省）は自治体経営の健全度合を示す新しい基準づくりに着手した。早晩、民間企業の会計で既に採用となっている関連会社決算は親会社に連結しての決算会計方式を地方自治体へも適用されるのではないかとなって、四日市市にとっても市土地公社にとっても風雲急を告げてきたのであった。実は平成17（2006）年度末3月には総務省は全国の地方自治体に土地開発公社への救済策である第二次健全化策を提示してきていた。前回とほぼ同じ救済内容であった。明らかに連結方式の導入が必至となることへの準備ともいえる。市はこの第二次健全化策に飛びついたか、いやそれはできずに見送ってしまった。これは大変な事態である。へたをすれば2～3年後連結決算となって四日市市は市土地公社やいわゆる第3セクターといわれる関連団体の決算も合算しての会計体制になったとき、そのあまりに悪い数値となって公表されれば、市財政は良好なるも、市土地公社の決算も合算されたとき安心できず、いや金融機関からの借入がある日突然止まってしまうことも決して起こらないとは断言できなくなるという、私にとっては大きな心配ごとになってきた。まさにいつ爆発するか分からない「爆弾」を抱えているようなものである。第二次健全化策に乗れなかった原因はどこにあるのか、約188億円の簿価の保有土地にどんな欠陥があるのか。この追求を今度こそ本格的になさねばならなくなった。

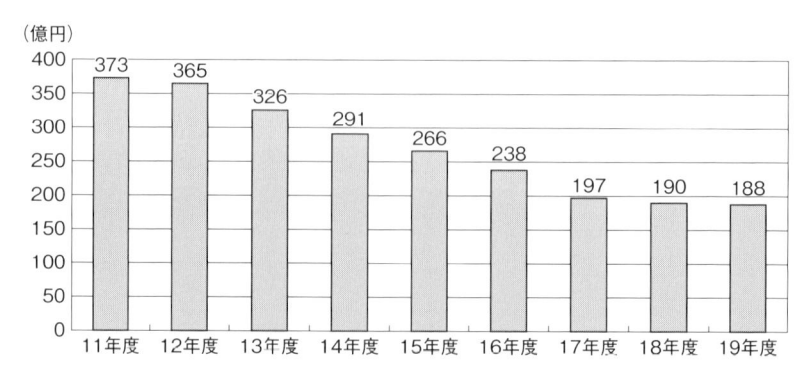

年度	簿価（億円）
11年度	373
12年度	365
13年度	326
14年度	291
15年度	266
16年度	238
17年度	197
18年度	190
19年度	188

土地開発公社の簿価の推移

3 市行財政改革推進会議からの緊急提言

　風雲急を告げる大変な事態の中で、四日市市行財政改革推進会議より緊急提言と題する意見書が私に提出されてきた。2006年（平成18）8月28日のことであった。市税収入がなべ底からようやく抜け出し、普通地方交付税の交付団体から早晩離脱できると私も予感していたとき、そしてまた財政運営の舵取りで市土地公社の負の資産への大きな不安をかかえる私への絶好のタイミングの提言であった。前年4月より市は行財政改革の推進について、いわばお目付け役の意見具申機関として設置してきた委員会である。この推進会議は、2004年（平成16）度より始った市行政経営戦略プラン（第1次のプランで2006年度までの3ヶ年）の行財政改革の推進につき総括と次の展望について意見を求められることを前提に動いてきた。ところが、2006年6月の北海道夕張市の財政破綻を前にして、それが第三セクターの過大負債がひきがねとなった事実そして四日市市の市税収入が2003年（平成15）をなべ底として上昇気流に乗ってきたことを前に、市の財政運営につき緊急提言の必要を認識したものであったと考えられる。もっとも、市はこの頃、次の第二次戦略プラン（2007年～2009年の3ヶ年）の策定の準備にとりかかっていた時期でもあったが。この推進会議のメンバーは、いつものようにすべて民間人で、大学の教授など学識者3人、そして税理士等専門職や地元企業経営者（OBを含む）さらに市民代表を加えた9人の委員からなるもので、その代表（会長）の丸山康人四日市大学総合政策学部教授（現四日市看護医療大学副学長）より以下5項目からなる提言書が私に提出された。

1.　人口減少、少子高齢化社会における持続可能な財政運営を旨とするべきである。今後、市が経常的に行っていくべきサービスは、少子高齢化を迎えて多様化してくる。一方で、税を負担する世代は減少する。このような時にこそ、将来世代に負担の先送りしない財政規律を堅持することが、現世代の責務である。

2.　市債と抱き合わせで投資活動を促進させるようなことをすれば、やがて、公債費の増加となって、住民への直接的サービスである経常的経費を圧迫するようになる。もとより、公債費の増加は、将来世代への負担先送りが端的に現れた姿であることは強く認識して、バランスのとれた財政運営を図る必要がある。

3.　税収の一時的な増加は、企業で言えば、臨時収入に相当する。臨時収入は、これまでの特別損失を解消するのに充当すべきである。特別損失にあたる土

地開発公社等市の負債の現状については、市は、市民に対して、かかる事態に対する説明責任を十分に果たすことを求める。
4. 地方債発行の自由化が進む一方で、今後はゼロ金利対策の解除に伴い金利上昇も予想されることにより、市の債務については利子負担を増加させることのみならず、市債の引受け等に係る信用力の低下も懸念される。そのため市全体の負債状況を的確に把握し可能な限り将来の財政状態を予測しながら、慎重に財政運営を行う必要がある。
5. 一方で、土地開発公社等の有する、負の資産に対しては、今般の臨時収入である税収増を、正の資産として積み立てるなど、中長期的な視点に立った計画的な財政運営と財政規律の堅持を求める。

それは外郭団体への債務保証などを含めた市全体会計の債務残高は依然高い状態にあって市中金利の上昇も予想されるなかで、決して油断や楽観は許されない。市財政の運営にあたっては、将来世代に負担を先送りする構造の是正に向け、まだまだ厳しい認識を持って欲しい。なるほど3ヶ年にわたる第一次行政経営戦略プランの実施は、達成すべき事項について期限と財源と数値目標をかかげそのプロセスを明確にしたもので行政のマニフェストと言えるものである。戦略方針と政策意思決定のための経営戦略会議そして目的志向・成果重視にもとづく業務棚卸表によるマネージメントさら

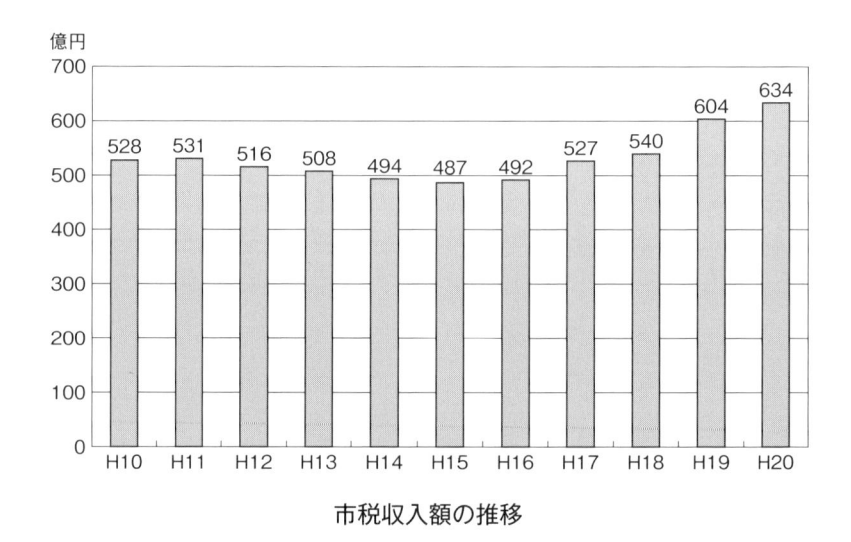

市税収入額の推移

年度	金額（億円）
H10	528
H11	531
H12	516
H13	508
H14	494
H15	487
H16	492
H17	527
H18	540
H19	604
H20	634

第9章 負の遺産の清算

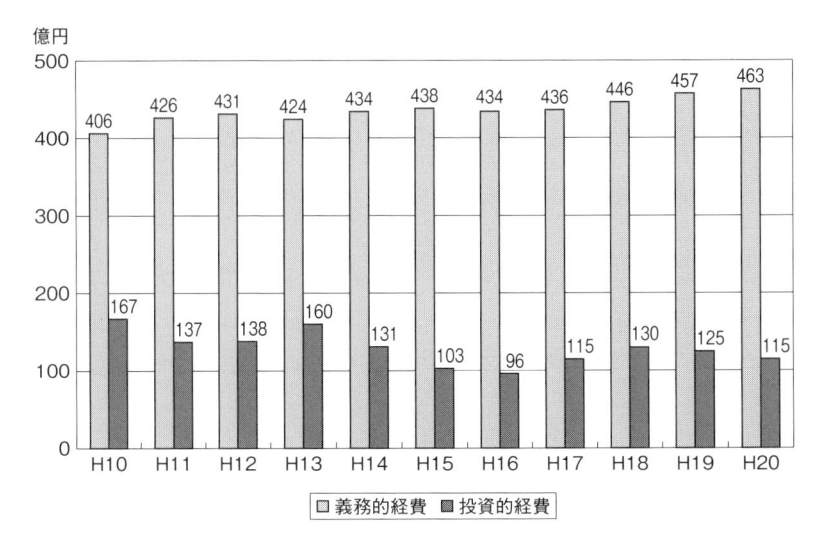

義務的経費・投資的経費の推移

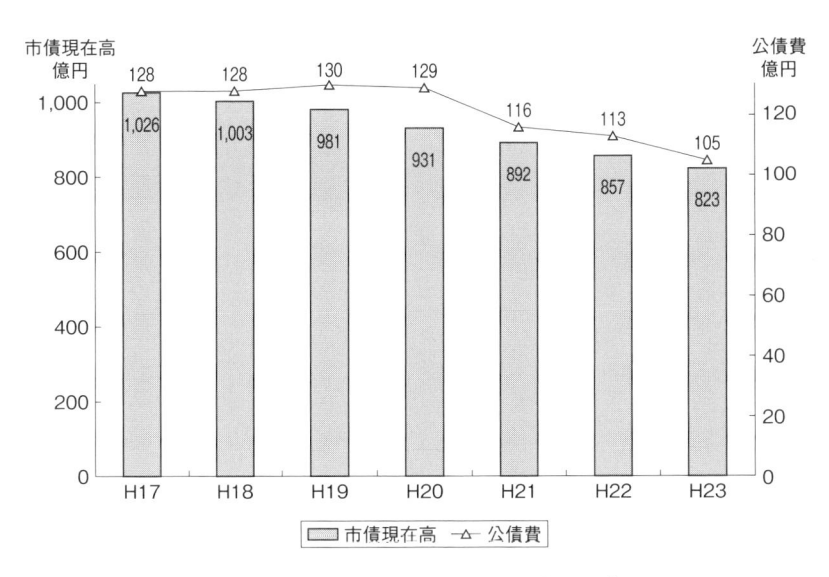

年度	義務的経費	投資的経費
H10	406	167
H11	426	137
H12	431	138
H13	424	160
H14	434	131
H15	438	103
H16	434	96
H17	436	115
H18	446	130
H19	457	125
H20	463	115

市債現在高・公債費の推計（一般会計）

年度	市債現在高（億円）	公債費（億円）
H17	1,026	128
H18	1,003	128
H19	981	130
H20	931	129
H21	892	116
H22	857	113
H23	823	105

に財源配分方式による予算編成システムを推進エンジンとするもので大いに評価すべきである。従って今後もこの枠組みを継続しより一層の改善を図りながら、この体制を強化すべきという。しかし現状の税収の伸びに安心することなく、市全体の負債状況を正確に把握し、近い将来に起きる事態を想定して抜本的な対策を講ずることが必要であることから、今回は「財政の健全化と今後の財政運営」について緊急の提言を行ったと記されていた。まさに適宜適切な意見であり、私の背中を強く前に押すものであった。

4　新保々工業団地の用地と基金創設

市内最西北部の新保々工業団地用地は第3章の土地開発公社と情報公開のところで詳しく記述してきたが、市土地公社

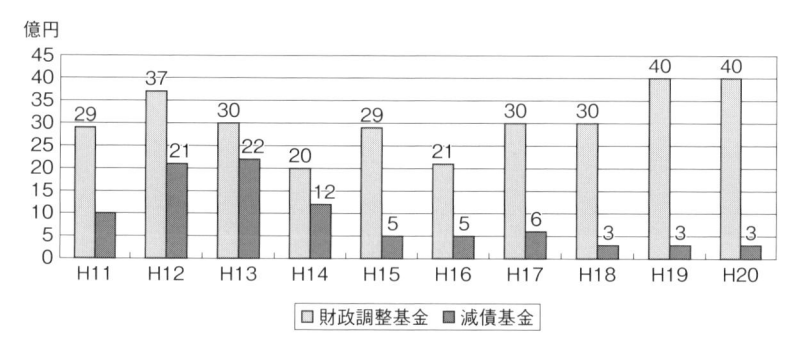

基金別残高の推移

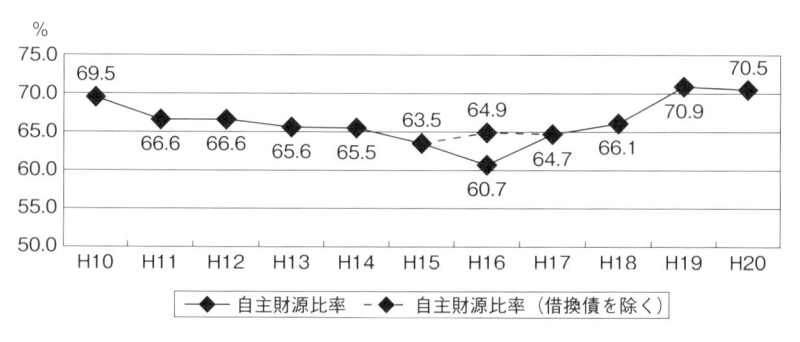

自主財源比率の推移

第 9 章　負の遺産の清算

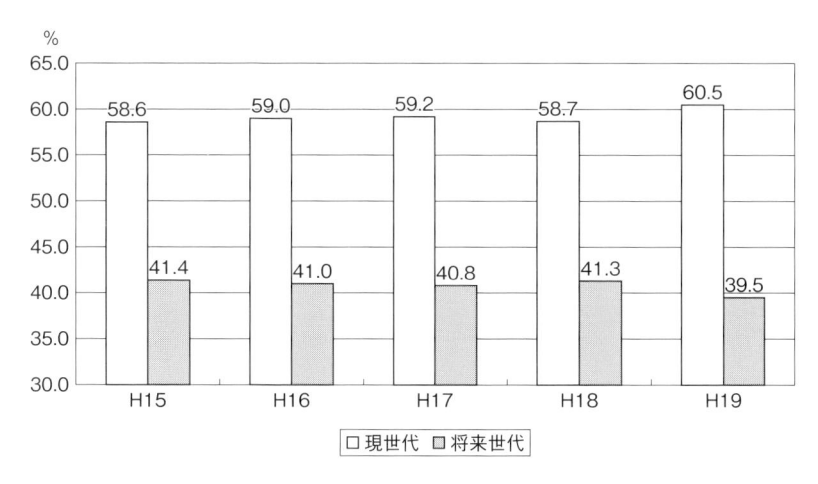

	H15	H16	H17	H18	H19
現世代	58.6	59.0	59.2	58.7	60.5
将来世代	41.4	41.0	40.8	41.3	39.5

現世代と将来世代の負担割合の推移

保有土地の簿価 188 億円のうちで 77 億円という 40％に当たる物件のことである。この用地を早急に土地造成して工業団地として売り出すことは至上命令であり、その所在位置は供用開始も遠くないと言われる第 2 名神高速道沿いで立地条件にも優れている。しかし残念なことに進入道路用地が未買収、境界未確定地も含んでいる。元来が産業廃棄物処理工場や養豚場の跡地を急いで買収していたことから土壌整備をさらに加える必要があることなど、造成工事上の難点をいくつかかかえていた。そしてそれよりも大きな障害として、現在の土地評価で専門家による鑑定によると概算 14 億円という、将来の売却時に簿価と売値に大きな差損が発生するという現実の壁があった。壁とはその発生差損をどう埋めることができるか、これができないのであれば金融機関よりの借入金の決済責任は連帯保証人の市による決済しか他に道はないこととなる。それではこれまで同様先送りするしかないか、しかし爆弾の爆発のおそれは背後からひしひしと迫ってきている。こうして私は土地公社の経営への改善策の検討に入るべく第三者による検討委員会の立ち上げを決断し、合わせて市土地開発公社健全化推進のための基金の設立とこの基金へ翌年つまり 2007（平成 19）年度から 3 年間に少なくとも 30 億円を積み立てることを決断した。市土地開発公社経営改善検討委員会からの答申は意外に早く 2007（平成 19）年 1 月 22 日私に提出されたが、そもそもこの検討委員会の人選に苦しんだ。それは極めて専門性に富む、難度の高い答申事項である上に急いでその答申を求める必要があったからだ。平成 18 年 11 月 6 日に

ケチケチ市長と呼ばれて～市民と進めた財政健全化～

第1回の委員会が開かれ、同年11月29日、そして同年12月20日と濃密な審議検討を重ねての苦心の答申であった。6人の委員の顔ぶれは、大阪市土地開発公社経営改善計画策定委員会委員長も経験した当時名城大学教授の委員長、そして大阪市外郭団体等評価委員会委員でもあった弁護士（大学客員教授も兼ねる）大手監査法人代表社員（公認会計士）そして総務省より大学へ出向中の大学教授さらに大手不動産鑑定株式会社の役員及び都市銀行リサーチ機関の主席研究員といった錚々たるメンバーであった。その答申では①直ちに新保々工業団地の処理に着手すること②その処理で市の負担が最小となる方策を検討すること③これらにつき市民の理解はいまだ十分とはいえず可能な限りの手法を凝らして説明責任を果たすことそして④公社の経営についてはこれまでのような問題を再び起こさないように廃止を含めて抜本的にそのあり方を検討することが示されていた。この答申書を詳しく読むにつれ私は塩漬け用地の解消しかも即効性のある打開の策は土地開発公社への特段の特例債のような条件の比較的緩やかな起債の道を政府（つまり総務省）が考えてくれるしか他に道はないと思っていたので、これから急いで総務省へ働きかけをしなければならないと考えるようになっていった。なお答申の中でも基金の設立は妥当との意見であり平成19年3月の定例議会上程の条例案及び予算案に盛り込むこととした。マスコミはこの答申を一斉に報道した。その中には現状のままでは支払利息がかさんで簿価と時価との差である含み損がますます拡大するとして土地公社の債務保証している市の責任で売却を急ぐように求め、また市の財政負担（60～70億円）についても用地の活用方針を定めて市民がその説明に理解を得られるよう努力せよと答申の内容まで詳しく報じた。もっともこれらの答申や報道に先だって2007（平成19）年1月5日のお屠蘇気分も抜けない元旦早々になんと地元新聞の大きな特集記事が現れていた。いつものことであるが、「責任追及抜きの血税投入か」と題して検討委員会の答申を予知しての反撃記事のように読みとれるものであった。いわく、井上市長は含み損61億円をこれまで10年間責任追求することなく放置して、にわかにここにきて血税を投入して引退するつもりかと、これでは胃袋に消えた公金も浮かばれないと非難するものであった。市長は、市および市土地公社の清算については第一次健全化策で197億円にまで大きく簿価を減らした際に、すでに福祉の切り捨てを大幅に断行しているにもかかわらず、今度もまたこの197億円の解消への道を市長は舵をきってまたもや福祉の切り捨てを図らんとしているとの職員の強い反発の空気を感じないわけにはいかなかった。また来たな、いずれ市議会で

もこの鉄砲の弾は必ず飛んでくるぞ、しっかり市民への広報にかからねばと決意も新たにした。

5　市民への広報とパブリックコメント手続に付する

　2007（平成19）年下旬号の広報よっかいちで、特集・土地開発公社の経営健全化と題し、将来に負担を残さないようにさらに経営の健全化に努めますと太字の見出しで、これまでの健全化への取り組みを図表ととももに説明し、今また早急な対策が必要であり、金利の上昇でこれからの金融機関からの資金調達が大変難しくなることから財政破たんで夕張市の二の舞もありうることを書き、次のページでは今回の検討委員会の答申で新保々工業団地の用地処理に直ちに着手せよとあり、土地開発公社経営健全化基金を設置する旨を詳しく報告した内容であった。最後に市民の皆さんのご意見を是非寄せてほしいと結んでいる。その中にはこの団地用地（約39ha）の簿価77億円について時価との差が60億円を超えることも明示し工業用地部分と自然保全部分について環境保全に配慮しながら、コスト削減に努めることを明記したものであった。さらに同19年4月17日付けでインターネットによるパブリックコメント手続に基づく広報手続に入った。位置図面と造成計画図面も添えて、公社問題Q&A欄では、①公社の役割は一体何か、なぜ健全化が今問題となっているのか②簿価の推移の図表を示しての処理を急ぐ理由は何かなどで詳細な記述をして③ゼロ金融の解除から短期プライムレートと借入利率の年度推移までの図表を示して金利上昇が公社の首を絞めかねないことまで説明して問い合わせ先は政策課の電話、FAX番号とEメールアドレスも明記した。広報よっかいちでは翌年の2008（平成20）年4月下旬号でもその特集記事・持続可能なまちづくりに向けての中でまだまだ高水準にある債務総額の改善で基金を積み立て、財政健全化に努める旨の具体的説明も図表とともに市民に示した。私は三期目の市長選以降2005（平成17）年から奇数月にはずっと市政報告会を私の後援会主催で開催してきていたのだが市民の関心は次第に高くなり補助席を用意しての満員盛況となっていた。そこでの集まりで私の報告が終わる（私はいつもパワーポイントを使って図表による説明をしていたが）と、土地公社への基金設立や公金支出は如何かと質問が出た。すると参加市民の中から問髪を入れずに、私たちの孫達に大きな借金を残すべきではないと公社問題の早い解決を支持する声が出て、説明する私も大いに勇気づけられた。こうした方法努力を続けている中で、総務省へ私は足を運び続けた。答えはいつも特別の起債（借金）による買い戻しはできな

いの一点張りであった。夕張市のように破たんすれば別ですがとの念押しとともに。夕張市は破たんしてその再建計画の内容は個人市民税、固定資産税、施設使用料、下水道使用料のいずれも従来より値上げ、そしてごみ処理手数料の有料化、さらに遺児手当や教育祝い金の廃止、水泳プール等も休止、小学校7校を1校、中学校4校を1校、図書館も移設により休止、加えて市職員給与も大幅な減額と職員数は269人から103人へ、市長給与も従来の4分の1へとまさに大ナタをふるった削減を意味するものである。こんな事態は真っ平であるが、ではどうしたら解決できるか。私の呆然とした姿に同情したのか、「井上市長　道はあると思います。要はお宅の土地公社を極端に小さくしてその役割と機能を縮小させるべく、そして一方でひとたび締め切られている第二次健全化策の扉を特別に開けてもらいなさいよ。その中には転貸債といって市が起債により資金を作りこれを市土地公社に無利子で貸し付けてこれで負債の返済をさせて身軽になる。一方市では10年間に起債で借り入れ分を返済していく。その間身軽となった市土地公社は懸命に土地の処分に励む。そうなれば土地公社も健全となり、市の不安（自治体財政健全化法の適用によるイエローカードの懸念を指す）も解消されるのでは」と囁いてくれた。

6　市議会の質問（12月定例会）

平成19年12月6日、市議会12月定

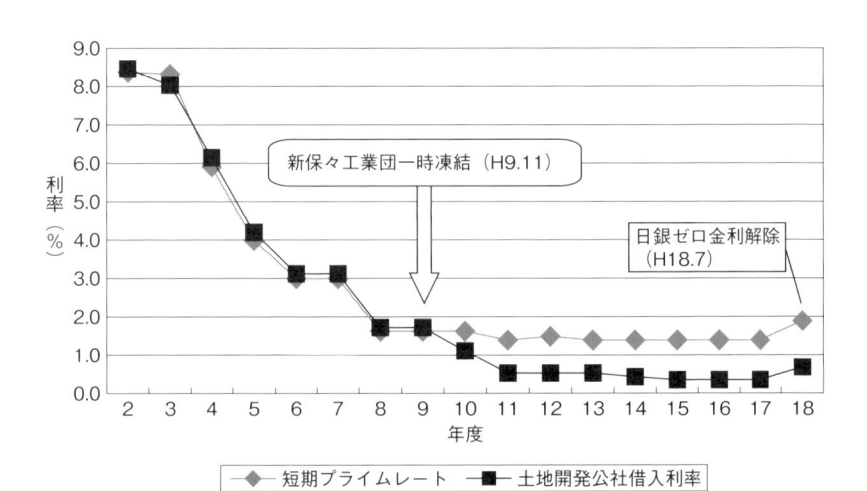

短期プライムレートと借入利率の年度推移

第9章 負の遺産の清算

例会本会議一般質問で若く元気いっぱいの市議から「井上市政11年間を振り返り、明日の四日市を問う」との質問があった。市長は変えなきゃ四日市！ をキャッチフレーズにして当選されて、2期目は生き生き市民力、そして三期目は次世代への使命と責任で勝ち抜いて今に至っている。はじめて市長に就いて以来バブル崩壊後の景気低迷と市の財政ひっ迫で負の遺産の処理に追われる歴史であった。したがってこれまで守りの政治に徹し、攻めがなく、安定と手堅さに終始、市長の挑戦はなかった。行財政改革に終始して倹約や節約ばかりが目立つ11年間で誠に御苦労さまでした。この努力の結果市土地公社の債務は大幅に削減され、正規職員の数も激減し人件費の抑制を図り、増え続ける扶助費を必死にカバーしてきた。しかし三期目の2005（平成17）年から同2007（平成19）年まではようやく予算規模も上昇に転じ長い低迷のトンネルを抜け市の財政も好転して、借金返済のピークも越した今日、どうです市民へ夢を与える、守りから攻めへの転換を考えませんかとの質問に対し、私は今こそ転換のときとの認識は残念ながら持っておりません。現状はまだ厳しく財政運営に一刻も気を許すことはできませんと突っぱねた。彼はただいまの市長の答弁は私の考え方と違うようです。これも井上市長の性格を感じるところですと言って質問をさらに続けた。市民の代表は私たち市議会でありますが、市長は市議会への説明も不十分で本音の説明もなく、議会軽視そのものであり議場から苦言をまず呈します。市議会への姿勢に誠実さがなく説得の努力もされない。ところで今回上程の市土地公社の件で尋ねます。第一次土地開発公社健全化の遂行で簿価残高189億円となり、一昨年度から新保々工業団地の処理にも着手したことは大いに評価しますが、10億円を積んで基金をスタートさせたこのときにまた残余金6億2600万円をなぜ積み増しされるのか。公社の健全化をこのように最優先させる理由が私には理解できませんと尋ねてきた。経営企画部長はこの質問に対し、この先10年20年を見据えるとき市土地公社の債務処理は避けて通れない。新保々工業団地の件もさきごろオオタカの営巣問題がおきて開発計画も遅れそうだ。一方、総務省においては公社や第三セクターの債務をも含んだ新しい将来負担比率という指標をこのたび導入されることとなって、市も公社の負債処理わけても差損の処理では今後市議会の皆様と十分議論させていただく中で最善の方策を探ってまいりたいと答弁した。市議は質問を続ける。だから追加積み立てをしたいとの趣旨は分からないことはない。しかし企業誘致のために財源を有効に使って都市間競争に勝ち抜くことも市の重要政策と考えるが、この点はどうかと私に答弁を迫ってきた。私は

159

高齢化がますます進む中で自治体の財政運営に関し政府は北海道夕張市の破たん以来さまざまな展開、法制度の新設その他の動きが始まっており四日市市が持続可能なまちとして今後も栄え続けるために産業構造の転換も決しておろそかにできないものと考えておりますとやんわりとかわした。すると今度は単刀直入に本題に質問に切りかえてきた。JR四日市駅連続立体交差事業を含むJR四日市駅周辺地区整備事業、これはこのたび凍結解除となったが、この事業は何んとしても実現されねばならないと考える。この点の意見を聞きたいと彼は質問する。まず、担当の都市整備部長が2008（平成20）年中に結論を出すべく目下検討中ですと答弁する。すると彼は、市議会都市環境常任委員会のメンバーとして最近高知市を視察してきたが、そこでの連続立体交差事業へのリーダーである市長の情熱、政治力、決断これらこそ最も必要なことであることを改めて確認してきた。四日市市もまちづくり100年の大計であるこの事業をぜひとも実現するのだという井上市長の決意を聞きたいと私に答弁を迫る。私はJR四日市駅周辺の連続立体交差事業を含めたこの一連の事業についてはまだどうするかは今後の問題で結論を出しておりませんと答えた。彼は即座に、それでは駄目です。やるかやらないかは来年結論をだすことで結構です。やりたいとの意思の確認を問うておるの

ですと言う。黙して語らずの私に向かって彼は市長はなかなか胸襟を開いていただけなくて本当に残念に思っております。やりたいのであれば議会にも協力をお願いしたいとの市長の答弁を期待したのだが、とこの質問をうち切った。翌年の2008（平成20）年10月私は市議会にもマスコミにもJR四日市駅周辺事業（連続立体交差事業を含む）は断念せざるを得ず、駅周辺の旧市街地区の再生整備事業は検討を続ける旨表明した。このときの質問から10カ月後であった。

7　市議会3月定例会の開催

2008（平成20）年2月22日市議会3月定例会がオープンした。今回は何と2月22日開催の三月定例議会である。審議すること多く早めに開催することとなったのだ。私は所信表明でこのたび総務省より三重県を通じ新たに土地開発公社の健全化の団体指定の申請があるならば、指定をする旨の通知が出されました。そこで市は市土地公社の健全化を図るべくこの申請をしたいと考えております。その内容の概略は平成20年度から同24年度までの5年間で現時点で土地取得で膨らんだ公社の借入金約190億円を土地処分するなどで約65億円以上削減するものであり、これが認められて指定を受けると処分費用の起債（3年据え置き、10年償還）発行が認められ、そ

第9章　負の遺産の清算

の結果借金返済の単年度負担が軽減、平準化されるとともに返済利息の一部が特別交付税措置で穴埋めされます。既に2001（平成13）年度より同17年度までの5年間に市土地公社より市は買い戻し努力により373億円から197億円にまで公社の簿価を削減してきましたが、さらに健全化基金の積み立てと公社健全化への努力が認められて一旦申請の締め切りのあった第二次健全化策を再びその扉を開放していただいたことで今回はぜひ了承願いたいと表明した。平成20年2月7日総務省は特例の措置をとってくれたのだ。もっともそれは全国発信であり、四日市市への特例ではなかったが。この3月定例会で2月28日若手の経済、金融に強い市議から以下の質問が出てきた。まず今回の市土地公社健全化のための第二次健全化策による指定申請は爆弾を抱えているようなものと公言される市長の決断でされたものと思うが、金融機関をめぐる状況の変化への対応からもきていると思われる。それは市としても非常につらく痛みが伴うことだが借りたものはやっぱり返さなくてはいけない。市土地公社丸ごとの再建策こそ重要だと思うがこの点で市の考え方を聞きたい。この本会議での質問に対し、経営企画部長は議員からのご提案にはまったく同感です。このたびの総務省のスキームを活用して早急に素案を作り議会に諮り市土地公社の抜本的な健全化策を実現したいと答えた。すると市の土地開発公社はどうするのか、まだ存在価値はなくはないがと尋ねられる。やはり部長は確かに先の公社経営改善検討委員会の答申ではその歴史的役割は終わったので廃止も考えよとの指摘もあるが、道路用地の先行取得などではその役割は今もあり、検討を要すると答えた。的確な質問であり、私もこの土地公社の債務ゼロ計画についてその検討を頭の中でしているところであった。2008（平成20）年1月28日付の大学経済学部教授による日刊新聞での論考があり私も注目して読んだ。それは世界経済の現状について金余り膨大でこれが不況圧力になりかねないと警告する内容であった。この圧力は世界の余剰資金の大部分をアメリカが吸収し消費に使いまくっているから顕在化せずにきているがアメリカの住宅バブルの崩壊（サブプライムローンの崩壊）はいつ事態に急を告げるやもしれない。即ち潜在から顕在へというものであった（読売新聞竹森俊平慶応大学教授）。一方、昨年末（平成19年12月13日付け朝日新聞三重版）の報道では新法の地方自治体財政健全化法で国が自治体の財政健全化を求める基準がこのたび総務省から公表されこの基準により平成18年度の三重県内の自治体の決算リストから試算をしてみると連結実質収支比率で四日市市は24.2、実質収支比率22.2と極めて高い数値との記事で、私はドキリとしたことを覚えてもいた。

161

こうした中で私は市の歳入・歳出の窓口となっている主幹銀行の幹部へのあいさつもこの際欠かせないと、肝心なところは曖昧にしながら市土地公社への清算につきその知恵をお借りしたいと申し出をした。

8　6月定例市議会の開催

　私にとっては最重要な市議会定例会であり、思い出深い議会となった。市土地公社に関してまず総務省のスキームにより借り入れた資金を丸ごと市は市土地公社に貸す、そしてこれで54億円の金融機関への借金を公社は返済する。これこそ身軽になれることではないか。次に市は131億円の連帯保証契約に基づく金融機関への借入金につき向こう10年間にて元利金を返済する条件変更をする（固定金利にして、毎年毎期の借り替えはしない）。そして10年間で市土地公社の金融機関への債務をゼロとする。おっと待って。計算すると3億円が欠落していないか。そうです。188－185＝3の3億円は市土地公社が既に賃貸中即ちせめて賃料を稼がねばと努めた保有土地分であり、この土地は市が買い取って引き続き賃借人に貸していく。この3億円については国庫補助等を活用して市単独で資金を上面する。こうした枠組みで金融機関からの借入分131億円も総務省スキームによる借入（起債）とまったく同じ条件で（利率）の内容で借りよう、そのため金融機関（銀行、信用金庫とJA（農協）の5つの機関）との間で民事調停の裁判を申し立て、市及び市土地公社と金融機関との間で民事調停を成立させる。もちろんその債務内容（金額その他）は大きく異なるも利率は同一とするものであった。長期固定金利1.719％という市土地公社及び市にとって極めて有利な条件（2008（平成20）年8月末の利率による）で将来の金利不安を一掃させることができた。因みに自治体の起債利率は東京都が最も有利で、それを除く県や政令指定都市の利率はまちまちで、同年4月の東京都の場合、1.4％である。その代わり市は保証責任を履行するもので、今度は市と市土地公社間の約束を条例化しなければならない。公社は市の了解をなしに土地処分はできないことは当然で、売却分は全額市へ返済し一方土地公社運営費は市の負担とする。そして市が連帯保証の履行をするときそれに応じて市は公社に求償権を取得し、もって公社の経営の健全化を実現するものである。有効期限平成31（2019）年3月31日までの時限条例案の上程である。こうして6月定例市議会での議決も了解事項も無事に諮ることができて、私にとって12年目の初めての宿題の達成であり、安堵であった。銀行のうち最も借入金額の少ないところが民事調停裁判での同意に最後まで同意を渋る事態が現れて、一瞬私も焦っ

た。なにしろ時間がないのだ。すると主幹銀行（5つの金融機関のうちの1つ）のトップが、市長！　私が話をしてくるからあなたは顔を出さないでと止められたこともあった。ありがたいことだ。ありがたいと言えば、リーマンショック以降彼は私に言った。市長は運の強い人だ。わずか1カ月前にうまく滑り込んだと。そしてさらに下水道事業の長期負債の借り替えにも朗報がやってきたのだ。チャンスは蓄えておけないとばかり私は飛びついた。

9　上下水道の長期ローンの低金利への借り替え

　時は一気に遡るが1997（平成9）年6月19日に開かれた本会議一般質問にて市長として初めて臨んだ6月定例会で質問の矢が私に飛んできた。それは高金利時代に市中銀行から借りた市債について現行の低金利のものに借り替えるよう求めた質問に対し市の財政部長が事務的に金融機関と協議して努力したいと答弁した。その内訳はとの質問に市債残高は1733億円（平成8年度末）でこのうち12.1％に当たる210億円が市中銀行からの借入、過去10年間の借入金利は平成元（1989）年が最高利率6.98％で、本年（1997）5月の金利2.5％が最も低い。そして金利4％以上の借金は63億円にのぼると答弁したところ、私に矛先が変わってきたのだ。金利4％以上の63億円を2.5％のものに借り替えすれば少なくとも年間2億円以上節約できる。なぜすぐに実行しないかとの質問であった。私は当然だと思っている、担当部長に即刻借り換えを検討させると力強く答えてしまった。後で私の部屋に飛んできた部長がいろいろと壁があって実現は容易ではありませんとわざわざ弁解に来たが、聞けば聞くほど私も頭を抱え込んでしまった。市中銀行から借り入れてはいるものの国の起債（借入）認可の下での半ば公的機関からの借入に準じてのもの（こうした借り入れを縁故債とも呼ぶ）で簡単な話ではないようだ、と私もすぐに理解した。2007（平成19）年12月22日総務省は地方自治体が国などから高金利で借り入れた借金のうち5兆300億円を繰り上げ償還する計画を認めたと発表した。そして本来は将来の利子分に相当する「補償分」を払う必要があるが、2007年度から向こう3ヶ年の特例措置でこの補償分を免除するものと報じられていた。しかし、そのためには行政改革が条件であり、国の財政融資資金や公営企業金融公庫さらに旧日本郵政公社の簡保資金からの借入金で平成14（1992）年5月までの金利5％以上のものが対象である。これまで財政難に苦しむ全国の自治体からの利払い負担があまりに重いとの訴えにようやく固い扉が開かれたのだ。市の下水道事業で対象起債分をみてみる

と平成19年度分の30億円余り、20年度分78億円余り、そして平成21年度分では36億円余り、合計で実に145億5千800万円の決債分となる。一方、上水道分ではこれが13億円、20億円、9億円と合計で42億6千900万円となった。これら該当決済分を早速借り替え手続に入ろうと財務省に行くとそこには大きな関門があることを知らされた。市職員の試算でも、これら借り替えにより少なくとも28億円の軽減が見込まれるとのことで足も軽く上京したが、帰りは重い足取りであった。報道では条件は行革実績と書かれていて、その実績なら四日市市は自信があると勢い込んだ。しかしその内容はまず第一に地方交付税の交付団体でなければならないとの条件である。なるほど富裕な自治体への補償金なしでの借り換えによる繰り上げ償還は理屈に合わない。そして第二は経営健全化への努力が認められる自治体が適用対象とのことだ。四日市市は1999（平成11）年以降地方交付税不交付団体へ転落するも、実は努力が実って2006（平成18）年から再び不交付団体へ復帰していた。だからこそ市土地公社の健全化へも踏み出せたのだ。向こう10年間、健全化による市の土地公社に代わる連帯保証責任の履行を引き受ける財政力の見通しがついたからであった。私の東京よりの帰り道での重い足取りも、しかしながらわずかに望みをつなぐ点はあった。それは2005

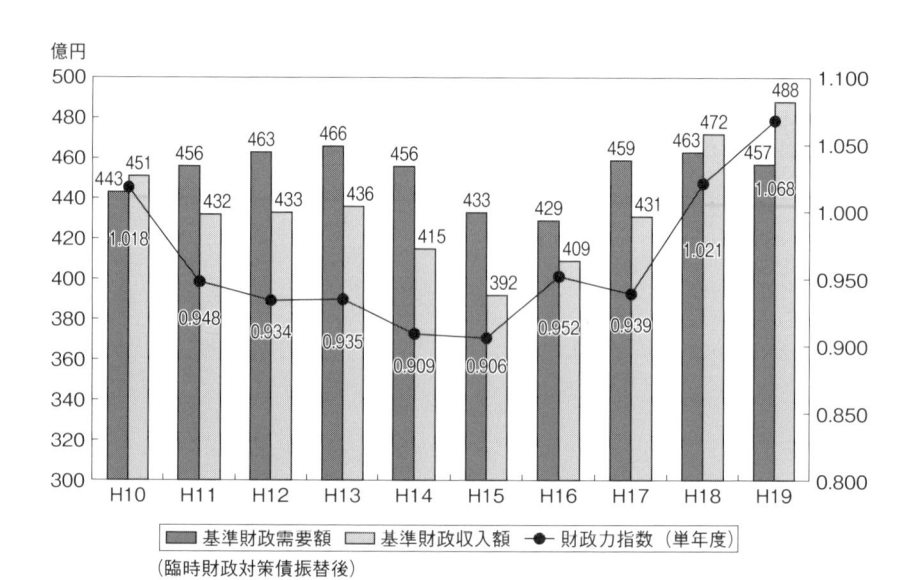

基準財政需要額・収入額と財政力指数の推移（四日市市）

(平成17)年に上水道と下水道の統合が実現して、人員削減やその他行政の合理化・スリム化が進んでいること、さらに8年ぶりに下水道の使用料金も改定し平成20年度よりその使用料収入が従来より約3割のアップが見込め、経営健全化の足掛かりをつかんだことで、財務省や地方公営企業等金融機構さらに日本郵政株式会社からの借入金（財務省分は縁故債で銀行等からの借入金）の繰り上げ償還もかろうじて認められるのではないかと。後に財務省から繰り上げ資格は認められたとの通知を受け取ることができた。やれやれと思っていると、先方からの電話の声は続いて四日市さんは2004（平成16）年と同2005（平成17）年は交付団体でその標準財政規模から出される財政力指数は0.9点台そして2006（平成18）年になって好転して1点台になりましたが、この3ヶ年平均では0.99でしたからと伝える声であった。救われたかと変なところで喜んだ。（富裕市ではないことを喜んだりして）

10 下水道使用料金の改定と大きな負債

市は2005（平成17）年より下水道使用料について改定（値上げ）の必要を認めながらその作業を行う中で具体的な改定を見送ってきた。長引く経済不況の中で、住民への負担増となることは容易に実行に移せないまま、いたずらに時を経過させてきたと非難されれば弁解の余地はない。なぜなら下水道整備事業は計画的かつ長期の整備事業であるから大きな投資が伴う。このことから都市インフラ整備事業で道路と下水道はその最たるものであるが、ともに長期投資を免れえない。しかし一方ではこの利便の効果を受けるのは利用する特定の住民であり、相当の対価の支払いも当然で、下水道事業は公営企業部門であるからである。こうした中で市は整備の努力を集中してきたのが、この20年いや30年の年月であった。伊勢湾台風で大きな被害を受けた市は当然ながら雨水への対応と汚水への対処の双方に身の丈を上回るほどの集中投資を続けてきた結果、約1000億円もの負債を負う状態にあった。雨水対策事業で500億円、汚水対策で500億円の負債がありますと言って、ほぼ間違いない。雨水の場合は、住民の使用料を徴収せず（その意味で都市下水と呼ばれる）、汚水の使用料（こちらを公共下水と呼ぶ）もその普及率が高率になるまでは不十分な収入額となる。

従って、毎年の市の下水道会計ではこれら負債の元利償還金が一般会計より繰出金、下水道会計では繰入金として巨額の数値が顔を出す。平成18年度決算でみると86億円である。2005（平成17）年の下水道使用料の改定方針への諮問さらに2006（平成18）年の下水道使用料

調査研究に関する報告書やレポートまでの資料それは専門機関に作成依頼してのものまでも四日市市下水道事業運営委員会に提出してその改定（使用料金の値上げ）の答申を求めてきたが、容易に結論は出してもらえなかった。それは極めて低い率の使用料金で国が支援助成の標準基準と比較してはるかに低く、少なくとも60％アップの水準でやっとこの基準の平均値に達するという厳然たる事実を前に市の求める改定額も、検討を預けられた委員会の委員の立場でみれば思い切った決断を要するからであった。まず、従前の使用料金を30％値上げして（それでも使用料収入は維持管理運営費用の48％しか達成できない）しかもこの数字には過去の借入金の毎年の返済分を含まれない。そして3年後に残る30％分を値上するといった具体的検討案も議論の俎上になかなかのってこなかった。しかし、市の財政健全化への努力は、特段の例外を容認できないと改定値上を粘り強く事業運営委員会で求め続けてきた。やっとのことで本格的議論が始まると今度は市の経営努力は如何かと厳しい質問が飛ぶ。例えば、職員構成をみると2002（平成14）年4月の時点で上水道179（うち正職168）、下水道124（うち正職122）計303（うち正職290）が上下水道統合が実現した2005（平成17）年4月では上水道137（うち正職123）、下水道114（うち正職109）の合計251

（うち正職232）。これが2007（平成19）年4月では上水道120（うち正職115）、下水道106（うち正職103）計226（うち正職218）で77人（303人から）削減しておりますと頑張る。しかし接続率の向上はどうかと尋ねられる。

11 接続普及キャンペーンで無断接続が大量に判明する

そこで2006（平成18）年度末での未接続の実数は85.4％（公設汚水桝数は、1万4229個）で2002（平成14）年度末の79.2％より劣ることを報告して、その接続への住民啓発に努める即ち営業努力の決意を示してようやく2007（平成19）年5月答申を得た。2008（平成20）年4月に30％に相当する使用料改定（値上げ）を認める。ただし市民への広報に努めよとの答申である。これは改めて市から2007（平成19）年1月26日付けで使用料改定について諮問を求めたことへの是認の答申だった。この答申には実は伏線があった。政府（財務省）地方公営企業金融公庫（総務省）さらに郵政省からの借入金で年利5〜7％以上の高い利率のものを相当額抱えていて、財政運営に苦しむ全国の自治体がこれらを補償金なしでの繰上げ償還を認めてほしいとの猛陳情に対し国はあまりに低率に据え置く使用料徴収の自治体には経営努力が見ら

第9章　負の遺産の清算

れないではないかとの反駁が強いとの情報を入手していたからであった。市の上下水道事業運営委員会も本市の下水道使用料が国の支援制度の基準を満たしていないことを認め、この閉塞状況からの脱出に重い腰を上げてくれたのであった。結果として交付団体への適用条件をも満たして、繰り上げ償還（借り替え）が2008（平成20）年ようやくにして実現でき、総額30億円もの財政改革を果たすことができた。この際、上水道についても高率借入金を完済（償還）してしまったために当初予測より財政改善は高い数値となった。こうなると先に決意を示した営業努力即ち未接続者への営業活動の開始となる。接続、未接続について説明しておきたい。市は道路地中に下水導管を埋設する、これは市がその敷設計画に従って住宅など密集度から定められた順番に従って毎年の予算の執行として埋設する。この導管から個人宅への下水道管の配管は住民の個人費用負担にて工事を施行して排水となる。従って道路境界線から個人の敷地に入るところに枡を公費で造成しておく。この枡から個人費用で指定の専門業者に依頼して家屋の排水溝と接続することとなる。お待たせいたしましたが、やっと下水導管が貴家の戸口までできましたので下水導管に排水することが可能になりました。どうか申込みをして工事を早く済ませて、衛生上も安心して汚水を排水してください。

これが通常の営業である。通常は市の上下水道工事施工指定業者がこれに従事しているが、接続率を上げるべく市担当職員が乗り出したのである。平成19年10月、平成20年1月そして同年3月と前後3回にわたって市担当職員の総動員体制による訪問セールス活動の開始である。秋から冬そして春と季節の変わる中を既に9月定例市議会で使用料改定条例案も可決されたこともあって、職員たちは頑張った。

この訪宅調査（営業）の結果は意外な事実の判明であった。もちろん訪宅訪問の結果、未接続の家庭や小規模事業所等が接続申請手続きを早速にとってくれたところも相当数あった。しかし市で未接続と把握していたところが実は既に接続されていた件数がなんと最終調査確認で864件（この中には請求手続きもれ148件）の判明であった。愕然として声が出ない。ヤミ接続ではないかと叫ぶ職員もいた。一体、どうしてこんなことが起こるのか。1万4000個もある公設枡であってみれば何かはでてくるだろうと言ったのんきなことは言っておれない。報道にもいやそれよりも市議会にこの実情を伏せておけず報告しなければならない。それに原因調査も急いでやらねばと気持は高ぶるばかりである。市の工事指定業者が施工して施主に届け出をあえて指導せずのケースから無指定業者にヤミ工事を依頼して、排水を続けていたケースまで

ケチケチ市長と呼ばれて～市民と進めた財政健全化～

事情はさまざまでその時期も5年以上経過のものから最近の事案まで。それより工事をいつ誰に頼んだか口を閉ざすばかりの住民まで現れてお手上げとなるケースも出てきて、顧問弁護士へ対処の相談まで駆けつけることもあった。被害金額の概算も議会報告書に書き込めと血走った上司の声も飛ぶ。指定業者による施工件数123件（51業者）、無指定業者による69件（59業者）と判明して、指定の取消と停止（警告から3か月）や無指定業者への過料の徴収、しかしその上に業者判明せずの件数が255件であった。そして早速に使用料の請求そして過去分の過料賦課徴収（使用料に基づく）とさらに一般市民への下水道接続の手続の啓発、業者への指導そして調査の続行と続いた。ところで市の責任はどうするのか、当然市議からも厳しい声が出る。業者任せの役所こそ責任大とのマスコミ報道も出る。こうして私は副市長、上下水道事業管理者とともに給料減額の条例案を6月定例議会に提出、可決された。繰上げ償還による財政改革も吹き飛んで少

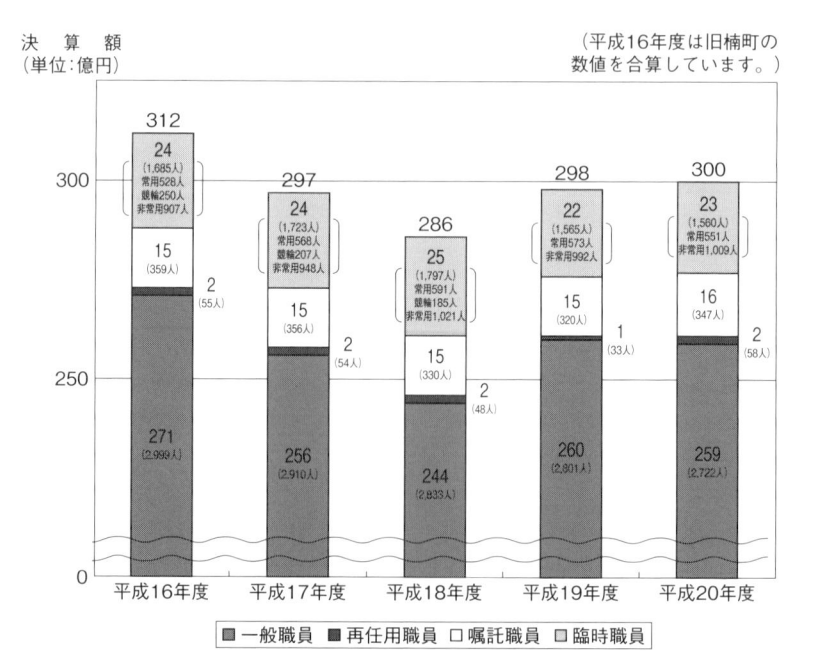

この表は職員定数減にもかかわらず、人件費総額が減少しないで増加（平成19、20年）していることを示している。（団魂世代の巨額退職金である。）

人件費の推移（一般・再任用・嘱託・臨時職員別）

なくとも 7900 万円以上の損害が市の行政体質論まで論議を呼ぶこととなった。

12　6月定例市議会閉会のあいさつ

6月定例市議会（2008（平成20）年6月26日閉会）は私にとって思い出深い定例会と書いたが、それは市土地公社の積年の課題に抜本的処理の決着をつけることができたことによる。しかし、下水道の負債処理で無断接続問題が顕在化してこれから3年経過後のさらなる使用料改定がはたして実現できるかの大きな壁を前に市職員の努力と市議会での議論の行方こそ問われることとなったことである。次章で後述するが、中部国際空港と四日市港間の船便による海上アクセスも6月定例会の開会前に衝撃的事件が起こり突如中断してしまうという事件が発生して私自身まだまだ緊張関係が続くこととなったが、3期12年間の市長職に区切りをつける挨拶ができたことは今も忘れえない。次の市長選挙に立候補は致しませんとの挨拶だ。弁護士から参議院議員そして市長と走りに走っていつの間にか満70歳を越えてしまった。ここで年金で暮らすよいまち四日市で静かに余生を送る、それも妻と二人の生活を既に色々考えてとの思いであった。政治の世界に長居は無用である。それにしても20年間司法界で、20年間政治の世界で、よくも40年間丈夫で長持ちの健康な身体を両親から頂いたことを感謝するのみであった。

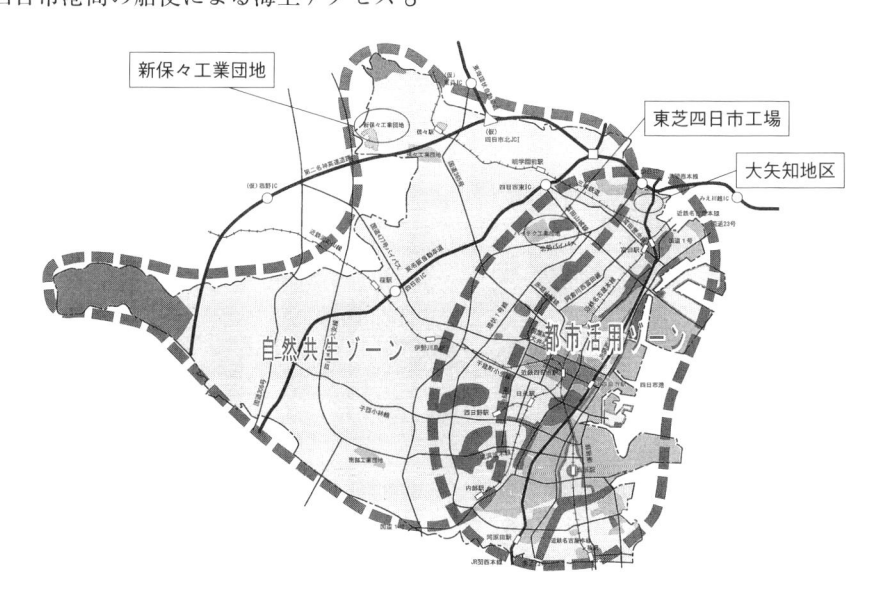

第10章　役所ガバナンスの確立と挑戦するまち

1　財政健全化法による市の財政状態

　地方公共団体の財政の健全化に関する法律（2007（平成19）年）6月15日成立、以下財政健全化法という。）の規定により市の平成19年度決算資料に基づく財政の健全化判断比率は次の通りですと私は2008（平成20）年9月3日市議会議長に文書で報告した。その内容は、この財政健全化法で定められた「実質赤字比率」と「連結実質赤字比率」はともに0％で「実質公債費比率」は18.7％、さらに「将来負担比率」は282.6％で、ともに安全基準比率を確保し、直ちに財政の健全化計画や再生計画の国への提出を迫られるものでなかった。なお将来負担比率の282.6％の数値は、その後の再計算・チェックを行ったところ186.1％が正しいことが判明し、その旨訂正届も市よりなされたので、訂正してお詫びする。実は今回の財政健全化法制の特徴の一つは市によるこれらの算定が本当に正確なものであるか否か、即ちデータの把握に過誤がありあるいはその内容に改ざんがあって誤った比率の算定ではないかにつき、あらかじめ市の監査委員のチェックを受けた後に議会や国（総務省）に報告しなければならないとされていたのである。そこで市は2008（平成20）年7月24日に市監査委員に決算資料をすべて提出してその監査を受けて、同年8月12日前記数値に間違いがないこと及び付記意見の監査結果を得たうえで議長へ提出したものであった。その意味では数値がルール通りの方式で計算され出された結果であるかどうかの責任を監査委員が負うことになった。従って、さらに議会のチェックを受けることとなって、二重三重の市財政へのチェック体制となったのだ。そして前述の四つの指標での安全基準を達成できないとき、二段階即ち最初の段階それは早期警戒警報ともいうべき、財政の健全化計画の提出が求められ次の段階の財政破たんへの道へ滑り落ちることを防止する段階とそして既に破たん状態に財政は陥り再生計画を作成しこれを提出しなければならない段階を示す基準比率の二つの数値も明示されていた。イエローカードというべき、第一段階の基準数値は実質公債費比率では25％、将来負担比率では350％であったが、四日市市ではこの意味での安全基準内であった。しかし県内13市の

中では最も悪い数値で、実質公債費比率18.7％は、届出さえすれば地方債（借入金のこと）の発行が可能な基準比率18.0％を超えており、このままでは事前に国の了解（協議）を得ない限り地方債の発行ができない数値であった。第二の段階は破たん状態を指しており論外ではあるが。そこで監査委員の意見には、国の地方債許可団体から、一刻も早く抜け出して真に安全（健全）な基準地帯に達すべく、市独自の目標基準数値を定め、これに向けて一層の財政健全化に努力するようにとの意見が付されていた。もっともな意見である。思い起こせば、平成19年12月の日刊新聞の三重版で、総務省がこの財政健全化法の比率算定根拠となる方式を公表したことに基づき新聞社の独自の試算の結果を公表し、県下13市のうち最悪の22.2％と四日市市の数値が活字となっていた。これを読んで私は内心穏やかならざる心境にあった。その意味では今回の算定数値18.7％にひとまず胸をなでおろした。一方将来負担比率でいえば市と公営企業のほか公社や第三セクターも連結しての数値結果であってみれば、186.1％の数値も決して良好なものでないが、安堵できる数値であった。なぜなら平成20年度に入って土地開発公社の清算結果や上下水道局の高利率起債の繰上げ償還や補償金なしでの借り替えによる改善が加味されさらには第三セクターの三重ソフトウエアセンター

の解散に伴う清算結了が実現して、次の年度の算定数値は良くなることが十分期待できるからである。しかし県下13市の最下位に変わりはないが。

因みに2009（平成21）年度9月21日付け日刊新聞の報道によれば、財政再建団体は夕張市であるが早期健全化基準を超えた市町村が全国で実に21団体あって大阪府泉佐野市も含まれ12道府県の21市町村が該当と報じられた。四日市市は今後5年間でどれだけ改善できるか、実質公債費比率18％未満の基準をいかに早く達成できるか、そして10年後にはどうかとの目標数値は掲げてきたが、これにまったく不安がないかといえば実はそうではない。その一つは私が平成20年12月23日で退任し、自己の努力での改善を口に出せないことでありさらに一つは平成20年9月15日アメリカのリーマン・ブラザーズ社の破たんによる金融ショックが世界の同時経済不況に至り、現在、各国政府とも大規模な財政出動に出てその波及を止め経済の回復に努めている真っ只中にあるからである。これは当然にわが国の地方自治体にも振りかかり四日市市もこれを回避できるものではない。大幅な市税の減収があるやもしれずしかもそれが何年続くのかそして社会の高齢化はその進行がしばらくは加速するであろうから。こうなるとまたも緊急経済対策と称して市民からの要請もあることを背景に再び過大な負債を負

うことも決してないとはいえないからだ。岐阜県多治見市では既に多治見市健全な財政に関する条例を制定して立派な先例を作った。そこで市もこれに倣うべく四日市市健全財政の推進に関する条例を作ってはとその検討に入ったが、私の退任までに間に合わず、目下なお検討中であることが頭をよぎってきた。しかし、この不安に対して次期市長を決める市長選挙を前にした平成20年11月19日公開討論会が開催された。市の青年会議所の諸君が二人の候補者を招いてコーディネーターの大学教授を挟んでの公開による討論の場を作り、ケーブルテレビや、ラジオ、インターネット放送にも流した。そのうえ、この公開討論会に先立って選挙民への市民意識調査をアンケートと自由意見記載方式で実施した。この調査結果から住民の関心の高い項目三つを選びこれについて事前に予告して考えを質し、議論を展開した。(即答による項目もあったが) 最も関心の高いものとして、四日市市における財政の健全化であり、徹底的な赤字の事業の見直しや税金の使われ方等に対する歳出対策を望む市民が回答者の65％もあった (自由意見記載欄での) ことを引用してのテーマであった。この事実は私にしてみれば、次世代の青年 (事業経営者) が私の市長時代の財政窮乏の犠牲者であったことを思い知らされ、一方で選挙民の次の市長への期待が市の財政の健全を強く望んでいることを知り安心する複雑な心境であった。日頃から市議会での財政に関連する質問の少ないことをさびしく思っていた私にしてみれば喜びと悲しみの二重奏であったのだ。

2 公会計と市議の質問

　市議会での財政関連質問で2008 (平成20) 年3月定例会一般質問にて鋭い質問が出された。市の公会計への取り組みはどこまで進んでいるかの質問に始まり、有形固定資産台帳と貸借対照表の整合性はあるのかさらに総務省が2006 (平成18) 年8月に公表した地方公共団体における財政改革のさらなる推進のための指針 (事務次官通達) に基づく財務諸表の作成、公表はいつごろ実現するのかであった。市の所有する有形固定資産、例えば道路、河川、公園、市役所庁舎、学校等の施設や車両などの備品類の評価方法は取得原価の記載となっている。この取得原価を耐用年数に照らし定額法で減価償却してきてはいるが、有形固定資産の額と財産に関する台帳の明細はそれだけでは整合性は欠くものである。評価が大きく騰勢と下落に分かれる活用土地簿は他の各年次のモノサシを必要とするからである。この間に評価が割り込んで、民間企業の会計規定のようにいかなかった。そのうえ歳入においても市税のみならず国の交付税や補助金、負

第10章　役所ガバナンスの確立と挑戦するまち

債も建設公債もある。発生主義会計と複式簿記方式を導入したと言っても受益と負担のバランスの記帳は容易なことでない。こうして総務省の新地方公会計実務研究会が漸く結論を出して前述の次官通達による指針となったのだ。地方自治体はこれまで長くいわゆる官庁会計それは現金主義であり単年度の会計できているが、四日市市ではこれに並行して2000（平成12）年度よりバランスシートをはじめとする公会計を作成してきていた。もっとも現在においてもわが国の地方自治体の公会計作成義務は課されていないが、これを作成する自治体は年々増加している。極めて鋭いそして時宜にかなった市議からの質問に市も真正面から応答して、総務省の改訂「基準モデル」に準拠して財務諸表4表を作成するべく準備に入り、2009（平成21）年秋には作成、公表する旨答弁をした。ところで財務諸表（4表）について略記する。「貸借対照表」「資金の収支計算書」「行政コスト計算書」「純資金変動計算書」が四つの財務諸表であるが、貸借対照表とは市が持っている資産、負債、純資産の残高を示し、それらがどれくらいあり、財源は何か、特に地方債の残高がいくらか等を明らかにする。市の財政状態を示す表である。しかし、インフラ資産を含んだ公共資産と投資、貸付、短期の流動資産などが含まれて、民間企業では通常資産に入らない道路や河川の護岸、橋なども計上される。行政サービスの提供能力があるものは売却されなくても資産に入るという考えなのであろうか。そうするとこれらも含めるのか否かで悩ましい事柄となるが総務省の基準モデルで悩まずに作成できることとなった。さらに行政コスト計算書は損益計算書のことで、市の業績（費用や収益の取引高）を示し、経常的な行政サービスにかかったコストがどのくらいあるか受益者負担でどの程度賄われているか等明らかになる。資産収支計算書はキャッシュフロー計算書で市の資金収支の状態を明らかにする。即ち投資的経費はどの財源で賄っているか、支出の負担を将来に先送りしていないか等を明らかにするものだ。最後の純資産変動計算書は市の純資産変動を示し、政策形成上の意思決定による純資産の増減及び純資産の内部構成の変動を明らかにする資料でこれも当年度の行政サービスの世代間負担の状況や資産価値の変動等が明らかになる。このように公会計の作成それも一層充実した内容の作成は地方自治体の財政状態につき説明責任をより一層住民に果たして行政への信頼を確保するためである。地方分権が今後一層進む中で財政健全化への努力は着実に進められねばならず私自身も12年間これに努めてきたと思っている。やっとここまできたと道半ばの感想である。新しい公会計の制度はその情報公開と相まってこれからの自治体の経営改革を牽引するものと期待

されるが、これにはさらに自治体組織の内部統制（ガバナンス）の確立が必要となる。

3　役所ガバナンスの確立

　2006（平成18）年10月13日財団法人関西社会経済研究所が「自治体経営改革の自己診断2006、自己評価に基づく組織運営（ガバナンス）評価」と題する文書を公表した。この法人は関西経済界の支援を受け、学界、経済界の有識者による調査研究活動を行っている非営利の総合政策シンクタンクである。その代表者は関西経済連合会の会長秋山喜久氏、所長は本間正明大阪大学経済学部教授で今回の調査を担当した自治体経営評価委員会委員長は林宜嗣関西学院大学経済学部教授そしてその主査は小西砂千夫関西学院大学経済学部教授、アドバイザーに京都大学吉田和夫教授と慶応大学跡田直澄教授の陣容である。まずこの調査の結論を紹介しよう。総合評価第1位は東京都の八王子市、次いで杉並区、練馬区、岐阜県多治見市、足立区、台東区、日野市、世田谷区、三鷹市、浜松市次いで第11位に四日市市が豊橋市と青森市と同順位で入っている。そしてベスト20位以内には横浜市と豊田市が入っている。回答に応じてきた調査対象は市と東京都の特別区合わせて186団体の自治体であった。調査項目は200の質問事項への回答と数値であるが、その項目の分類は①総合計画、②予算編成、③財政運営、④行政評価、⑤財政情報の開示、⑥人事システム、⑦監査制度、⑧情報公開・住民参加、⑨自治基本条例、⑩総合評価となっておりわが四日市市では⑤財政情報の開示項目ではAAAそして①④⑧がいずれもAA、②③⑥⑦⑨がAで総合評価AAであった。ちなみに第1位の八王子市に対し調査委員会の評価コメントは市長のリーダーシップの下で減量経営の仕組み改革を目指した行財政改革を2002（平成14）年頃より取り組んだ成果が出てきたと評価し、人口10万未満の多治見市では市長の強力なリーダーシップの下、財政改善に取り組み幹部職員級の意識改革に徐々に成功しその体質改善につなげたと評価している。そして首都圏や中部圏により上位の自治体が多いのは、中規模から大規模の自治体が密集して、ガバナンス改革の競争的環境が整っているとして都市自治体経営の競争環境に注目している。さらに一般論として財政状況があまりにひっ迫すると、歳出削減や職員定数の削減などの量的な改革課題が優先されガバナンスに関する改革の優先順位が落ちたり自治体としての改革マインドが十分に育たないのでと推測して、関西圏の自治体では財政のひっ迫度が高いことから上位20位に顔を出せない原因を推し量っている。

　では、かかる項目による経済専門家の

調査はいかなる観点よりなされたのであろうか。わが国の地方自治体ではバブル崩壊後、総合計画と予算の関係の明確化、行政評価の実施、成果主義を導入した人事システム、財政情報の開示の充実など様々な改革努力が積み重ねられてきた。しかし改革の仕組みを行政経営システムとしてトータルで制御できず恰好だけの改革になっているため改革の実効性が上がらないケースが目立つ。これこそ組織運営のガバナンスの欠如とみる。ではここでのガバナンスとは何を言うのであろうか。政策選択を行い一貫した意思決定を行ってそれを組織全体に行き渡らせ組織全体の総合力を発揮することこそ自治体の組織運営の妙であるも縦割りの弊害その他がこれを容易にしない。その結果ともすれば総花的な政策決定になってしまう。しかし、各自治体で取り組まれてきた改革は目指すものは究極においては同じであるも各自治体が置かれた状況や首長のリーダーシップによって改革の手法や手順は異なる。どこが成功しどこが手間取っているかはガバナンスができているか否かで的確に評価できる。このガバナンスができていない自治体では、役所の中でしっかりとした、意思決定ができず、組織が縦割りになりトップダウンとボトムアップの意思決定がすれ違うという共通の状況がみられる。このような認識に立って186自治体の自己申告書をみた結果が総合評価の成績であるとし、その結論を以下のように結んでいる。「ガバナンスが発揮できている」とは「自治体における意思決定が整合的に行われトップダウンとボトムアップがかみ合っており、目標が明示されその達成に向けて予算配分や人事配置等が行われ、事後的な検証がされることによって自治体を取り巻く環境変化に対応してあるべき方向に向かっていくような仕組みが全体として成立している状態」であると定義し、その状態にあるか否か三つのポイント（外形的要件と機能そして相互関連）から診断するという。人間ドックにて成人病の有無のチェックといえよう。私にしてみれば思い当たることばかりである。四日市市は管理型行政運営から成果志向の経営型行政運営への転換を図るために政策・財政・行革の各プランを一体として行政経営戦略プラン（第1次：2004～2006年と第2次2007～2009年）を実行し、この戦略プランを機能させる基本ツールとして業務棚卸表に基づく行政評価システムと財源の総額管理枠配分方式による予算編成システムを確立し、その精度のより一層の充実を図ってきた。しかし、ガバナンスが十分に浸透し的確に発揮されているかと言われれば、その自信は揺らぐ。何故なら、地方行政の有効性や効率性、財政の健全性を確保するためには自治体はこれまで以上のガバナンス体制を強化しなければならない。行政の活動はますます多様化し、

専門化しており、監査委員や議会の機能だけでは限界があると多くの識者からも指摘されているからだ。ところで、自治体の内部統制を整備することで業務の不正や効率性をチェックする機能が業務に組み込まれ業務運営が是正される。自治体の主権者は住民であり、財政破綻の最終的な負担も住民なのだ。従って自治体の責任者は財政の実態を財務諸表の形で適時、適切に住民に開示し説明する責任がある。今回この説明責任について市土地公社の債務整理を前にして、全面かつひきつづきの情報開示を市民に敢行し私はその説明責任を果たしてきた。しかし行政一般について、つねにその説明責任を果たすべく、市役所内にそのスタッフの養成とシステムの立ち上げをしてきたかといえば、なお道半ばである。いまやこの努力と成果が待たれているからだ。四日市市はやがて中核市になって公認会計士等による外部監査制度を導入されれば目的を達するかといえば、そうではなかろう。的確かつ恒常的な財政の健全性につき説明責任を果たすためには、やはり人材の育成と新たなるシステムの構築が求められよう。これが実現してはじめてその説明責任が十分に果たされることとなり、財政規律の確率が現実となるからである。目下のところわが四日市市は、この意味では、まだまだこれからの努力に待つほかなく、私の役所内ガバナンス（統治）の自信は揺らいでいるのだ。

4　9月定例市議会で最後の市長給与減額条例の上程

　2008（平成20）年9月定例会に私のほか二人の副市長への給与減額承認を求める条例改正案を上程した。この種の条例の上程は実に7回目である。平成20年12月23日までが私に残された市長職であったが同年6月定例市議会で既に私と副市長ほか1名への給与減額条例が承認可決された結果、私の市長給与は同年7月分より10月分が10％減額となっていたことから、この定例会では同年11月分の給与が対象の減額処分である。それは四日市港から伊勢湾を渡ってセントレア空港までの船便の海上アクセスの件で不祥事に対する責任をとった減額案件であった。この海上アクセスの不祥事は既に第4章入札改革と談合との戦いの中で詳細に触れており、ここでは私の給与の減額条例上程に関する範囲で触れよう。2006（平成18）年4月より市にとって待望の対岸に開港したセントレア空港への四日市港よりの船便が就航した。1日8往復、所要時間35分で欠航率も極めて低く、乗客数も確保され、一層の充実を願っていた。なぜなら四日市市の中心市街地より空港までの直通バスもあり空港利用者はマイカーよし、バスよし、船よしで夢は膨らむばかりであった。この船便による海上アクセスはビジネス往来の激化でビジネス渡航者・渡来者にも

第 10 章　役所ガバナンスの確立と挑戦するまち

人気がありこの実現は就航前の予測、採算割れもという予測を覆していた。しかし思わぬ落とし穴が待ち受けていた。セラヴィ観光汽船株式会社という事業経営会社が親会社の経営破たんにより一気にその経営上の行き詰まりをそしてこれに伴い追い打ちの原油価格暴騰から使用する軽油の高騰で採算割れとなって、この会社の運行事業を引き継ぐべくにわかに設立されたYAL株式会社代表者と当時市職員であった国土交通省職員との間の汚職事件が2008（平成20）年5月に発覚し、平成20年9月で就航は途絶えてしまった。この海上アクセスは今日まで休止にしたままである。再開という大きな荷物を次の市長に残してきてしまった。この不祥事の責任をとって、また私と担当副市長は減額1カ月10％の処分をとるべく条例の上程であった。もちろん可決されて減給となったが、私は市長在職12年間で実に7回の減額条例の上程と議会可決という記録（不名誉な）を持つこととなった。信賞必罰は人事政策では極めて重要で不祥事が発生すれば必罰を断行しかつ再発防止策に全力で当たる私にしてみれば不名誉でなくむしろ役所のガバナンスの確立の中でそれなりに役割を果たしてきたと慰めてくれる人もいたが、まことに残念なことである。因みに最初は2000（平成12）年12月定例市議会上程での市土地開発公社不祥事の責任で3カ月間10％次いで2001（平成13）年9月定例市議会での国民健康保険料の賦課もれの責任をとり1カ月10％、2002（平成14）年6月定例市議会で小規模工事の不適正発注で2カ月10％、2006（平成18）年3月定例市議会で3％減給2年間24か月（これは市職員の給与削減のため全職員の減給措置をとったことから当然のもの）そしてその間での平成18年3月定例市議会での市立病院薬局長贈収賄で3か月10％（ダブル減給）そして2008（平成20）年6月議会で前期のごとく市土地開発公社保有土地の第二次健全化の実行責任による3か月10％と下水道使用料の接続者への徴収漏れの責任にて1カ月10％が続く。こうして海上アクセス関連事業にかかる元職員（発覚時には国土交通省に戻っていたことから）の不祥事の責任が7回目の減給処分となった。率先垂範と自ら公用車を売却しタクシーによる通勤と市内出張で経費削減に着手した私であったが役所内の次々に起こる不祥事への対応に追われる12年間でもあった。この間信賞はあったのかと問われると即答が困難である。それでもなお、役所ガバナンスで評価されるということはトップダウンとボトムアップの擦れ違いが少なく政策選択に大きな誤りもなく過ごすことができたとすればひとえに優秀で努力を惜しまない職員が多い組織で私の督励に進んで努力し汗をかいてくれたことだと今は感謝の気持ちでいっぱいである。

5 次世代への使命と責任

　賢いそして真面目な職員が多くそのおかげで大過なく12年間を送ることができたと書いた直後に私の政策は全く間違っていると市民からの訴えの書面が市役所に届けられた。2006（平成18）年11月18日付けであった。それは私信であったが匿名でなく堂々と住所氏名を明記した善良なる市民からのものであった。要約すると隣町の三重郡楠町と合併してようやく人口30万人の市となり中核市へ移行するものと期待していたところ、それを断念とははなはだ理解し難いと強く立腹していた。新聞報道で知ったと断って市内北西部の大矢知地区に広大な範囲にわたる産業廃棄物の不適正埋立（即ち不法投棄）が発覚しその責任をめぐって三重県の指導監督が悪い、いや四日市市も責任があると喧々諤々となっていたがこの7月20日に県知事と市長との間で協議がまとまって確認書が取り交わされた。産廃の四日市市内の不適正処理事案については三重県は四日市市が中核市となった以降も引き続き従来からの法に定める責任を果たすことを確約し書面化したではないか。にもかかわらず市長はこのままでは中核市への移行はできないと言明した。しかし、よく考えてみると市長は2005（平成17）年2月5日の楠町との合併以前よりずっと一貫して中核市に四日市市が移行すれば市民の身近な場所で県より権限の移譲を受けて幅広い行政の展開となって市民利益に一層かなうと盛んに訴え、広報してきたではないか。にもかかわらずいざ合併して人口も30万人に達しながら、大矢知地区の住民が強く反対しているから中核市移行を逡巡している。これではすべての市民利益を隅において特定地域の反対という小さな利益をより優先の順位に置くことでとうてい納得できない。中学生も理解できる説明責任をまったく果たしていないではないかと激しい文面のものであった。中核市に移行すればそれまで市に与えられていなかった産業廃棄物の処理等いわゆる廃棄物の処理及び清掃に関する法律（以下「廃掃法」という。）に定める指導・監督の権限や保健所の設置が認められその業務の執行権限が県より移譲され自立のまちへ大きく前進することとなり市民利益がすこぶる増大するにもかかわらず特定地域の圧力に負けて血迷っているというのだ。

6　知事と市長の間での確認書交わされる

　平成18年7月20日知事と私との間で取り交わされた確認書は①三重県は四日市市域内において県が現在調査中の産業廃棄物の不適正処理事案及びフェロシルト事案について四日市市が中核市に移行しなかった場合に廃掃法に基づき三重県

が本来果たすべき責任を四日市市が中核市に移行した後においても引き続き果たすこと、②そのため四日市市が中核市に移行した後における三重県の財政負担や人的・技術的支援の具体的な手法等について三重県副知事及び四日市市助役を中心とした関係職員による検討会において早急に検討し結論を得ることとなっている。これが新聞報道となれば多くの市民は懸案事項が解決され、中核市への障害が取り除かれたと安堵してその期待をふくらませて、この私への私信の心境の如くになったと思われる。しかも私は2007（平成19）年４月１日が中核市への移行日と表明して市議会でも前年３月にこの問題の調査検討の特別委員会も立ち上げられ審議中であった。従って私の移行延期の表明に俄然その審議も賑やかとなった。しかしながら県と市との前記第２項に定める検討会の動きはその後停滞してその進行は進まなかった。その原因は以下の事情にあった。同年７月20日確認書調印以前の同年６月12日県議会全員協議会での県の説明は「許可区域内については覆土、水路や調整池の整備などの措置を講じるよう（有）川越建材興業（以下「川越建材」という）に対して指導していく。また国との協議が整い次第措置命令を行う。許可区域外に不法投棄された廃棄物については全量撤去命令が行えるかどうかを環境省と調整を行っており可能となれば処分者、土地所有者、排出事業者に対し撤去についての措置命令を行う。今後も継続して地下水の水質調査を行っていく」であった。しかし、２カ月後の同年９月22日の同協議会での県の報告はその内容とりわけ措置命令の内容が大きく変更になってしまっていた。区域内、区域外を一体とした覆土及び処分場内の排水路等の整備の措置を講じる命令に。そして地元説明会でこの変更の前提となる区域外違法投棄の部分の安全説明が十分に浸透理解されず、かえって県のこれまでの監視・監督権限を有しながら不法な投棄を放置し続けてきた責任はどのように考えているのかとの批判を浴びることとなってしまった。こうして県と市の検討会の開催と内容を詰める作業は進まず、私の中核市移行見送り表明となってしまった。県と市の検討会や作業部会は吹き飛んでしまったのだ。因みに中核市移行の想定スケジュールは厚生省・総務省の事前ヒアリングに４～５カ月間要し、その後市議会、県議会の議決を経て中核市指定申出をなし政令公布そして中核市移行まで少なくとも１年前後を必要としていた。

7　中核市移行問題調査特別委員会

　平成18年３月市議会定例会で中核市移行問題特別委員会が設置され、さらに都市環境委員会そして総務委員会の常任

ケチケチ市長と呼ばれて～市民と進めた財政健全化～

委員会でもこの問題は審議、市側との意見交換は平成19年3月までの間様々な議論の展開となった。まず県の考えている覆土と排水対策の措置命令を不法投棄者に対して命ずることで一部原状回復を訴えている地元住民が納得しているかそしていつになればこの措置命令を発することができるか。さらに不法投棄者（川越建材）が措置命令を履行できるかについて不透明でこれに代わって行政の執行即ち行政代執行になったとき市が中核市となった以降県はその全額を負担することが可能なのか。市の負担となれば市は地方交付税不交付団体であり、単独市費負担となるがその概算はどれだけでこれを負担できるか（これまで指揮監督権限が全くないにもかかわらず負担する道理はあるのか）であった。ましていまだに措置命令が出されていないが、この措置命令や代執行の途中での中核市の移行となったときの円滑な行政の執行はその費用と人員の責任も含めて支障はないのかとの問題もまた各市議間でもそして市側との論議でも激しく議論がなされた。（福島県といわき市のケースが過去にあったが）ここで大矢知地区の不適正事案とフェロシルトの件につき概略これまでの経緯を含めてその内容を説明する。2004（平成16）年3月11日岐阜県椿洞地区での「善商」という処分事業者をめぐる産業廃棄物の不法投棄事件がマスコミで大きく取り上げられた。その埋立処分容量は52万立方メートルを超すもので中間処理施設を有しての操業であった。これが契機となって同年4月22日付けの日刊新聞で岐阜県に続き大規模な産業廃棄物の不法投棄が三重県四日市市大矢知地区でも明るみに出たと報道された。それは川越建材の埋立処分のことであった。県は10年以上前から把握しながら地元からの改善の声にたいして生活環境に直ちに支障はないとして放置してきたものでその容量は届出区域の外で推定38万立方メートルに達しており近く県は本格的な調査に乗り出すとあった。近くに住宅地や幹線道路もあり1981（昭和56）年当初は廃プラスチックやガラスくずさらにがれき類など埋め立てる最終処分場の設置を県に届け出た当初の規模は面積6808平方メートル容量4万立方メートルであったがその後1990（平成2）年には面積5万9000平方メートル容量132万立方メートルに規模変更届出になっていた。しかしその後の調査では7万8000平方メートル、容量170万立方メートルと分かり結局38万立方メートルの不法投棄が判明との記事も見られた。しかし、その後、約1年かかっての県の現況調査の結果は容量262万平方メートルとなって許可区域外投棄の容量は処分者不明を含め159万立方メートルの100万tを超える不法投棄場とそしてその原状回復費用も過去の香川県豊島や青森・岩手県境事案の原状回復に要する

180

見込み額から積算すると1000億円を超すと報道されるにいたった。そして処分者の川越建材はすでに休眠中の会社で従前の代表者は1999（平成11）年11月に死亡し、現在はその妻が投棄の業者の代表者であってみれば、改善命令（措置命令）の履行の期待は薄く代執行必至との記事も続く有様であった。一方、フェロシルト不適正事案とは市内四日市工場にて長年チタン製造にかかわりその製造工程から排出される排硫酸廃棄物アイアンクレイの処理を市内小山地区で県環境保全事業団が操業する埋立処分場へ埋め立て処分していた石原産業株式会社が埋め戻し材との商品登録を得て広く県外（東海地方や京都市等）へ販売してきていた。これが六価クロム成分の残留が判明して特定管理型処分場での埋め立て処理を要する廃棄物と判明するに及んで同社は各埋立処分場から撤去回収を迫られ、一時保管としてやむなく四日市工場敷地内に山積みとなってその適正処理を求められていた。その量は最大55万立方メートルにも達するものであった。こうして四日市市の中核市移行課題は残念にも見送り、それも2007（平成19）年さらに2008（平成20）年も含めて延期せざるを得ない事態となって市は同年（2008）4月1日保健所政令市に移行となった。これは中核市移行に備えて2005（平成17）年より県に市の担当職員を派遣、研修に従事してきたこと及び

近年いわゆる鳥インフルエンザの大流行が懸念されその危機管理体制の新たな確立が叫ばれてきたこともあって市立病院等との連携による市民の健康を守るニーズの高まりを踏まえ、保健所業務の三重県よりの移譲は急務となっていた。そこで、平成20年4月よりの保健所政令市となってその後可及的速やかに中核市へ移行を目指す市長表明となった。

8　中核市から保健所政令市への移行

　三重県は2007（平成19）年1月31日、履行期限を平成20年12月30日とする覆土処置を川越建材に求める措置命令を発した。（容量262立方メートルを対象）そして2009（平成21）年3月11日付け新聞報道（このとき私はすでに市長職を退任していたが）によれば野呂県知事より諮問を受けて検討してきた「三重県特定産業廃棄物事案に関する調査特別検討委員会」は県のこれまでの認識や指導監督に著しく妥当性を欠いて失当であったと答申した旨を報じた。これは県議会生活文化環境森林常任委員会で明らかになったもので、現場のどこで投棄が拡大したかを把握しないまま構造規模の事後変更を容認し事態の重大性の認識を著しく欠いていたとの1990（平成2）年2月13日の川越建材の届出受理を批判しその後も監視・指導が不十分で処分場

石原産業プラント

や事業者に対する認識の甘さが違法な拡大を追認し周辺住民に不安を与えたと厳しく指摘した。さらに措置命令を出したが、この対応も十分でないと言われ、県環境森林総務室は今後地元や学識経験者との協議を重ねて行政代執行も含め対応を検討するとしていることまで報じている。一方同じ日付けの報道によれば県環境保全事業団は四日市市小山町に整備を計画している「新小山処分場」について廃掃法に基づき整備費142億円余りで設置の認可がおりた旨を報じている。この新処分場の埋め立て容量は覆土を含めて168万立方メートルでその半分は石原産業四日市工場のアイアンクレイが占めるとそして県は同社に対し処理料金の前払い分として66億円の拠出を求めることまで報じられている。いよいよ確認書の案件は前進してきた。四日市市の自立のまちへの道は一歩一歩前進するほかない。また2009（平成21）年4月に入って新型インフルエンザの猛威が現実味を帯びて安全安心のまちづくりもその保健衛生の面での危機管理能力が今や問われる時を迎えている。

9　挑戦するまち

　内閣府地方分権改革推進委員会は中央政府が競争相手のいない独占企業化し地方自治体に裁量権を認めず、膨大な借金をよそにカネ（税金）を無茶に使って地方は中央より補助金や交付税を得るために「カネの奴隷」となって「お上」との主従関係に慣れすぎているとその委員長である丹羽宇一郎氏は激しく論ずる（2008（平成20）年7月30日付け中日新聞）。委員会はこのほど政府に対し第一次勧告案を出したが、生活者の視点に立った地方政府の確立が課題で基礎自治体（市町村）への重点行政分野の権限移譲と自由度の拡大を提言する。そして中核市への教育制度これは文部科学省が全国均一の学校教育や教育カリキュラム等の指導監督権限を有するがこの分野への移譲を促し勧告している。四日市市ではこの12年間を見てもアメリカロングビーチ市との姉妹都市提携の実績として英会話とライフスタイルの違いの相互理解を市内公立小中学校生徒に及ぼさんと今では17人にのぼる派遣教師を擁してその費用も年間8千万余円を市は負担してさらに独自に公立小中学校での少人数教育体制も市費単独負担事業（年間2億

円ほど支出）を展開している。これは限られた教科ではあるが30人輪切りの少人数学級編成（ちなみに文部科学省は40人学級体制）を意味し、教師の増加は退職教員や民間企業退職者の活用で、さらに教室増は空き教室の活用などで賄っている。全国一斉の学力テストに先んじて学力の到達度テストを実施してきており、さらに前述したが市内企業の協力を得て理科離れ特別対策事業もカリキュラムにまで導入して対応してきている。2008（平成20）年8月12日には姉妹・友好都市提携のアメリカロングビーチ市と中国天津市より中学生を招いて市内中学生との間で環境学習サミットと題しての10日間のシンポジウムも開催して翌年への事業として継続している。また市内には在日ブラジル人・ペルー人等の新外国人も相当数居住し、これらの子弟への公立小中学校での教育環境整備が急務となって同じような悩みを持つ他都市と連携しての環境整備にも努めてきた。もちろんブラジル人による学校も市内に設置されているが。そして公立の学校統合の進まない中で小規模校での小中一貫教育体制への試行も実施して、人材養成面で中央政府の施策の先取り施行にも努めてきた。近い将来中核市に移行しその時に教育面での地方分権が進められた時、四日市市は急遽体制作りに努めることとならないよう整備しているといえよう。持続可能なまちづくりを目指すことは今や全国自治体の合言葉となっているが、それはとりもなおさず、経済・財政の持続、社会の持続そして地球環境の持続であってみればこの観点より市のまちづくりは決して遅れをとってはいない。

私の市長退任目前の最後の市議会12月定例会本会議一般質問で「最後に井上市長、3期12年間の市政運営、本当にご苦労さまでした。私の個人的見解ですが、特に財政健全化法の市への多大の影響を与えかねない土地開発公社の問題を先送りせず、負債の返済計画を立てられ、これからの市政運営に期待と希望を与えてくれました市長に心より感謝とお礼を申し上げたいと思っています。そこで何か感想・コメントをいただければと思います」との質問に対し私は「今ご指摘のとおり土地開発公社の心配というか不安というものが一応クリアできたこと、その直後に世界同時不況の嵐がやってきたという意味では私自身大変議会の皆様のご協力があったからでありますと

最後の市議会

ケチケチ市長と呼ばれて～市民と進めた財政健全化～

同時に幸運でもあったと思っております。」と答弁した。ベストを尽くしたと言えなくもベターでは尽くすことができたことを満足してのものであった。12年間はまさに光陰矢のごとしの在任期間であった。

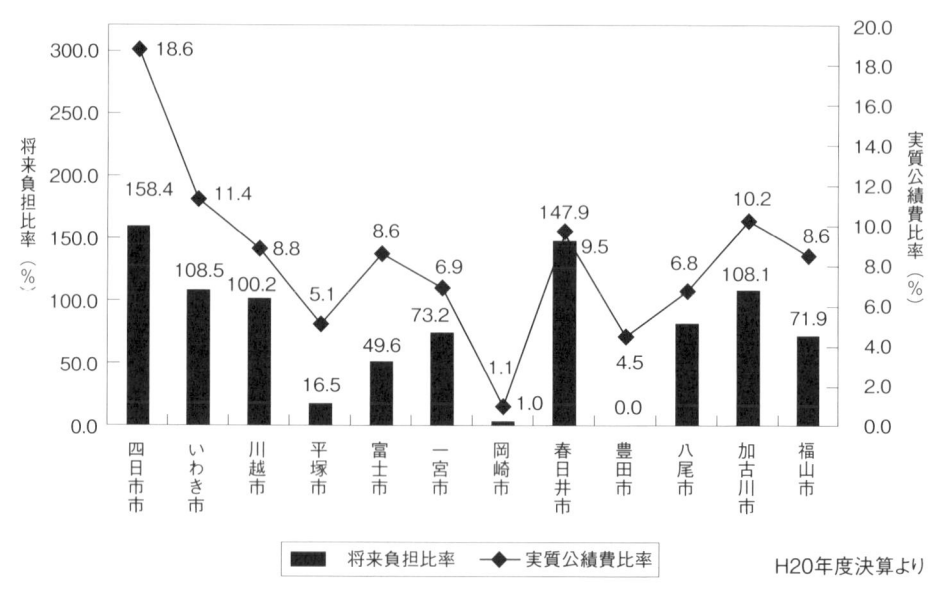

実質公績費比率と将来負担比率（同格都市比較）

都市	将来負担比率	実質公績費比率
四日市市	158.4	18.6
いわき市	108.5	11.4
川越市	100.2	8.8
平塚市	16.5	5.1
富士市	49.6	8.6
一宮市	73.2	6.9
岡崎市	1.1	1.0
春日井市	147.9	9.5
豊田市	0.0	4.5
八尾市	6.8	—
加古川市	108.1	10.2
福山市	71.9	8.6

H20年度決算より

あとがき

　1994（平成6）年7月下旬、私は東京晴海埠頭よりアメリカ西海岸サンフランシスコ湾内オークランド港までのコンテナ貨物船に単身乗り込んだ。カリフォルニア・ブライトン号というパナマ船籍で、日本郵船の配船手配による世に言う便宜置籍船に臨時船員の資格での体験乗船であった。

　妻と秘書（当時参議院議員）の2人だけの見送りを受けて、3万1千余トンの積載コンテナ1400余個、船長以下日本人6人（私を含め）フィリピン人の船員22人の太平洋を渡る旅であった。一航海35日間のコースのうち、途中乗船と下船の12日間である。私にしてみればまさに目からウロコが落ちた旅であった。

　当時為替レートは1ドル80円前半を上下し、日本の外航海運会社はまさに塗炭の苦しみにもがいていた。長期にわたる船腹調整を経て、主要三社に収れんされ、再生への道を模索するところで、この先展望を拓くことが出来るか否かの瀬戸際にあり私もその一端でも知りたいとの思いからであった。

　船籍も節税上からパナマ国に替え（日本の国旗を掲げず）、人件費の節約から乗組員の大半は比国、中国、韓国等の船員に占められ、そして重油や食料その他船内生活必需品もすべて外国の寄港先にて調達する貨物船である。さらに、巡航速度も航行能率の最も高いエコ航海、従前の慣行では休航中のドックで整備される修理・点検等も可能な限り僅かな臨時手当での船内作業（海が荒れていない限り）で賄う徹底的コスト削減の航海を、それも24時間現場での体験である。

　積荷（雑貨）のコンテナの温度管理チェックから機器の整備作業にも私は積極的に参加（相手のクルーには迷惑であっただろう）し、お蔭でフィリピン人船員とも仲良くなることが出来た。それに水野船長以下日本人船員も珍客の私を温かく迎えてくれたことから、船酔いも皆無で楽しい船内生活であった。しかし日本人船員はいずれも勧しょう退職でリストラされたにもかかわらず海への憧れが断てないためか、今でいう非正規乗船員であった。

　ケチケチ航海の実情を、日夜12日間この目でこの身体で実体験した私は、フィリピン人の二等航海士から半年間の航海を終えれば故郷に帰り、妻や子供の待つメイド付の自宅で暫くはゆっくりと

生活できると写真を見せながら自慢する姿を今も忘れることが出来ない。

　世界第2位の経済大国となった日本、そして経済のグローバル化の波にもまれ、その荒波がベルリンの壁の崩壊以来さらに大波となって、日本の産業はボディブローの連打に遂に悲鳴をあげ始めていた。この現実を最も如実に理解するには、コンテナ船の体験乗船だとの私の決断は間違っていなかった。

　しかしながら、20年に及ぶ弁護士生活と6年間の国会議員を経て、

　1996（平成8）年12月、地元の市長に就いた私を待ちうけていた市役所は何と優雅な世界であったことか。市議会も同様だ。すべての人達が仲間であり、内向きに向かい合い互にその傷口をなめ合っているような世界で、自分は間違った場所に来てしまったと思うほどであった。こうして、またも毎日悪戦苦斗の生活の始まりだった。その中身はこれまで書き綴ってきたとおりである。

　行財政改革も道半ばであり、財政健全化もようやく緒についたばかりである。やり残したことや不本意な結末となったことも一つや二つではない。それに持続可能なまちつくりへの夢の施策もその実行は大半がこれからである。にもかかわらず、私は3期12年間で市長職のピリオドをうつことにした。ここまで走ってくることが出来ただけで十分である。今後は次の市長に望むだけだ。いや、まちつくりに汗をかくことも惜しまない賢い市民が健在である。リーマン・ショックでまたも大波をうけている市内事業所も、さらに必死の努力で立ち向かうことだろう。

　四日市市はこれから一層元気あるまちになる、そう祈りつつ筆をおく。

(2009.12.20)

著者紹介

井上　哲夫（いのうえ　てつお）

昭和13年（1938）7月12日生

早稲田大学での講演

学歴等

昭和32年（1957）　3月　三重県立四日市高校普通科卒業
昭和38年（1963）　3月　名古屋大学法学部法律学科卒業
昭和40年（1965）10月　司法試験並びに国家公務員上級職（甲種）試験に合格

職歴

昭和32年（1957）　4月　家業従事（父の営む陶磁器製型業）2年間
昭和38年（1963）　4月　大同特殊鋼株式会社入社（翌年11月退社）
昭和41年（1966）　4月　司法研修所第20期司法修習生（2年間）
昭和43年（1968）　4月　弁護士登録（平成12年（2000）12月退会登録抹消）

経歴

昭和60年（1985）　3月　三重県選挙管理委員会委員（平成元年（1989）3月退職）
昭和60年（1985）　4月　津地方裁判所民事調停委員（同上）
昭和61年（1986）　4月　三重弁護士会会長（任期1年間）
昭和61年（1986）　5月　日本弁護士連合会常務理事（任期1年間）
昭和63年（1988）　6月　三重地方最低賃金審議会公益委員（同年11月任期満了）
平成元年（1989）　7月　参議院議員（平成7年（1995）任期満了・政党所属無）
平成8年（1996）12月　四日市市長（平成20年（2008）12月任期満了3期）

ケチケチ市長と呼ばれて
――市民と進めた財政健全化

発行日	2010年2月5日
著者	井上　哲夫 ©
編集	イマジン自治情報センター
発行人	片岡　幸三
印刷所	倉敷印刷株式会社
発行所	イマジン出版株式会社

〒112-0013　東京都文京区音羽1-5-8
電話　03-3942-2520　FAX　03-3942-2623
E-mail　imagine@imagine-j.co.jp
http://www.imagine-j.co.jp

ISBN978-4-87299-535-0　C2031　¥1500E